云南师范大学语言学及应用语言学重点学科系列丛书
云 南 师 范 大 学 重 点 学 科 建 设 经 费 资 助

语言信息处理丛书

# 实验语音学:普通话水平测试等级标准

王渝光 著



云南大学出版社

**图书在版编目（CIP）数据**

实验语音学：普通话水平测试等级标准/王渝光著．
—昆明：云南大学出版社，2011
（语言信息处理丛书）
ISBN 978－7－5482－0360－5

Ⅰ．①实…　Ⅱ．①王…　Ⅲ．①普通话—水平考试—标准—研究　Ⅳ．①H102－65

中国版本图书馆 CIP 数据核字（2011）第 016178 号

**实验语音学：普通话水平测试等级标准**

王渝光　著

**策划编辑**：邓立木
**责任编辑**：邓立木　王　磊
**装帧设计**：猎鹰创想｜书籍设计
**出版发行**：云南大学出版社
**印　　装**：昆明市五华区教育委员会印刷厂
**开　　本**：787mm×1092mm　1/16
**印　　张**：11.75
**字　　数**：217 千
**版　　次**：2011 年 2 月第 1 版
**印　　次**：2011 年 2 月第 1 次印刷
**书　　号**：ISBN 978－7－5482－0360－5
**定　　价**：38.00 元

**社　　址**：云南省昆明市翠湖北路 2 号云南大学英华园内
**邮　　编**：650091
**网　　址**：http//：www. ynup. com
E－mail：market@ ynup. com
**电　　话**：(0871)5031071/5033244

# 序

实验语音学是语言信息处理的重要内容。

语音学是研究语音的科学。语音是可以分析的，是有系统的。语音学分析研究语音的各种特性，分析研究语音的各种要素在语言中的作用和它们之间的相互关系，分析研究整个语音系统的状况及其发展变化的规律。语音学又分为传统语音学和现代语音学。

传统的语音学是“口耳之学”，主要靠发音、听音、记音的方法来研究语音。传统语音学的基本理论和研究方法，至今仍是语音研究的基础。传统语音学是以人们具体的发音、听音、辨音为依据，建立于口说耳听手记基础上的一套完整的语音分析描写的理论和方法，我国的传统语音学又称为音韵学。传统音韵学的理论和分析描写方法，对我国的汉语语音研究和教学有着直接的积极的指导作用。我们也应看到，传统语音学正如罗常培先生所指出的“考古之功多，审音之功浅”，缺乏语音描写的准确性、精密性，对许多语音现象不能作出具体、科学的解释和说明。

现代语音学是从多学科综合研究的角度，采用精密仪器的实验方法来研究语音的学科。现代语音学纠正了传统语音学中的一些不准确的看法，对整个语音学的理论和方法有了较大的补充和完善。随着研究理论和研究方法的不断进步，现代语音学开始与声学、生理学、心理学、计算机科学等学科结合，形成许多新兴的语音学科。实验语音学是现代语音学的重要组成部分，是以语音实验为手段来研究语音的学科。早期的实验语音学以研究发音部位发音方法的生理实验为主，后来以言语声学的物理实验为主，现在这门学科已经从语音的描写说明阶段发展到语音的分析、合成与识别阶段。实验语音学的研究成果将人使用自然语言与计算机对话成为可能，从而极大地推动现代科学技术的发展。现代实验语音学是现代语音学与计算机科学结合的主要内容，代表着现代语音学的发展方向。

语音是信息传递的要素。分析、合成和识别语音，一直是语言研究工作者的重要任务。早在 20 世纪 80 年代中期，我国实验语音学的前辈吴宗济先生、林茂灿先生等有感于实验语音学的重要性，在他们的倡导下，中国社会科学院语言研究所和南开大学联合举办了我国首次现代语音学研究班，介绍实验语音学的理论和研究方法。我有幸作为学员参加了那次学习，对实验语音学产生了极大的兴趣，并确定了自己今后的主要研究方向。限于当时的科学技术发展，实验语音的研究有较大的困难。

第二次举办现代语音学讲习班的时候，已经到了19年后的2004年。

20多年来，随着信息科学的不断发展进步，实验语音学的研究也由于信息技术和计算机科学的发展而有了长足的进展。原来需要购置数万美金的语图仪等重要设备才能制作的语图、音高图，现在只需要在相关软件的支持下，利用计算机就能模拟语图仪的功能，作出相当精美的语图。现代科技给实验语音学插上了腾飞的翅膀。

实验语音学通过一定的实验仪器把看不见、摸不着的声音通过具体的图形数据固定下来、展现出来，便于人们对声音进行研究。以语音实验为手段来研究语音的实验语音学，采用科学实验的方法，探讨人类语音的生理、物理和心理特征，为科学客观地分析语音，提供了新的理论和研究方法。实验语音学通过大量准确的语音参数，揭示了许多传统语音学不可能涉及的语音奥秘，为语音的分析、合成、识别和计算机语音的输入和输出、人工智能等领域开辟了广阔的应用前景，是现代化的计算机语音信息处理技术。

《中华人民共和国宪法》明确规定“国家推广全国通用的普通话”。1994年10月，国家语言文字工作委员会、国家教育委员会、国家广播电影电视部作出了《关于开展普通话水平测试工作的决定》，发布了《普通话水平测试大纲》和《普通话水平测试等级标准（试行）》，对普通话水平测试提出了具体的实施办法，对汉语普通话水平的等级体系进行了细化，明确提出了三级六等的客观的评判标准。通过几年的实践，《普通话水平测试等级标准（试行）》经国家语言文字工作委员会再次审订作为部级标准，于1997年12月正式颁布。

普通话水平测试的实施和《普通话水平测试等级标准（试行）》的颁布，为实验语音学与汉语普通话教学的有机结合提供了最佳的接口。实验语音学的研究成果不仅验证、补充、完善、修正了传统语音学的内容，而且极大地丰富了语音学的研究内容，促进了语音学的发展，为汉语普通话教学、对外汉语语音教学提供了现代化的教学思路和教学手段，也为普通话水平测试提供了现代化的测试思路和测试手段。

将实验语音学引入普通话水平测试标准的研究，符合国家语言文字规范化、标准化和信息化的要求，符合国家语委将现代信息技术成果引进语言研究，引进社会语言文字的应用，引进语言文字的工作，实现语言研究手段现代化和语言文字工作手段现代化的工作思路。

目前，国家通用语言文字的普及程度和规范化、信息化水平，还不能完全适应经济社会发展的需要。加强国家信息化建设，需要加强语言文字基础研究和基础工程建设，提高语言文字的规范化、标准化水平，注重国家语言战略研究，利用语言维护国家的文化安全。普通话水平测试是国家语言文字工作信息化的重要体现，要不断提高这项测试的现代化水平。

本书根据国家有关的语言文字政策，根据《普通话水平测试等级标准（试行)》的规定，以云南省改革开放30多年来的普通话教学和普通话水平测试实践为基础，从语音实验的角度，通过大量直观的和可感知的不同等级的声音、语图等多媒体信息数据，分析探讨普通话水平测试各等级标准的语音特征，为国家颁布的《普通话水平测试等级标准（试行)》提供了实验语音学、音位学的理论和数据支持，体现正误评判的客观标准。为普通话水平测试评分提供准确、科学、客观的语音样本和具体声学数据，最大限度地避免普通话水平测试的主观性，有效地提高普通话测评质量，维护、加强国家法定的《普通话水平测试等级标准(试行)》的客观性、准确性和权威性，提高汉语在国际上的地位，提高全国各族人民学说汉语标准语的水平。

对于一些有争议的问题，本书不忙于作出结论，只想客观地展现汉语语音的实际面貌和普通话受试者的客观实际情况，怎么认识、怎么评判更好，都还可以深入讨论、研究。

本书力图借助先进的语音研究手段，将传统语音学和现代科学技术紧密结合起来，将汉语语音学的基础研究与汉语普通话水平测试的应用研究紧密结合起来，验证、丰富、补充、完善传统汉语语音学的内容，为汉语语音学研究的现代化提供新的研究理论和方法，促进汉语语音学的发展。

云南是全国最早开展普通话水平测试的省份。云南普通话水平测试的研究工作得到了历届国家语委领导如许嘉璐教授、王均教授、仲哲明教授、傅永和教授、陈章太教授、刘照雄教授和现任领导的大力支持与肯定，谨向他们表示崇高的敬意。普通话水平测试等级标准的研究得到云南师范大学时任校长吴积才教授、骆小所教授的大力支持与肯定，得到历任云南省普通话培训测试中心的领导和同事戴梅芳女士、傅牧先生、袁耘毅先生、李竹屏先生、陈典红女士、金程先生、李宏坤女士的大力支持与肯定，谨向他们表示衷心的感谢。云南全省的各民族普通话测试员、普通话教师和普通话应试者为本书数据的取得做了基础性的工作，谨向他们表示诚挚的谢意。这里需要特别感谢的是洪波先生、熊丽丽女士，他们提供了优质的语音样本。

云南师范大学历届语言学及应用语言学硕士研究生，很多直接参与了普通话水平测试语音实验的研究，做了大量的基础性工作，主要有蔡彦鹏、杨瑞鲲、杨万兵、蒋利平、李国强、熊子瑜、余琳、黄海峰、刘华、吴昌银、江友辉、张鹏、杨铮琳等。本书可以说是师生共同辛劳的成果。

本书是从实验语音学的角度对普通话水平测试等级标准进行深入研究的专著，也是学习了解实验语音学的教材。可供广大语言文字工作者、语文教师和普通话测试员如何把握普通话水平测试等级标准参考。本书可做语言学及应用语言学研究生、汉语言文字学研究生、学科教学语文教育硕士、汉语国际教育硕士、汉语言文学专业全日制本科生的实验语音学、汉语语音学的教材。

本书在撰写时，参考了前辈、时贤及网上的一些资料，限于篇幅，未能一一列出，谨向他们表示崇高的敬意。本书的出版要感谢云南大学出版社的领导和邓立木女士、王磊编辑，正是在他们的大力支持下，本书才能在这样短的时间内以这样精美的形式出版。

本书得到云南师范大学语言学及应用语言学重点学科建设经费资助，谨向有关领导和管理人员表示衷心的感谢。

本书既是作者多年来从实验语音学的角度对普通话水平测试等级标准认识的总结，又是对新时期推普工作如何与时俱进的思考。谨以本书献给广大的中小学语文教师、普通话水平测试员和应试者！

王渝光

2010 年 11 月 15 日于银河星辰

# 目　录

# 第一章　实验语音学与普通话水平测试等级标准

## 第一节　普通话水平测试等级标准

语言是人类最重要的交际工具，也是人类最重要的信息载体和信息处理工具。人类历史上的每一次信息革命都与语言息息相关，都使语言的表达产生新的形式。从语言的本体来看，作为听觉符号系统的有声语言的产生是人类的第一次信息革命，这是一次人类信息手段的根本性的革命。作为视觉符号系统的文字的产生是第二次信息革命，文字的出现使语言除了口语形式外又多了书面语的形式。造纸和印刷术的产生是第三次信息革命，这次革命的成果使得语言能够以纸的形式记录下来并得到传播，从而产生了中华民族光辉灿烂的物质文明和精神文明。通信技术的产生和发展是第四次信息革命，这次革命的成果使得语言能够以光、电、磁的形式记录下来，并得到广泛的传播，有力地推动了现代科学技术的发展。计算机的出现和发展是第五次信息革命，这次革命以数字化的方式对语言进行加工，极大地扩充了语言的各种功能。

语言文字是交流的工具，也是文化的载体，承载着丰富、厚重的社会文化信息，服务于社会的经济、政治和文化。语言是人类重要的文化资源、经济资源和社会资源，能够产生社会效益和政治、经济、文化、科技等效益，是国家最宝贵的社会物质财富之一，是文化软实力的重要组成部分。每种语言都是一种特殊的财富，具有其他语言无法代替的语言学上的认识价值。语言包含着民族的历史。民族的语言与文字表现着民族智慧，同时还常常成为民族的图腾般的象征。语言包含着人类文化发展的基因，其多样性与生物多样性一样重要。语言接触为语言发展注入新活力。当今时代，一些语言产业逐渐形成，比如外语教育产业、语言翻译产业、语言文字信息处理软件产业等。语言已经进入高新科技领域，成为经济发展的重要资源。随着信息技术的发展，语言作为经济资源的性质会体现得越来越明显，其经济意义越来越显著。

语言文字是一个国家主权的象征，也是民族自信心的体现。语言文字是一个民族团结的象征。今天，在不断加深的中国与世界的经济文化联系中，最直接的障碍，已经不是地理、交通、技术方面的障碍，而是语言和文化的阻隔。在全球化、信息化的时代，打破语言和文化的阻隔，才能促进文明对话、实现跨越发展。语言文字是一个民族文化传统的标志。现在，世界上的各个国家、民族都比以往任何时候更加珍视自己的语言文字所具有的标志性意义。发达国家更是制定本国的语言战略，不遗余力地促进本国语言的规范、发展和传播，以扩大其思想和文化的影响。对于一个国家或区域来说，经济竞争力主要看科技，社会影响力主要看文化。

共同语是一个言语社团内用作共同交际工具的语言。民族共同语是指一个民族内用作共同交际工具的语言。在我国古代，人们把这种共同语称作“雅言”、“通语”、“官话”，辛亥革命以后又称作“国语”。标准语是经过加工规范后的民族共同语，是民族共同语的规范化形式。确立民族共同语的标准，推广民族共同语是政治、经济、文化发展的需要，是一个国家实现工业化、信息化、现代化的需要。新中国成立后，国家对汉民族共同语的确立和推广十分重视。1955 年，进行了现代汉语规范问题的讨论。1956 年 2 月 6 日，国务院发布了《关于推广普通话的指示》，明确提出并规定“汉语统一的基础已经存在了，这就是以北京语音为标准音，以北方话为基础方言，以典范的现代白话文著作为语法规范的普通话。”这是国家第一次全面规范了汉语普通话的标准。1958 年，周恩来总理在《当前文字改革的任务》中又把推行汉语拼音方案、推广普通话作为两项重要的任务，指出：“北京语音是个标准，有个标准就有了方向，大家好向它看齐。但是在具体推广和教学工作中，对不同对象应有不同的要求。”国家根据当时的情况，制定了“大力提倡，重点推行，逐步普及”的推广普通话的方针。

1982 年 12 月 4 日，第五届全国人民代表大会第五次会议通过的《中华人民共和国宪法》第十九条明确规定“国家推广全国通用的普通话”。1985 年底，中国文字改革委员会改名为国家语言文字工作委员会。之后，各省、自治区、直辖市陆续成立省级语言文字工作委员会。1986 年，国家语委《新时期的语言文字工作》报告中提出：“重点应当放在推行和普及方面，在普及方面应当更加积极一些。”报告提出：“普通话的标准只有一个”，“从实际出发，具体要求可以不同”，“可以分为以下三级：第一级是会说相当标准的普通话，语音、词汇、语法很少差错。第二级是会说比较标准的普通话，方音不太重，词汇、语法较少差错。第三级是会说一般的普通话，不同方言区的人能够听懂。”1992 年，国务院批转国家语委《关于当前语言文字工作的请示》，将推广普通话工作方针由 20 世纪 50 年代确定的“大力提倡，重点推行，逐步普及”调整为“大力推行，积极普及，逐步提高”。提高学说普通话的水平，成为新时期推普方针的重要内容和目标。

1994 年 10 月 30 日，国家语言文字工作委员会、国家教育委员会、国家广播电影电视部作出《关于开展普通话水平测试工作的决定》，发布了《普通话水平测试大纲》和《普通话水平测试等级标准（试行）》，对普通话水平测试提出了明确的三级六等标准（试行）和实施办法（试行）。2000 年 10 月 31 日，九届人大常委会通过了《中华人民共和国国家通用语言文字法》，第六条规定“国家颁布国家通用语言文字的规范和标准，管理国家通用语言文字的社会应用，支持国家通用语言文字的教学和科学研究，促进国家通用语言文字的规范、丰富和发展”；第十九条规定“以普通话作为工作语言的播音员、节目主持人和影视话剧演员、教师、国家机关工作人员的普通话水平，应当分别达到国家规定的等级标准”；第二十四条规定“国务院语言文字工作部门颁布普通话水平测试等级标准”。2001 年 1 月 1 日，《中华人民共和国国家通用语言文字法》开始施行。

这些重大举措，对于贯彻“大力推行，积极普及，逐步提高”的新时期推广普通话的方针，对于推广普通话工作的科学化、规范化、制度化，对于各级各类学校的普通话教学改革，有着极为重要的意义，必将对我国社会产生深远的影响。

《普通话水平测试大纲》和《普通话水平测试等级标准（试行）》，对汉语普通话水平测试及等级标准作出了科学、客观的评判标准。通过几年的实践，《普通话水平测试等级标准（试行）》经国家语言文字工作委员会再次审订作为部级标准，于 1997 年 12 月正式颁布。2003 年教育部、国家语委颁布了修订后的《普通话水平测试大纲》，进一步确认了这个标准。《普通话水平测试等级标准（试行）》成为普通话水平测试三级六等的法定标准。

普通话水平测试标准，作为一个国家的测试标准，是用法律形式来规定的国家职业的标准。普通话水平测试标准是国家语言文字工作信息化的重要体现，需要不断提高这项测试标准的现代化水平。《普通话水平测试大纲》明确了普通话水平测试的性质，指出“普通话水平测试测查应试人的普通话规范程度、熟练程度，认定其普通话水平等级，属于标准参照性考试。本大纲规定测试的内容、范围、题型及评分系统。”从教育测量学的角度来看，普通话水平测试是一种目标参照性测试。目标参照性测试也称“标准参照性测试”、“水平测试”，它是在一个比较明确的相对限定的范围内对应试人员进行的普通话所达到的等级标准的考试。这个标准就是国家《普通话水平测试等级标准（试行）》，该标准对普通话三级六等的标准作了具体的描述。

按照这个等级标准，普通话水平划分为三个级别，每个级别内再划分为两个等次。具体如下：

一级甲等：朗读和自由交谈时，语音标准，词语、语法正确无误，语调自然，表达流畅。测试总失分率在 3% 以内。

一级乙等：朗读和自由交谈时，语音标准，词语、语法正确无误，语调自然，表达流畅。偶然有字音、字调失误。测试总失分率在 8% 以内。

二级甲等：朗读和自由交谈时，声韵调发音基本标准，语调自然，表达流畅。少数难点音（平翘舌音、前后鼻尾音、边鼻音等）有时出现失误。词语、语法极少有误。测试总失分率在13%以内。

二级乙等：朗读和自由交谈时，个别调值不准，声韵母发音有不到位现象。难点音（平翘舌音、前后鼻尾音、边鼻音、fu－hu、z－zh－j、送气不送气、i－ü不分、保留浊塞音和浊塞擦音、丢介音、复韵母单音化等）失误较多。方言语调不明显。有使用方言词、方言语法的情况。测试总失分率在20%以内。

三级甲等：朗读和自由交谈时，声韵母发音失误较多，难点音超出常见范围，声调调值多不准。方言语调较明显。词语、语法有失误。测试总失分率在30%以内。

三级乙等：朗读和自由交谈时，声韵母发音失误多，方音特征突出。方言语调明显。词语、语法失误较多。外地人听其谈话有听不懂的情况。测试总失分率在40%以内。

从语言信息处理的角度看，普通话水平测试与其他语言测试的主要区别在于普通话水平测试以口试方式进行，它是完全的口语测试，对测试成绩的评判主要取决于应试者发出的语音信号及其表达的内容信息，因而对语音信号的质量及其所载信息的评价极为重要。只有认清普通话水平测试的特点，把可能产生的各种误差减小到最低限度，普通话水平测试才有科学的前提，测试的严肃性、公平性、权威性才有保证。

《普通话水平测试等级标准（试行）》是一个表述性的标准。现代汉语语音的声学特征在该标准中占有极为重要的地位。如“语音标准”、“语调自然”、“表达流畅”、“发音基本标准”、“发音不到位”、“调值不准”、“方言语调不明显”、“方言语调较明显”、“方言语调明显”、“方音特征突出”、“系统性语音缺陷”、“语调偏误”、“有方音但不明显”、“方音比较明显”、“方音明显”、“方音重”、“口语化较差”、“语调生硬”等均属于现代汉语言语声学的研究范畴。作为国家的一个法定的标准，只有表述性的阐释是不够的，需要有科学、准确、客观的声学数据作为确定各等级标准声学特征的基础。各个等级标准需要有客观、具体的语言样本和科学、客观的语言学、声学语音学的具体实验数据和相关的理论支撑。

从信息处理的角度来看，普通话水平测试的语音实验研究势在必行。普通话水平测试的语音实验研究以已有的言语声学、实验语音学理论和研究成果为基础，通过语音取样，绘制、测量、分析符合普通话口语实际的波形图、频谱图和语图，以求在普通话水平测试的过程中，科学客观地确定每一个音、每一个词语、每一句话的正确、缺陷和错误的界定。考察不同普通话等级的声学特征，求出相关的声学数据，通过言语声学的分析研究，确定区分普通话水平测试不同等级的客观数据，为国家制定的《普通话水平测试等级标准（试行）》的表述性阐释，提供有力的客观的声学数据。力求做到普通话水平测试的客观公正，最大限度地避免测试的主观性，加强和维护普通话水平测试国家法定标准《普通话水平测试等级标准（试行）》的客观性、准确性和权威性，有效提高普通话水平测试质量。将语音实验的研究成果运用于普通话的教学中，对不同地区不同测试对象的语音问题进行科学的纠正，达到较好的教学效果。

语言文字的规范化、标准化和信息化，是实现社会信息化的基础。数据库技术是语言信息处理的核心技术，要进行普通话水平测试的语言信息处理，离不开数据库技术。要开展新世纪的普通话审音工作，完善普通话语音的基本规范，制定普通话的声学参数标准，推进普通话水平测试信息化建设，加强测试员队伍建设、确保测试质量，推动测试手段自动化的研究，使普通话水平测试进一步规范化、标准化，使普通话水平测试具有较强的公平性、可比性、适用性和可操作性，同时对推广普通话和普通话教学，对落实国家语言文字政策有良好的反馈和指导作用，都需要在普通话水平测试的各有关方面建立完善的数据库系统。普通话水平测试各有关领域的数据库建设，是语言信息处理的一项十分重要的内容。

普通话水平测试等级标准的研究符合国家语委新世纪语言文字规范化、信息化发展的战略任务，要加快规范标准建设及其宣传培训和测查认证工作，审定发布汉语语音、语汇以及外语应用等系列规范，探索语言文字规范标准新的审定和发布模式，及时整合、修订已发布的规范标准；继续开展语言文字基础标准、信息处理和教育等领域语言文字规范标准的研制发布工作，完善语言文字标准体系；抓好最急需的、影响面大的规范标准的研制工作，加快中文信息处理规范标准建设步伐，为国家标准化发展战略服务。探索资源建设与汉语信息处理技术应用的结合点；加速语料库、知识库等语言工程建设，建立“普通话口语标本库”、“普通话口语语料库”、“普通话审音用知识库”、“语言资源有声数据库”，完善普通话语音规范，制定普通话声学参数标准，采用智能化语音技术辅助普通话学习与测试。

普通话水平测试各等级标准多媒体数据库的建设是提高普通话水平测试标准化、现代化水平的十分重要的基础性工作。本书中分析识别的全部波形图、音高图、语图和频谱图均来自已开发的普通话水平测试各等级标准多媒体数据库。

## 第二节　实验语音学

语音是语言存在的物质形式，语音学是研究语音的科学。语言的各种意义，语言符号的各级单位都必须通过具体的声音形式来表达，因而语音学是语言学的基础。语音学是语言学中与自然科学联系最紧密的一门学科，语音学使语言学自然属性的特点得到了充分的体现，有着广泛的应用领域。它对于自然语言信息的处理，对于语言的调查研究，对于语言学习和语言教学，对于标准语的推广和普通话水平测试标准的制定，有着极为重要的意义。

语音是语言的物质外壳，是语言存在的物质形式，是人的发音器官发出的可以被听觉器官接收并得到理解的具有一定意义的声音。

## 一、传统语音学与现代语音学

语音学是研究语音的科学。语音是可以分析的，是有系统的。语音学分析研究语音的各种特性，分析研究语音的各种要素在语言中的作用和它们之间的相互关系，分析研究整个语音系统的状况及其发展变化的规律。语音学又分为传统语音学和现代语音学。

传统的语音学是“口耳之学”，主要靠发音、听音、记音的方法来研究语音。传统语音学的基本理论和研究方法，至今仍是语音研究的基础。传统语音学是以人们具体的发音、听音、辨音为依据，建立于口说耳听手记基础上的一套完整的语音分析描写的理论和方法，我国的传统语音学又称为音韵学。普通话的声母、韵母、声调等内容，就是从音节角度采用传统音韵学的理论和分析描写方法得出的现代汉语语音系统。这一套理论和方法，对我国的汉语语音教学有着直接的影响，特别是对普通话的学习和测试有积极的指导作用。我们也应看到，传统语音学正如罗常培先生指出的“考古之功多，审音之功浅”，缺乏语音描写的准确性、精密性，对许多语音现象不能作出具体、科学的解释和说明。例如，在具体的普通话水平测试实施过程中，因为具体应试者的发音情况千变万化，不同测试员个体对各等级阐述内容，如“发音基本标准”、“发音不到位”、“动程不够”、“调值不准”、“方言语调较明显”等的理解不尽相同，因此会产生一些误差，影响评判质量。普通话水平测试需要一个客观准确的界定标准。

现代语音学是从多学科综合研究的角度，采用精密仪器的实验方法来研究语音的学科。现代语音学纠正了传统语音学中的一些不准确的看法，对整个语音学的理论和方法有了较大的补充和完善。随着研究理论和研究方法的不断进步，现代语音学开始与声学、生理学、心理学、计算机科学等学科结合，形成了许多新兴的语音学科。

实验语音学是现代语音学的重要组成部分，是以语音实验为手段来研究语音的学科，早期的实验语音学以研究发音部位发音方法的生理实验为主，后来以言语声学的物理实验为主，现在这门学科已经从语音的描写说明阶段发展到语音的分析、合成与识别阶段。实验语音学的研究成果将使人用自然语言与计算机对话成为可能，从而极大地推动现代科学技术的发展。现代实验语音学是现代语音学与计算机科学结合的主要内容，代表着现代语音学的发展方向。

## 二、现代语音学的分支学科

从不同的角度，用不同的方法来分析研究语音，可以形成现代语音学的不同分类。

语音具有生理性质、物理性质、心理性质和社会性质。人们利用语音进行交际的过程，是一个“发音—传递—感知”的过程。根据这一过程的三个阶段，现代语音学一般分为三个相互独立而又相互联系的三个分支学科。

（一）发音语音学

发音语音学，又称为生理语音学，研究具体的声音是怎样通过发音器官的运动而发出来的，是从生理性质的角度研究语音的学科。传统语音学的发音部位、发音方法，舌位、口型的运动变化是现代发音语音学的基础。发音语音学采用现代化的手段，用喉镜观察并拍摄喉部声带的动态变化，用X光摄像观察舌头在口腔中的实际运动，测量发音时喉肌电的变化等，观察研究发音生理变化的各种性质，获取各种客观的参数。

（二）声学语音学

声学语音学，又称为物理语音学、言语声学，研究语音在传递阶段的声学特征，是从物理属性的角度研究语音的学科。言语声学主要研究语音的特征，从而实现语音的自动识别、人工合成和压缩编码等。

早期的声学语音学注重对语音的客观分析描写，提取各种有关的声学参数。现在，在多媒体计算机和各种声学仪器的帮助下，这门学科已从语音的声学描写发展到语音的分析、合成与识别。声学语音学是现代语音学中发展最快、研究成果较多的学科之一。

语音是信息传递的要素。研究语音的特征、识别和合成一直是声学工作者的重要任务。随着信息科学的发展，言语声学的研究也因信息技术和计算机科学的发展而取得很大进展，并在某些方面有所突破。我国人工合成的汉语语声，自然度越来越高，与真人的说话也越来越接近。国际上，特定说话人和任意说话人的连续语言识别系统已经达到很高的识别率，这使语言识别系统朝实际应用方向迈进了一大步。国内单个音节字和双音节词语的识别方面也已取得相当大的进展，连续语流语音识别的研究也有重要成果。普通话水平测试等级标准计算机智能测试也进入了实用阶段。

（三）听觉语音学

听觉语音学，又称为感知语音学、心理语音学，研究听觉对语音的感知，是从听的角度研究语音的心理性质的学科。听觉语音学是现代语音学中一门新兴的分支学科，它的研究理论和方法虽然还在起步阶段，但也取得了一些重要的研究成果。语言和听觉常常是联系在一起的，改变物理量听取受试者的反映，估计出生理和心理的变化，是听觉语音学的重要方法。神经系统和大脑如何处理语音信息还在研究之中。听觉研究是研究大脑功能的重要途径。

**三、实验语音学的基本原理与研究方法**

以语音实验为手段来研究语音的实验语音学，采用科学实验的方法，探讨人类语音的生理、物理和心理特征，为科学客观地分析语音，提供了新的理论和研究方法。实验语音学通过大量准确的语音参数，揭示了许多传统语音学不可能涉及的语音奥秘，为语音的分析、合成、识别和计算机语音的输入和输出、人工智能等领域开辟了广阔的应用前景，是现代化的计算机语音信息处理技术。实验语音学的研究成果不仅验证、补充、完善、修正了传统语音学的内容，而且极大地丰富了语音学的研究内容，促进了语音学的发展，为汉语普通话教学提供了现代化的教学思路和教学手段，也为普通话水平测试提供了现代化的测试思路和测试手段。

实验语音学通过一定的实验仪器把看不见、摸不着的声音通过具体的图形数据固定下来、展现出来，便于人们对声音进行研究。早期的实验器材和仪器有音叉、浪纹计、照相机等，现代的语音实验仪器主要有示波器、语图仪、频谱仪、音高计、数码摄像机等，操作较为复杂，价格也较为昂贵。随着计算机技术的飞速发展，人们已经能够通过计算机软件来模仿语图仪、音高计进行语音分析。Speech Analyzer 语音分析软件同时具有语图仪、频谱仪、音高计的功能，并克服了语图仪只能分析 2.56 秒时段的局限，能够对被分析的语音时段进行扩展或压缩，既能展现以毫秒为单位的语音图形，又能展现以小时为单位的语音图形。目前人们已经能通过计算机软件来直观地展现声音的三维图形。图 1 - 1 是计算机软件展示的 b p m f、a o e i u ü 的三维语音图形。

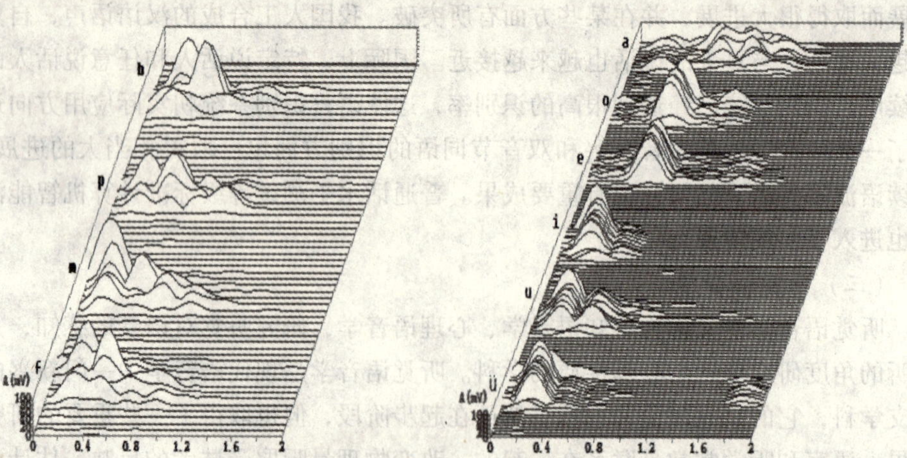


图 1 - 1　计算机软件展示的 b p m f、a o e i u ü 的三维语音图形

## 第三节 语音的性质与实验语音学

语音是人的发音器官发出的可以被听觉器官接收并得到理解的具有一定意义的声音。语音具有物理性质、生理性质、心理性质和社会性质。实验语音学可以对语音的这些性质进行不同的展现与分析。

### 一、语音的物理性质

从物理学的观点来看，声音是由物体振动而发出的一系列连续的音波构成的，是能量在介质中的传播过程。物体在它的静止位置附近来回运动叫振动。声音是一种波的运动，所有的波的运动都是由一定数量的振动产生和组成的。在振动过程中，振动的物体偏离平衡位置的最大位移叫振幅。物体完成一次振动的时间叫周期。物体在一秒钟完成的振动次数叫频率。只有一个单一频率的振动叫简谐振动，简谐振动产生的音叫纯音，纯音的波形是正弦波。在简谐振动中，每一次振动的周期、振幅相同。简谐振动是最简单也是最基本的振动。音叉的振动是简谐振动，吹口哨、吹长笛也常产生纯音。

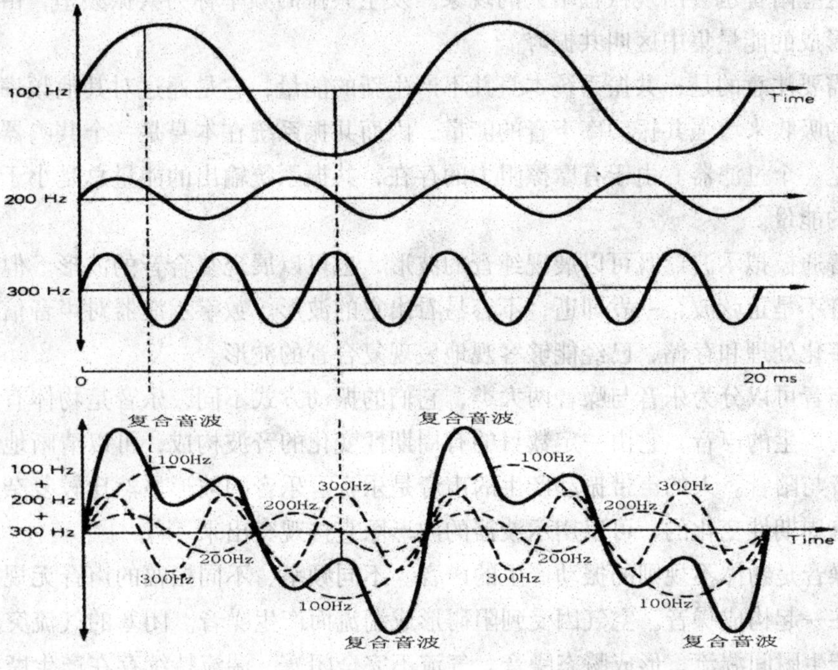


**图 1－2　一个基音加两个陪音构成的复合音波**

自然界产生纯音的情况极少。在实际生活中，人们经常听到的是复杂振动产生的复合音。复杂振动，也叫复合振动，是由若干个不同频率、不同振幅的简谐振动叠加在一起形成的振动。复杂振动产生的声音叫复合音，复合音的波形叫复合波。任何非正弦波都是复合波。人的声带振动也是一种十分复杂的复合振动，它是由许多个简谐振动组成的。在这些简谐振动中，有一个频率最低、振幅最强的音，叫基音，基音的振动频率叫基频 Fo。基音以外的其他音叫陪音，陪音的频率总是基音频率的整数倍。图 1－2 是一个基音加两个陪音构成的复合音波。一个人声带振动的基频如果是 100Hz，那么它产生的各个陪音的频率就分别是 200Hz、300Hz、400Hz、500Hz、600Hz……远比图 1－2 复杂。示波器等语音实验仪器通过显示屏，已经能够客观地动态展现各种声音的波形。

任何能发音的物体在振动时都有一个自身的固有的频率，这就是物体的自然频率。物体在感受到外力的振动频率与自身的自然频率相同或相近时而自然发音的现象叫共振，也叫共鸣。共振能将微弱的声音放大。一个物体在强迫振动时，当外力的频率等于或接近该物体的自然频率时，就发生共振。该频率位置的能量增加，产生振幅增大的现象，声音听起来也就较为响亮。对于复合音来说，当外力的频率等于或接近振动物体的自然频率的整数倍时，就在某些陪音上发生共振，这些陪音也会出现振幅增大的现象。发生共振的频率称为共振频率，由于共振而形成的能量集中区叫共振峰。

需要注意的是，共振系统本身并不产生新的能量，它是通过对其他频率声音能量的吸收来增强共振频率声音的能量，因而共振系统在本身是一个共鸣器的同时也是一个过滤器。由于有摩擦阻力的存在，共振系统输出的能量总是小于外力输入的能量。

普通模拟示波器既可以展现纯音的波形，也可以展现复合音的波形。但由于复合音不是正弦波，一发即逝，不容易看出它的波形。数字示波器对声音信号加以数字化处理和存储，已经能够客观地展现复合音的波形。

声音可以分为乐音与噪音两大类，它们的振动方式不同，乐音是物体有规则的振动产生的声音，它由一定数目的有周期性变化的音波构成，可以清晰地分解为基音与陪音。人的声带振动产生的声音是乐音。乐音的波形虽然比较复杂，但它是有周期性变化的，可以用示波器的波形图直接观察出来。

噪音是物体不规则的振动产生的声音。不同频率、不同振幅的声音无规律地混合在一起构成噪音。空气因受到阻碍形成湍流而产生噪音。闭塞的气流突然放开，产生瞬间湍流，形成瞬态噪音。气流不完全闭塞，湍流持续存在产生摩擦噪音。噪音的波形是杂乱的，既看不出周期性的变化，也看不出其性质，但波形图可以看出噪音的长短和强弱。

语音既然是声音，它也就同自然界其他的声音一样，具有物理性质。每一个声音都有一定的音高、音强、音长、音质等四个物理要素，语音也不例外。

音高是声音的高低，它取决于音波的频率。语音的音高取决于声带振动的基频 Fo。Fo 越高，声音也就越高；Fo 越低，声音也就越低。一般说来，男人声带的 Fo 在 100Hz 左右，女人声带的基频 Fo 在 200Hz 左右，儿童声带的 Fo 在 300Hz 左右。任何语言都有的句调，汉语中的声调就是由音高决定的。Speech Analyzer 计算机语音分析软件可以直接模拟音高计分析音高，画出音高曲线，直观地显示出发音人个体语音基频 Fo 的变化。

音强是声音的强弱，它取决于音波的振幅。振幅越大，声音越强；振幅越小，声音越弱。在一些语言中，由于音强的不同而区分出轻重音。几乎所有的语音分析仪器和语音分析的图形都可以展现语音的音强。从音波图来看，波形振幅大，声音就强，波形振幅小，声音就弱。需要注意的是一个音节的各个音内部音强也是有变化的，关键是要抓住音强变化的走势、模式。

音长是声音的长短，它取决于发音体持续振动的时间。在一些语言中，由于音长的不同而区分出长音、短音。除频谱仪展现的频谱图外，其他的语音分析仪器和语音分析的图形只要有时间轴，都可以展现语音的长短。从音波图来看，波形出现的时间轴越长，声音也就越长，波形出现的时间轴越短，声音也就越短。需要注意的是时间虽然是绝对的，但时间轴长短的表示却是相对的。一定要观察清楚时间轴上的时间刻度，正确判断一个语音现象客观的起止时间。

音质是声音的性质、特色，也称为音色、音品。它取决于陪音的有无，陪音的数量以及基音与陪音在高低、强弱方面的相互关系。发音体的不同，发音方法的不同，共鸣器形状的不同都可以造成不同的音质。要准确观察一个音的具体音质，必须观察该音的语图、频谱图和波形图。对具体的不同音而言，观察的角度、使用的仪器、设定的参数范围并不完全一样。图 1－3 是 Speech Analyzer 计算机语音分析软件对某男声汉语普通话单韵母 a 分析画出的波形图（上）、语图（中）和频谱图（下）。

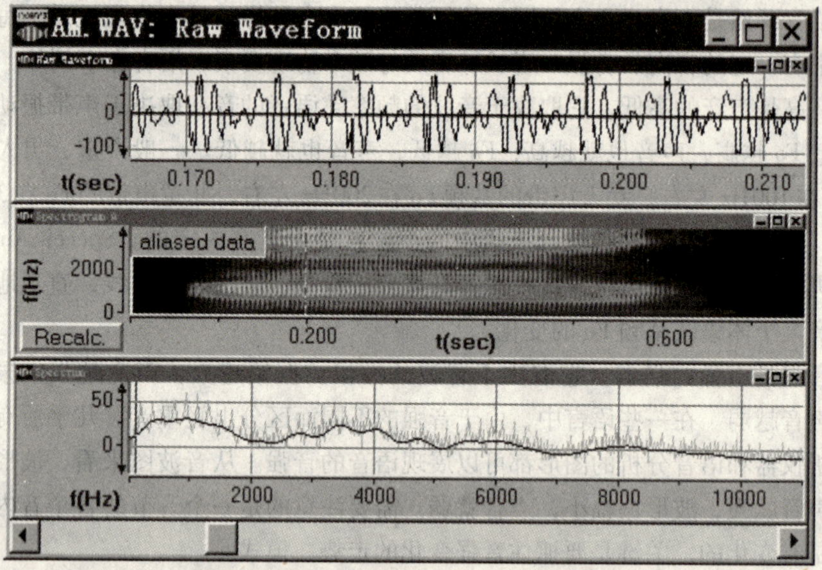


图 1-3 某男声汉语普通话单韵母 a 的波形图（上）、语图（中）和频谱图（下）

音高、音强、音长、音质等四个语音的物理要素，在不同的语言中，作用、地位并不一样。汉语有声调，英语没有声调，音高在汉语里的作用大于在英语里的作用；英语分长元音与短元音，汉语普通话里，元音的长短不区别意义，音长在英语里的作用大于在汉语里的作用。

总之，语音的音高、音强、音长、音质等四个物理要素，实验语音学都可以用计算机和语音实验仪器客观地展现出来，并取得客观的声学数据。

**二、语音的生理性质**

一个完整的发音系统需要有发音动力、能够振动的发音体和能够发生共振的共鸣器三个部分。人类的发音器官及其运动构成语音的生理性质。人们通过发音器官各部位的不同调节、运动，发出各种不同的声音。发音器官分为肺部，声带，口腔、咽腔和鼻腔等三大部分。肺部呼出的气流是发音的动力，声带是发音体，口腔、咽腔和鼻腔则充当了一个形状和共鸣频率均可变化的共鸣器。由肺部呼出的气流通过喉头振动声带，并在咽腔、口腔和鼻腔等部位受到不同的调制，因而形成了各种不同的声音。上下唇、上下齿、上齿龈、硬腭、软腭、舌尖、舌叶、舌面前部、舌面中部、舌面后部（舌根）、小舌、喉头、声带等部位是发音的关键部位，详见图 1-4 发音器官解剖图。

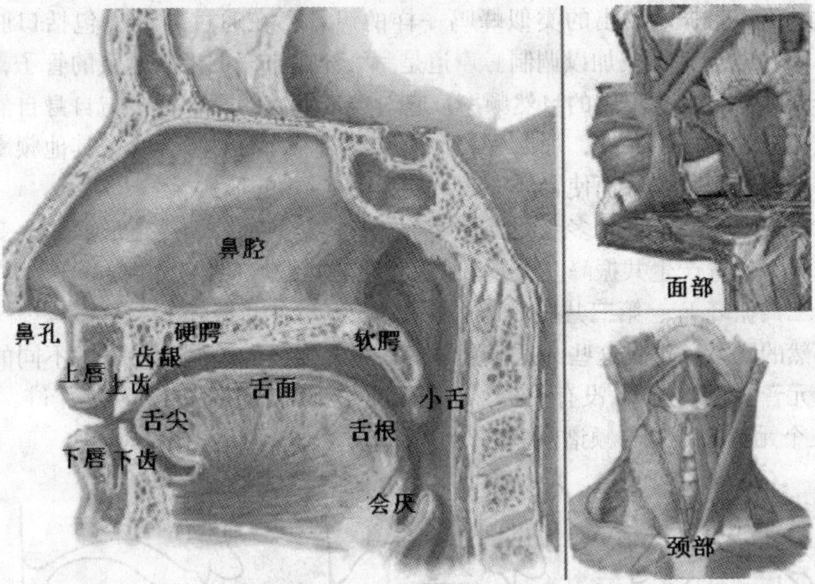


图 1－4　发音器官解剖图

语音的生理性质显示出的特征，很多可以直接观察到。肉眼可以直接观察到口形的大小、圆展，当口形较开时，还可以观察到舌位。用手轻触鼻翼，如有振动可以判断为鼻音。用手轻触喉头，可以感受到声带是否振动。发音人也可以通过自己肌肉的运动，控制自己的口形，用舌头感知自己的舌位。语音实验仪器也可以提供这方面的数据。

由于人们主要是通过声音，而不是通过观察发音部位来进行交流的，所以语音的声学特征对反映语音的生理性质有着极为重要的作用。人们是通过声音，而不是发音部位来判别语音的性质的。

人类发音的生理过程及其声学分析是这样的：吸入的气流作为发音动力从肺部冲出，通过喉头，振动声带，使之发生复杂振动，从而产生出复合音波。这种声带复合音波的频谱见图 1－5。

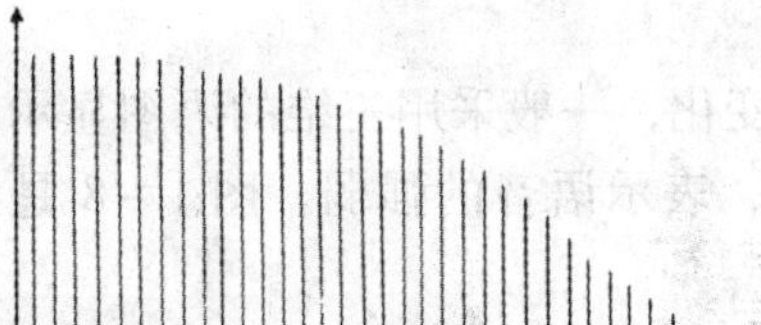


图 1－5　声带复合音波的频谱

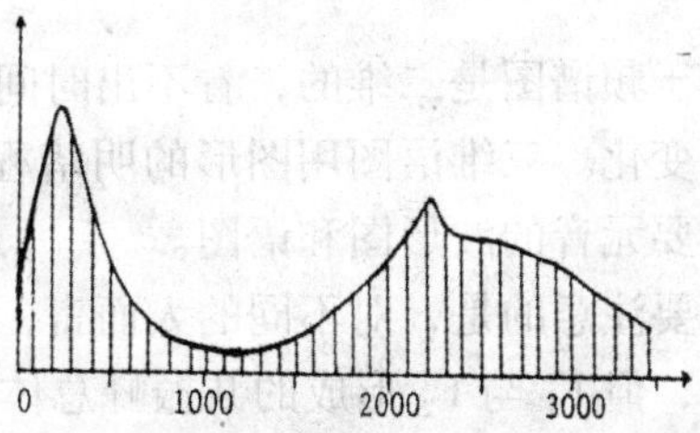


图 1－6　经声道调制后的复合音波的频谱

这种由声带振动发出的类似蜂鸣一样的声音，在通过声道（包括口腔、咽腔、鼻腔）时会其性质加以调制。声道是一个充满空气的形状复杂的管子，充当了一个共鸣器，具有不同的自然频率。它对声带发出的复合音中与自身自然频率相同或相近的音产生共振，加以放大，形成共振峰，而对复合音中其他频率的音则进行抑制和吸收，从而使音波的频谱变为图 1-6 的形式。

由于声道是一个形状多变的复杂管子，有多个共鸣腔，声道形状的改变会在不同的频率位置产生共振峰。离基频 Fo 最近的共振峰叫第一共振峰 $F_1$，其他类推为第二共振峰 $F_2$、第三共振峰 $F_3$……基频 Fo 与各共振峰 $F_1$、$F_2$、$F_3$……之间没有必然的联系。正是这些共振峰数量、频率、强度的不同，形成了不同的元音音质。元音的音质与 Fo 没有关系，主要由 $F_1$、$F_2$ 决定。图 1-7 是［i］、［a］、［u］三个元音的舌位与频谱图。

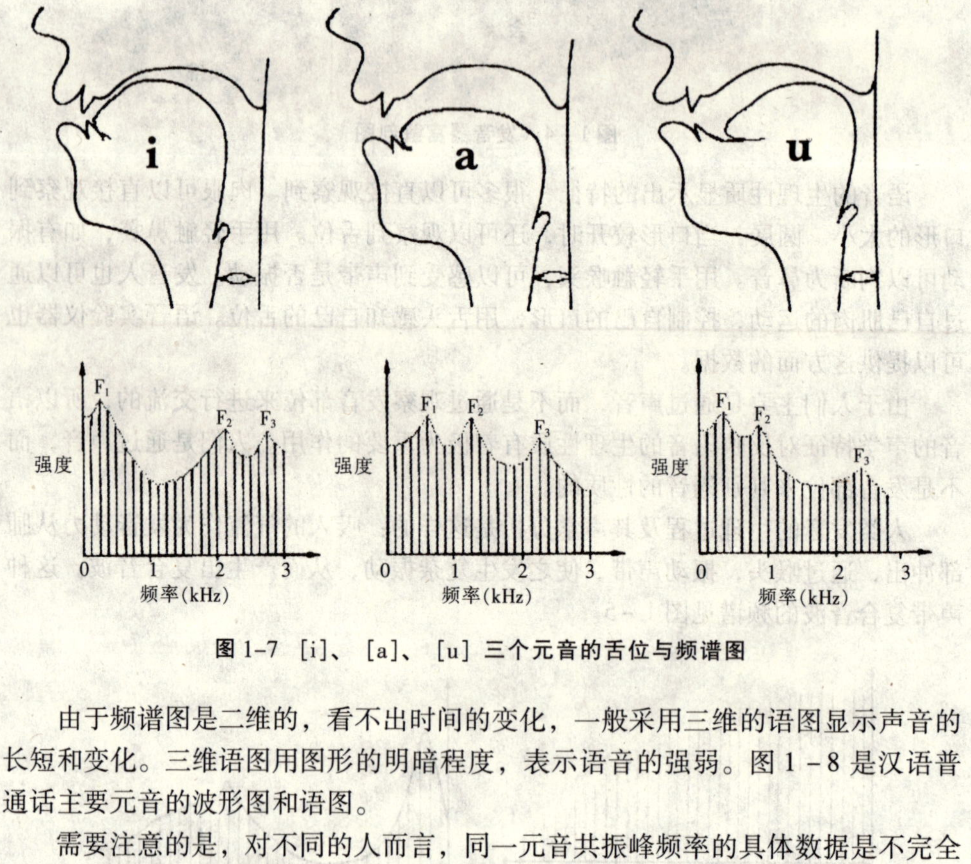


图 1-7 ［i］、［a］、［u］三个元音的舌位与频谱图

由于频谱图是二维的，看不出时间的变化，一般采用三维的语图显示声音的长短和变化。三维语图用图形的明暗程度，表示语音的强弱。图 1-8 是汉语普通话主要元音的波形图和语图。

需要注意的是，对不同的人而言，同一元音共振峰频率的具体数据是不完全一样的，但 $F_1$ 与 $F_2$ 形成的共振峰总体模式是相同的，这个模式随着频率的变化而上下移动。

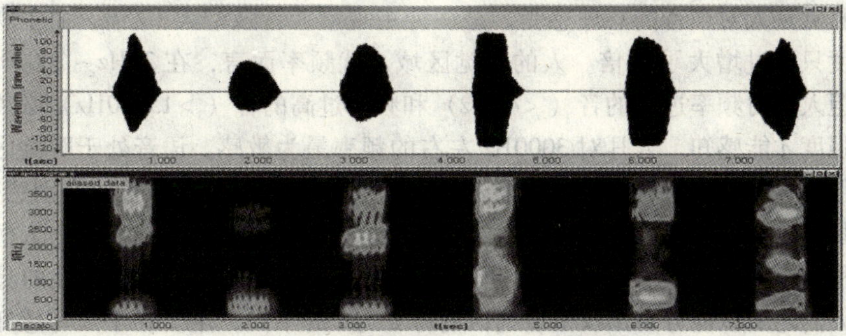


**图1-8　汉语普通话主要元音的波形图和语图**

总之，人们通过声带的振动、舌头的运动、口鼻腔的开合等发音方法和发音部位的变化，改变了声道的形状，使声道产生多种共鸣，形成不同的共振峰，因而能发出各式各样的声音。人们只要注意发音器官的部位和发音方法，灵活地调节舌头的位置和口腔的形状，就能发出各种清晰准确的声音。

**三、语音的心理性质**

人的发音器官发出的声音，必须能接收和感知，因而语音具有心理性质。

人耳和大脑是语音的接收和感知器官。由耳郭、耳道和鼓膜组成的外耳，接收他人发出的声音，并有一定的定向和放大功能。由锤骨、砧骨和镫骨组成的中耳，在声音的传导中主要起阻抗匹配作用，并同时具有保护内耳和（通过耳咽管）维持鼓膜两边压力平衡的作用。主要由耳蜗组成的内耳感知不同的声音，并通过相应的听觉神经纤维将语音信息传送至大脑。最后由人的大脑按照不同的语音编码系统分析理解语音。图1-9是听觉器官图。

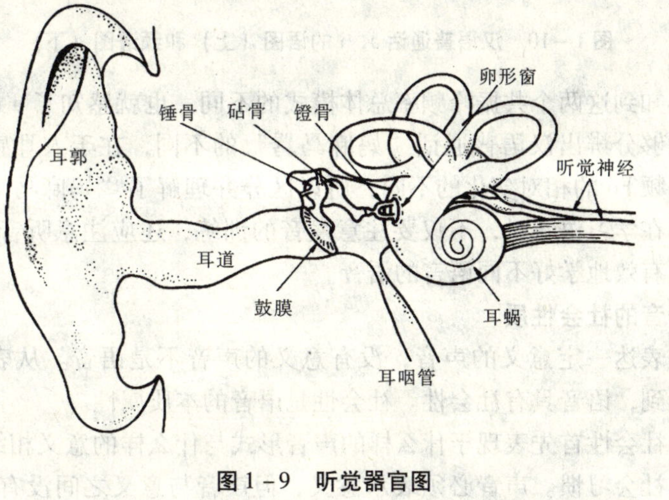


**图1-9　听觉器官图**

听觉是人对声音的心理感受，是一种主观量。音强增大 10 倍，而主观听觉的响度只不过增大了 1 倍。人的听觉区域，就频率而言，在 20Hz ~ 20000Hz 之间。但人耳对频率过低的音（ <40Hz）和频率过高的音（ >15000Hz）必须有较高的强度才能感知。人耳对 3000Hz 左右的频率最为敏感。语音处于听觉区域中的最佳位置。人耳对音高、音强、音长和音质的相对变化有较强的差别感受性，即人耳有较强的语音分辨能力。通过训练，这种分辨能力还可以提高。人们能区分各种语言的不同的元音、辅音，不同的声调，就是这种差别感受性的具体体现。人们之所以能分辨出汉语普通话韵母 a 与 i 的不同，主要在于人耳感知到了 a 与 i 这两个音共振峰频率位置的不同。a 音的 $F_1$ 在 1000Hz 附近，$F_2$ 在 1160Hz 附近；i 音的 $F_1$ 在 290Hz 附近，$F_2$ 在 2360Hz 附近。图 1－10 是汉语普通话 a、i 的语图（上）和频谱图（下）。

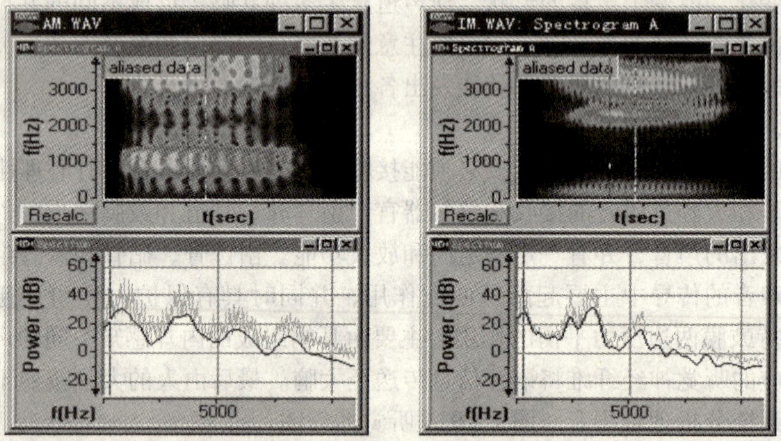


a　　　　　　　　i

**图 1－10　汉语普通话 a、i 的语图（上）和频谱图（下）**

人耳感知到这两个共振峰频率总体模式的不同，也就感知了 a 音与 i 音的不同。人们能够分辨出汉语普通话“妈麻马骂”的不同，在于人耳感知到这些音节中 a 音基频 Fo 的相对变化的不同，所以区分并理解了“妈麻马骂”声调和意义的不同。在学习语音时，不仅要注意发音的训练，还应注意听音辨音的训练，这样就能更有效地学好不同语言的语音。

**四、语音的社会性质**

语音是表达一定意义的声音，没有意义的声音不是语音。从表达意义的角度，我们看到，语音具有社会性。社会性是语音的本质属性。

语音的社会性首先表现于什么样的声音形式与什么样的意义相结合，取决于约定俗成的社会习惯。声音必须表示意义，但声音与意义之间没有必然的联系。

同一意义，不同的社会有不同的语音表达方式。这都是由不同社会的全体成员在多年的共同实践中约定俗成的。个人不能以自己的意愿，随便改变某一意义的语音表达方式。

语音的社会性还突出地表现在语音的系统性上。从能否区别意义的角度归纳出来的语音系统，显示出不同语言的语音特色。每一语言或方言都有自己独特的语音系统，而这个系统是整齐的、对应的。英语的辅音系统以清音浊音的对立为主要特征。汉语普通话辅音音位系统清音多、浊音少，以送气音与不送气音的对立为主要特征。英语里没有 zh、ch、sh、r、j、q、x 等音，汉语普通话里没有[r]、[tʃ]、[dʒ] 等音。从语音的物理性质和生理性质分析得出的某一语音现象，在不同的语音系统中可能有不同的社会作用和不同的心理感知。n、l 在北京话中能区分不同的意义，它们在普通话语音系统中，分别属于不同的音位，北京人在发音或听音时能明显地区别这两个音。在云南的某些汉语地方话中，n、l 并不能区别意义，它们在这些汉语地方话中，就属于同一音位的自由变体。这些人在发音或听音时也不能清晰地区别这两个音。当然，这并不是说这些讲汉语的人的发音器官或听觉器官有什么毛病，而是语音系统社会性的反映。通过发音、听音、辨音的训练，这种情况是可以改变的。同样是汉语，有的人既可以说普通话，又可以说当地汉语方言，就是个人可以掌握不同的语音系统的表现。当然要注意的是不要让这两种系统相互干扰，出现方言特征突出、方言语调明显等情况，降低了学说普通话的等级标准。

认识了解语音的社会性质，可以使我们从整体上把握住不同语言或方言语音的特点，从而更好地学习掌握这些语音系统。

# 第二章　语音的声学特征

## 第一节　元音的声学特征

### 一、单元音的声学特征

元音是物体有规则的振动产生的声音，由一定数目的有周期性变化的音波构成，可以清晰地分解为基音与陪音。发元音时，声带要振动，产生有规则的音波，气流在发音通道上不受阻碍，没有湍流形成。从发音生理来看，元音在发音时，肺部呼出的气流通过喉头振动声带，从一开一闭的声门通过，成为浊音流。由于咽腔、口腔、鼻腔的多种共鸣，就产生了元音。元音的声波都是周期性的，都是浊音。元音的音质由声道中的多个共振峰频率决定。口腔是声道中最容易变化的部分，口腔的每一个细微的变化都会对声音的共振产生影响，形成不同的元音音质。口腔中最灵活的是舌头，舌位的前后、高低直接影响口腔的共振，因而也直接影响元音的音质。上、下门齿之间的距离是下颌开度。开颌度最大的是低元音，开颌度最小的是高元音。元音发音时唇形的变化也会影响口腔的共振，因而也会影响元音的音质。舌位高度相同的元音，展唇元音的唇形面积大于圆唇元音。

舌位的高低、前后，唇形的圆展，实际改变的都是口腔这个共鸣器的形状。共振峰一般指口腔的共鸣频率，口腔形状的多变会形成多个共振峰。对元音而言，前三个共振峰对元音音质有决定性的影响，其中 $F_1$ 和 $F_2$，对舌位、唇形的变化较为敏感，能体现元音的音质。

在实际交际中，听话者并不是从元音的生理描写而是从元音的声学特征去感知不同的元音的。因而元音的声学分析极为重要。元音的标志性声学特征主要表现为元音的共振峰模式。其中，第一共振峰 $F_1$ 和第二共振峰 $F_2$ 对区分不同的元音有着重要的作用。$F_1$ 与 $F_2$ 的共振峰频率值和关系模式，可以反映出不同元音之间的差别。实验语音学正是参考频谱图中的 $F_1$、$F_2$、$F_3$ 的频率值和关系模式来进行元音识别和分析的。

虽然频谱图有较好的共振峰显示和识别，但由于缺少时间维度，现大多数元音的分析识别一般是采用语图来显示的。窄带语图采用45Hz 的滤波器，能够显示基音和具体的陪音，但显示的频率范围有限，不容易看出共振峰。宽带语图采用300Hz 的滤波器，显示的频率范围较宽，在语图上呈现出一条较宽的横杠，精细度不够，一般取横杠的中间值为该共振峰的频率值。当两个共振峰频率值较为接近时，就会出现宽横杠的部分叠加。在宽带语图中出现较宽的横杠时，说明有两个靠得较近的共振峰。

分析元音最主要的就是分析 $F_1$ 与 $F_2$ 之间的关系模式。根据 $F_1$ 与 $F_2$ 之间的关系绘制而成的声学元音图，与传统语音学的元音舌位图有着异曲同工之处，可以相互印证，其关系为：

（一）$F_1$ 频率值的高低同舌位的高低直接相关

频率越高，舌位就越低；频率越低，舌位就越高。

图2－1为某男性省级测评员汉语普通话单元音 i、u、ü、a、o、e 的波形图和语图。

a 的 $F_1$ 接近 1000Hz，在六个基本元音中频率最高，而 a 的舌位是最低的。o、e、u、ü、i 的 $F_1$ 依次降低，其中 i 的 $F_1$ 最低，约在 200Hz 左右，i 的舌位是最高的。

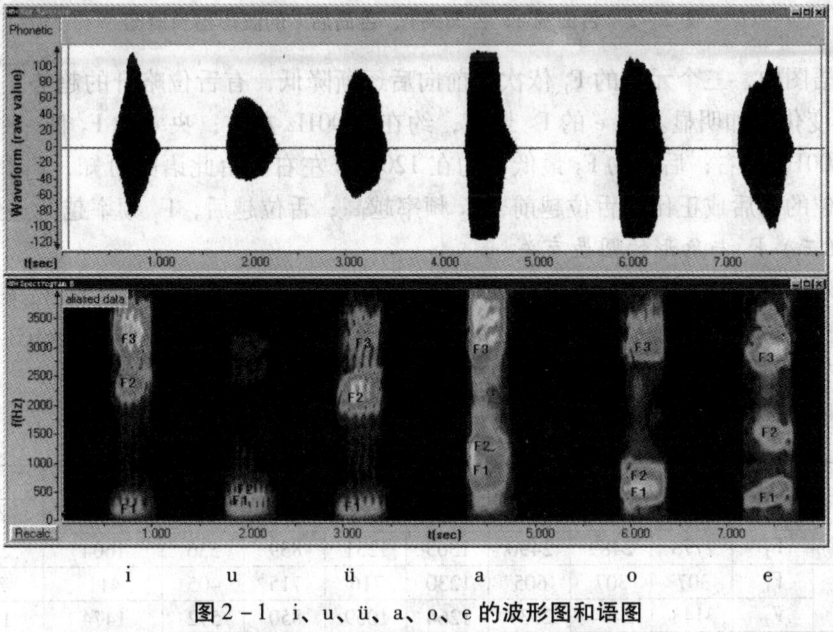


图2－1 i、u、ü、a、o、e 的波形图和语图

由此语图可知，$F_1$ 与下颌开度成正比，与舌位成反比。开口度越大，舌位越低，$F_1$ 频率越高；开口度越小，舌位越高，$F_1$ 频率越低。

（二）$F_2$ 频率值的高低与舌位的前后直接相关

舌位越靠前，$F_2$ 频率值越高；舌位越靠后，$F_2$ 频率值越低。

图2－2为某女性省级测评员舌面前 e［e］、舌面央 e［ə］、舌面后 e［ɤ］的波形图、语图。

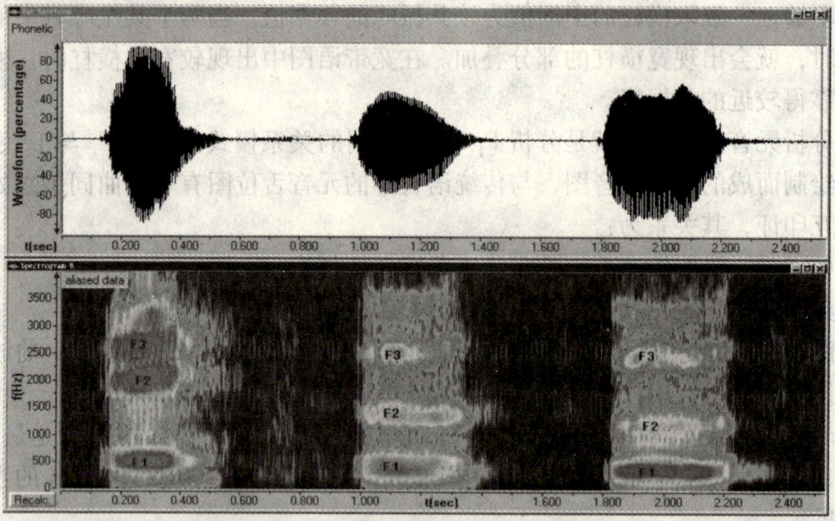


舌面前 e［e］　　舌面央 e［ə］　　舌面后 e［ɤ］

**图 2-2　舌面前 e、舌面央 e、舌面后 e 的波形图和语图**

语图中，三个元音的 $F_1$ 依次由前向后逐渐降低，有舌位略升的趋势。但是，$F_2$ 的变化更加明显。前 e 的 $F_2$ 最高，约在 2000Hz 左右；央 e 的 $F_2$ 低一些，约在 1400Hz 左右；后 e 的 $F_2$ 最低，约在 1200Hz 左右。由此语图可知，$F_2$ 的高低与舌位的前后成正比。舌位越前，$F_2$ 频率越高；舌位越后，$F_2$ 频率越低。

（三）$F_2$ 与唇形的圆展有关

双唇突出拢圆，实际上就是使声腔延长了，其声学效果表现为 $F_2$ 频率降低。在同样舌位的情况下，唇形越圆，$F_2$ 越低；唇形越扁，$F_2$ 也就越高。如图 2-1，i 的 $F_2$ 约为 2450Hz，ü 的 $F_2$ 约为 2200Hz。

根据《实验语音学概要》汉语普通话元音的共振峰数据如下表：

| 元音 | | i | ü | ê | a | e | o | u | -i（前） | -i（后） |
|---|---|---|---|---|---|---|---|---|---|---|
| 男 | $F_1$ | 345 | 357 | 599 | 1200 | 673 | 676 | 414 | 450 | 453 |
| | $F_2$ | 2773 | 2489 | 2490 | 1365 | 1231 | 839 | 536 | 1604 | 2120 |
| 女 | $F_1$ | 307 | 307 | 605 | 1230 | 716 | 715 | 405 | 411 | 370 |
| | $F_2$ | 3148 | 2494 | 2339 | 1264 | 1069 | 850 | 592 | 1474 | 1980 |

根据《声学手册》汉语普通话元音的共振峰数据如下表：

| 元音 | | i | ü | ê | a | e | o | u | -i（前） | -i（后） |
|---|---|---|---|---|---|---|---|---|---|---|
| 男 | $F_1$ | 337 | 341 | 587 | 905 | 598 | 631 | 377 | 426 | 448 |
| | $F_2$ | 2380 | 2132 | 2122 | 1236 | 1134 | 1113 | 641 | 1498 | 1993 |
| 女 | $F_1$ | 394 | 415 | 670 | 1061 | 853 | 772 | 491 | 522 | 511 |
| | $F_2$ | 3098 | 2660 | 2428 | 1464 | 1389 | 1131 | 836 | 1874 | 2381 |

两表有一定的出入，正好说明每一个人的发音声腔并不是完全一样的，有的数据常因人而异。但两表显示的 $F_1$、$F_2$ 共振峰体系的总体模式和走向则是相当一致的。

**二、复元音的声学特征**

在一个音节中两个或两个以上的元音的组合叫复元音。

复元音的发音不同于几个相连的单元音的发音。复元音属于同一个音节，发音时，口形和舌位由一个元音的状态向另一个元音的状态逐渐变动，中间有许多过渡音，发音时肌肉只紧张一次，只有一个音峰；相连的单元音各自分别是一个独立的音节，发音时口腔由一种状态迅速跳到另一种状态，中间没有逐渐变化的过程，有几个音节肌肉就紧张几次，形成几个音峰。

元音的音质主要与 $F_1$ 与 $F_2$ 直接相关。复元音发音时，从一个元音向另一个元音过渡，因此复元音的 $F_1$ 与 $F_2$ 是变化的，只要分析 $F_1$ 与 $F_2$ 变化模式的形状和变化的频率，就可以判断出复元音的音质。复元音韵母由于有共振峰频率变化走向，相对单元音韵母更容易识别。复元音标志性的声学特征是共振峰模式必然发生变化，变化的走势和时间的长短取决于不同的复元音本身的特点。

（一）二合复元音韵母

由两个元音组成的复元音叫二合元音。二合元音又分为领音在前一个元音上的前响二合元音和领音在后一个元音上的后响二合元音。二合复元音韵母发音时，从一个元音向另一个元音过渡，语图体现的 $F_1$、$F_2$ 的走向较为简单而清晰。二合复元音的标志性声学特征是 $F_1$、$F_2$ 共振峰频率的走向只有一个简单而清晰的动程阶段。

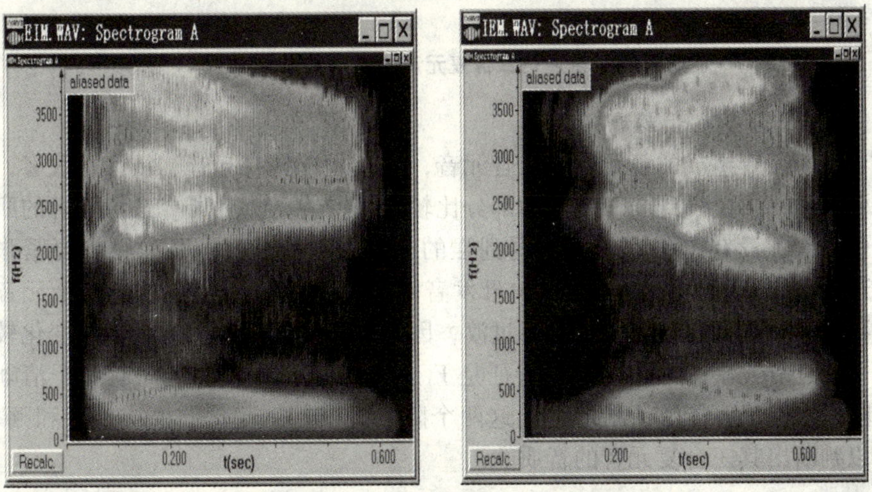


ei　　　　ie

图 2-3　普通话韵母 ei 与 ie 的语图

图2－3是普通话二合复元音韵母ei与ie的语图，从图中可以看出$F_1$与$F_2$变化模式的走向和变化的频率。普通话韵母ei中的e，$F_1$为500Hz左右，$F_2$为2000Hz左右，滑动到i时，$F_1$为250Hz左右，$F_2$为2400Hz左右。普通话韵母ie中的i，$F_1$为200Hz左右，$F_2$为2300Hz左右，滑动到e时，$F_1$为500Hz左右，$F_2$为1900Hz左右。图中也可以看出ei中的e比ie中的e的$F_1$与$F_2$的距离相对较开，这说明ei中的e是前元音［e］，ie中的e是前元音［ɛ］。

图2－4是普通话二合复元音韵母ai与ia的语图，从图中可以看出$F_1$与$F_2$变化模式的走向和变化的频率比ei与ie更加明显和清晰，动程更加突出。普通话韵母ia中的a比ai中的a，舌位略后，开口度略大，音质记为［ᴀ］是适当的。

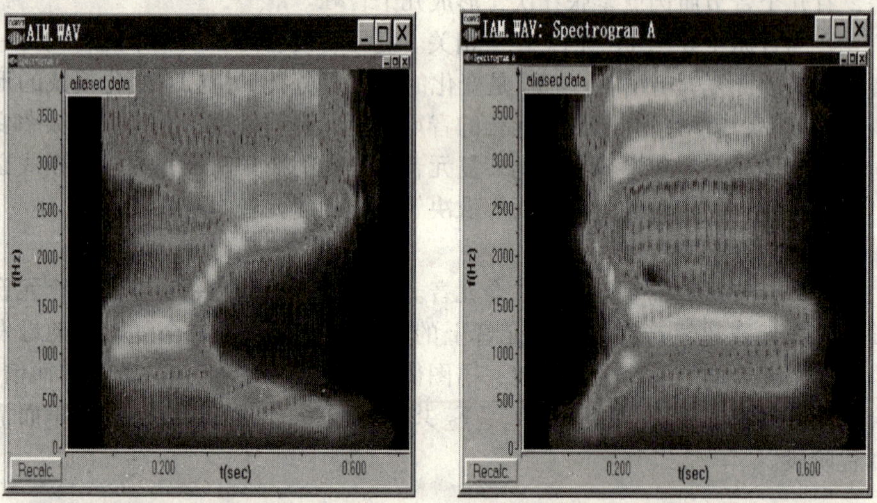


**图2－4　普通话二合复元音韵母ai与ia的语图**

（三）三合复元音韵母

由三个元音组成的复元音叫三合元音，三合元音具有起音、领音、收音，都是由弱到强，再由强到弱。中间的部分比较紧张、响亮、清晰。三合元音的肌肉只紧张一次，没有由强到弱又由弱到强的，因为这种情况，肌肉必然要紧张两次，形成两个音峰。三合复元音韵母发音时，先从第一个元音向第二个元音过渡，再从第二个元音向第三个元音过渡，因此三合复元音的$F_1$与$F_2$的变化较为复杂。三合复元音的标志性声学特征是$F_1$、$F_2$共振峰频率的走向有两个清晰的动程阶段。但只要能够清晰地看出这两个阶段$F_1$与$F_2$变化的模式走向和频率，就可以判断出其三合复元音的音质。

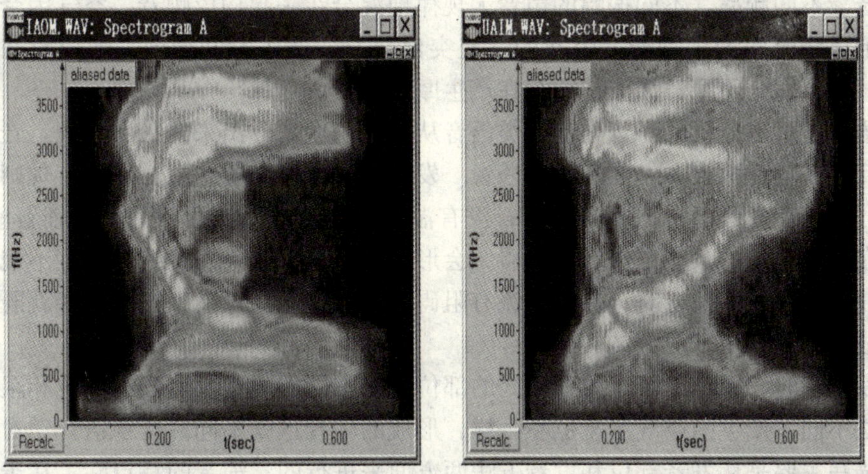


iao　　　　　　　　　　uai

**图 2－5　普通话韵母 iao 与 uai 的语图**

图 2－5 是普通话韵母 iao 与 uai 的语图，显示了 $F_1$ 与 $F_2$ 变化的走向形状和频率。从图中可以看出 $F_1$ 与 $F_2$ 变化模式走向的两个阶段。普通话韵母 iao 中的 i，$F_1$ 为 250Hz 左右，$F_2$ 为 2300Hz 左右，是典型的 i 的共振峰数据。滑动到 a 时，$F_1$ 为 750Hz 左右，$F_2$ 为 1100Hz 左右，是一个舌位略高的 a。滑动到 o 时，$F_1$ 为 450Hz 左右，$F_2$ 为 750Hz 左右，是一个舌位略低的 o。普通话韵母 uai 中的 u，$F_1$、$F_2$ 重合得很明显，约在 450Hz 附近，是一个典型的 u。滑动到 a 时，$F_1$ 为 850Hz 左右，$F_2$ 为 1200Hz 左右，是一个典型的 a。滑动到 i 时，$F_1$ 约为 250Hz 左右，$F_2$ 为 2500Hz 左右，又是一个典型的 i 的共振峰数据。

总之，当我们不能清晰地确定一个元音的音质时，可以根据元音的声学特征来分析、确定这个音的音质。需要注意的是，由于每一个人的声道大小并不是完全一样的，各人的共振峰频率并不一致，往往需要进行模式比较才能确定。同时，男声的共振峰绝对频率偏低，女声的共振峰绝对频率偏高，但它们形成的共振峰的相对模式不变，$F_1$ 与 $F_2$ 的相互关系不变，只要把握住这个相对模式及影响其音质的前后音，就能科学客观地进行元音音质的分析。

## 第二节　辅音的声学特征

### 一、辅音声学特征的语图表现

声音可以分为乐音与噪音两大类，它们的振动方式不同，乐音是物体有规则的振动产生的声音，它由一定数目的有周期性变化的音波构成，可以清晰地分解为基音与陪音。人的声带振动产生的声音是乐音。噪音是物体不规则的振动产生的声音。不同频率、不同振幅的声音无规律地混合在一起构成噪音。空气因受到阻碍形成湍流而产生噪音。闭塞的气流突然放开，产生瞬间湍流，形成瞬态噪音。气流不完全闭塞，湍流持续存在产生摩擦噪音。

语音是可以分析的。音素是人类语音从音质角度划分出来的最小单位。音素分为元音、辅音两大类。元音属于乐音。发元音时，声带要振动，产生有规则的音波，气流在发音通道上不受阻碍，没有湍流形成。辅音属于噪音。发辅音时，气流在发音通道的某些部位受到阻碍，会形成摩擦湍流或瞬态湍流，产生不规则的音波。在发某些辅音时，除了气流有阻碍外，声带还要振动，这些辅音就既有噪音成分，也有乐音成分。

发辅音时，呼出的气流要在不同的部位受到不同的阻碍。阻碍的部位和阻碍的方法不同，产生的空气湍流也不一样，形成的辅音也就不同。传统语音学对辅音的描写主要是从发音部位和发音方法两方面来进行的。辅音的特点除了在于有阻碍外，还在于发音时必须有一个动程。现代语音学的声学分析能显示辅音发音的整个动态过程。发辅音时，既有不同的阻碍部位，又有不同的阻碍方式，还有清浊、送气和种种附加音的区别。辅音的声学特征也比元音复杂得多，每一个辅音都是由多方面的声学特征组成的，组成的模式丰富多样，并且常因人而异，不大稳定。从语图上辨认辅音的全部特征要比元音困难得多。

图 2－7 是普通话声母 b、p、m、f 的波形图、语图。

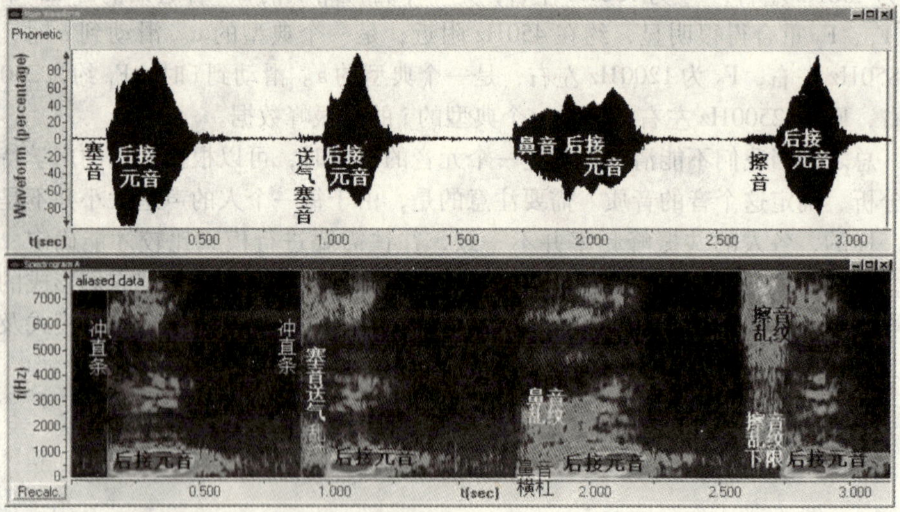


bo po mo fo

**图 2－7　普通话声母 b、p、m、f 的波形图、语图**

（注：实验发音合作人是云南省省级男性测评员，由于录音时白噪声的影响，每张语图中在 6000Hz 左右均有一条高噪音带，在分析时可忽略不计。下同）

辅音的声学分析主要是把它的声学特性如音色、音高、音强、音长四种要素的参量，同时借助仪器设备和耳听的观察验证，作出判断和比较。对于图2-7普通话声母b、p、m、f的波形图、语图的具体表现形式分析如下。

辅音是由乐音、瞬态噪音和摩擦噪音三种声音组成的。乐音是由声带振动产生的有规则的周期性变化的音波，又叫浊音、声带音。乐音在语图上表现为横杠。瞬态噪音是由瞬态空气湍流形成的杂乱音波，简称瞬音。瞬音在语图上表现为时长很短的竖条，又称冲直条。摩擦噪音是由空气湍流持续存在形成的杂乱音波，又称紊音。紊音在语图上表现为有一定时长的乱纹。辅音在语图上表现为横杠、冲直条（竖条）和乱纹三种不同的样式。这三种样式反映了一切辅音的声学特征。辅音在语图上的样式由这三种最基本的样式单独或共同组成。

冲直条：冲直条显示的是塞音。发音器官的某个部位形成完全的堵塞，然后气流猛然冲破阻碍，形成一发即逝的瞬音，故塞音也称爆破音。塞音在语图上的表现是一根陡然向上的直线，它的开始点比较清晰明显，反映气流在冲破阻碍的一瞬间，声带突然释放的现象，是短暂的爆发音段。冲直条的时长在10毫秒左右。

乱纹：乱纹显示的是擦音或有摩擦成分的其他辅音。发音器官的某个部位形成不完全的堵塞，留一个狭窄的缝隙，气流通过窄缝时因受到一定阻碍，在窄缝中形成不规则的运动，摩擦而出，在语图上就表现为一簇纵向杂乱的条纹。因辅音的不同，乱纹的时长也不一样，长的可达100多毫秒。

横杠：横杠显示的是浊音。浊音是由声带有规律颤动而产生的，浊音出现时语图上都会有浓黑的宽横杠，但代表辅音中浊音成分的宽横杠和代表元音共振峰的横杠，在语图上的表现很不相同。浊音横杠出现在贴近基频的部位，因辅音的不同还会伴随着冲直条、乱纹或共振峰，显示出辅音的综合性特征。而代表元音共振峰的横杠，一般高于基频的横杠，且有多个横杠，即有第一共振峰横杠$F_1$、第二共振峰横杠$F_2$、第三共振峰横杠$F_3$……鼻音m、n，边音l等浊辅音，由于声带颤动而产生周期性频率，既有基频，也有共振峰。

VOT：浊音横杠的起始时间称为嗓音起始时间（Voice Onset Time，简称VOT），是指辅音除阻开始与声带颤动开始的时间过程，能比较精确地说明塞音的清浊和送气的情况。VOT显示一个辅音的清浊、送气及不同的发音习惯等特点。清送气的塞音、塞擦音、擦音，清不送气的塞擦音，除阻一段时间后，后面的声带嗓音才开始振动，此时VOT为正数，表示这个辅音是清音。浊鼻音、浊边音和浊送气不送气的塞音、塞擦音、擦音，由于是浊音，辅音除阻之前声带就已经振动，VOT为负数，表示这个辅音是浊音。VOT的正负和具体的时长，显示了辅音发音方法的特征。

横杠、冲直条和乱纹三种样式单独或混合出现反映了辅音的声学特征，在实际的语言中会有更多的变化。从发音生理来看，横杠、冲直条和乱纹的类型体现的是发音方法，而发音部位则由横杠、冲直条和乱纹的强频集中区和共振峰频率分布的具体数据决定。

强频集中区是指发辅音时由于有阻碍而形成的噪音能量较为集中的频率区域。从发音生理来看，辅音由于阻碍部位的不同，形成阻碍的声腔形状不同，产生的强频集中区的频率位置和频率范围的宽窄也就不同。不同的声腔会表现为不同频率位置和频率范围的强频集中区。从听感来看，强频集中区的频率越高，噪音的声音越尖锐；强频集中区的频率越低，强频集中区的声音越低沉。语图可以将辅音强频集中区的频率位置和频率范围有效而清晰地表现出来，因而可以通过语图中强频集中区的频率位置和频率范围，判定辅音的发音部位。元音依靠共振发音，形成不同的元音音质。辅音依靠阻碍发音，形成不同的辅音音质。除鼻音和边音外，辅音不可能出现元音那样的共振峰，而是在一定的频率位置出现一片强频区。强频区的强弱和宽窄都能表现出辅音发音部位的变化。强频区下限的频率位置与舌位前后有关，舌位越前，下限频率越高。

辅音的声学特征比元音复杂，辅音的音质只依靠辅音本身的特征有时很难识别，但辅音与元音相拼后，就能从听感上清晰地分辨出辅音的音质。语流中，特别是一个音节中，各个音素是相互影响的。从声学上看，由于不同的辅音有不同频率的能量集中区，而不同的元音又有各自特定的共振峰频率，因此辅音向元音的过渡，也就是不同频率的能量集中区向不同频率的共振峰模式过渡，从而产生不同的过渡音征。过渡音征是辅音与元音结合时，辅音附着在元音上时的声学特征。辅音与元音之间的过渡音征反映了发音器官从辅音过渡到元音的运动过程，反映了辅音对后接元音的影响。过渡音征使后接元音的共振峰起始部分的频率值发生变化，过渡音征的走向显示出辅音的发音部位和发音方法，对确定辅音的发音部位有决定性的作用。除鼻音外，$F_1$ 的过渡音征走向总是升的，因为辅音除阻时开口度总是从小到大的，舌位总是从高到低，$F_1$ 的频率也就由低到高。过渡音征的信息主要显示在元音的 $F_2$ 上。一般来说，双唇音 $F_2$ 的过渡音征走向是升的，舌尖音、舌根音 $F_2$ 的过渡音征走向都是降的，其中舌根音降的幅度更大。辅音各个不同频率的过渡音征走向集中指向同一个音轨，这个音轨的频率就是辅音的强频集中区。根据音轨频率的位置可以推断出辅音的发音部位。双唇辅音的音轨频率在700Hz左右，舌尖辅音的音轨频率在1800Hz左右，舌根辅音的音轨频率在3000Hz左右。过渡音征和音轨频率对语音的识别合成有着重要作用。

辅音的音强一般表现为清辅音比浊辅音强一些。辅音的音长具有区别特征的作用，有不送气的塞音和塞擦音不能延长，擦音、送气音、鼻音、边音等可以延长。在普通话声母中，擦音、送气或不送气的塞音和塞擦音在音长方面的关系是：擦音 f、h、x、sh、s 长于送气塞擦音 q、ch、c，送气塞擦音 q、ch、c 长于送气塞音 p、t、k，送气塞音 p、t、k 长于不送气塞擦音 j、zh、z，不送气塞擦音 j、zh、z 长于不送气塞音 d、b、g，即从时长来看：

擦音（200sm）>送气塞擦音（180sm）>送气塞音（100sm）>不送气塞擦音（80sm）>不送气塞音（10sm）。

**二、辅音声学特征的识别**

辅音声学特征的识别主要依据宽带语图。宽带语图为辅音的发音方法和发音部位提供了可视化的声学特征，提供了辅音客观的语音声学数据。这些声学特征数据包括：辅音的噪音形式，辅音的时长，辅音噪音强频区的频率范围，辅音噪音强频区的下限频率，辅音浊音的时长，辅音共振峰的模式，紧跟辅音后的元音共振峰模式等。

由于发音人的千差万别，由于语音的千变万化，根据辅音的噪音形式，辅音的时长，辅音强频区的频率范围，辅音的强频区的下限频率，辅音浊音的时长，辅音共振峰的模式，紧跟辅音后的元音共振峰模式等识别辅音的声学特征，还有较大的局限性，只有在识别过程中，充分考虑各方面的综合因素，借助实际听辨等其他有效的方式，才能更加科学准确地分析、合成和识别具体的语音。

## 第三节　韵律的声学特征

**一、韵律声学特征的图形表现**

韵律是音质以外的语音特征。任何语言，除了有元音、辅音等从音质角度分析出来的要素外，还有从音高、音强、音长等非音质角度分析出来的语音要素，这些非音质语音要素形成的语音特征就称为语音的韵律。韵律的声学特征就是从言语声学的角度分析得出的音高、音强、音长的具体特征。

音高是声音的高低，它取决于音波的频率。语音的音高取决于声带振动的基频。基频越高，声音也就越高；基频越低，声音也就越低。一般说来，男人声带的基频在 100Hz 左右，女人声带的基频在 200Hz 左右，儿童声带的基频在 300Hz 左右。放大了的波形图、语图也能显示音高的变化，但不够直观，需要折算。显示音高的语音实验仪器是音高计，计算机模拟音高计作出的音高图，能清晰而直观地显示出基频的变化。任何语言都有音高，但音高的具体表现形式有各自的特点。音高在语言中的具体体现是某些语言所具有的声调和任何语言都具有的句调。音强是声音的强弱，它取决于音波的振幅。振幅越大，声音越强；振幅越小，声音越弱。波形图、音强图、语图均能显示语音的音强，尤以音强图最为明显。音长是声音的长短，它取决于发音体持续振动的时间，波形图、音强图、音高图、语图均能显示语音的音长，二维的频谱图不能显现音长。

语音的韵律是加在音质之上的语音特征，主要有声调、轻重音、长短音、语调等。韵律的具体表现形式千差万别、千变万化，在一定范围内的高低、强弱、长短的相对性，是各韵律要素的重要特征。从韵律与音质的关系来看，二者是相互影响、同时出现的。从韵律内部来看，各非音质要素也是相互影响，同时出现的。

普通话每个元辅音及其相关的韵律特征，在不同的语音环境里是不一样的。普通话水平测试的内容分为读单音节字词、读双音节词语、朗读、说话等四个部分。在读单音节字词的时候，可以读得清晰一点，明显一点。在读双音节字词的时候，就要考虑语流音变及其相互间的影响，具体要求与单音节字词就不一样。在朗读和说话中，由于各种语音因素相互作用，有的标称韵律（特别是调值）与实际韵律相差较大，发音清晰，自然流畅就成了判定韵律是否正确的主要标准。由于受主客观条件的限制，有关普通话韵律的描述在很多情况下并不是很清晰、很准确的。在进行普通话韵律识别的时候，就不能按图索骥，削足适履，只能因势利导，顺其自然，通过具体实验，还普通话韵律的本来面目，认可这些客观存在的语音特征。又由于韵律具有易变性，每一个人的发音不可能是完全相同的，因而在认可一个具有普遍性正确模式的前提下，应该具体情况具体分析，允许有其他正确的韵律模式存在。

Speech Analyzer 1. 5 Version 语音分析软件具有示波器、语图仪、音高计的功能，同时克服了只能分析 2. 56 秒时段的局限，既能进行长达 30 分钟的语流的语音分析，又能观察到几毫秒的语音现象。该软件在韵律分析方面有较强的优势，可以使得较长语流的音高、音强、音长的分析得以实现，有关图形数据一目了然。由于该软件的良好功能，要直接从音波图、音强图、音高图、语图分析出它们的声学特征并不困难。难的是语音的韵律特征千变万化，正确的发音可以有多种模式，常常因人因音而异。

## 二、普通话单音节字词声调的声学特征

普通话单音节字词的韵律主要体现在声调上。

声调是某些语言中每一个音节所固有的能区别意义的相对音高。声调最能体现韵律的相对性。人耳对声调的感知也主要是音高的相对差别，而不是绝对差别。只要在发音时音高的相对差别大体相同，人们就能得到相同的声调感知。某一个声调的绝对音高，也只有位于一定的声调系统中，在与别的声调的比较中，才能体现出自己音高的相对差别，也才具有区别意义的价值。当然绝对音高的变化可以体现调形，是声调客观数据的具体体现，在单独分析时也有一定的意义。

音节的相对音高及其变化的实际情况是调值。调值一般采用“5 度标记法”来表示。由于调值的确定和调值的变化是相对的，不是绝对的，所以只有通过比较才能确定调值。又由于人耳对音高差别的感知是呈对数性的，所以要准确地测定调值，首先要用语图仪、音高计或示波器等，测出各个音高变化的频率值并把

这些频率值换算成对数值，然后把最高频率的对数值与最低频率的对数值的差五等分，得出每1度的对数值范围，最后将各频率的对数值换为5度值。较早的语音分析软件 Speech Analyzer 在显示音高的时候采用的频率尺度是算术级数，新版的 Speech Analyzer 1.5 Version 语音分析软件注意到了这个问题，采用对数显示频率尺度，这使得5度调值在音高图上可以一目了然。

声调的声学特征主要有基频、频差、调域、音长、音强等。

从声学的角度来看，音高是由于在一定时间里音波数或发音体颤动数的多少来分辨的。发音体在一定时间内的颤动数叫做"频率"。人的声带振动是复杂振动，由多种简单振动组成的。在这些简单振动中，有一个频率最低、振幅最强的音，叫"基音"。基音的振动频率叫"基频" Fo。语音的音高取决于基频。基频越高，声音也就越高；基频越低，声音也就越低。汉语的声调就是由基频的相对变化决定的。清音没有声带的颤动，所以没有基频。声调只表现在音节声带振动的浊音上，包括浊辅音、鼻音和元音等。基频是一个音节客观的频率值，是声调最重要的标志性声学特征。一个音节的基频从起点到终点大多会发生频率的变化，并因此引起相对音高调值的变化。

频差指的是一个音节内基频变化的频率差别，频差能够反映不同声调之间的频率差别。声调的不同调形是由声调内部的频差造成的。用音节起点的基频减去音节中点或音节终点的基频就可以得出频差。频差为0，声调的调形是平调；频差为正数，声调的调形是降调；频差为负数，声调的调形是升调；频差先正后负，声调的调形是先降后升；频差先负后正，声调的调形是先升后降。

调域是基频从声调的最低音到最高音的变化范围。调域的高低和宽窄因人而异。在正常的情况下，男声和女声个人的发音，不仅绝对音高不同，调域也不相同。

音长是声音的长短，取决于发音体持续振动的时间。音强是声音的强弱，取决于音波振幅的大小。不同声调系统中，不同调类基频的音长、音强并不完全一样。

汉语普通话阴平、阳平、上声、去声4个调类，其调值常因人和语音环境的不同而有一定的变化。阴平可以是［55］、［44］，阳平可以是［35］、［25］、［325］、［425］，上声可以是［314］、［313］、［312］，去声一般是［52］。在实际的音高测量中，普通话4个调类的调值与传统语音学的标称调值常有一定的区别。图2－8为某女性测评员在发普通话单元音韵母 i 时的4声音高显示。经过多次实验，其他人的4声调形的相对变化也基本是这样的。

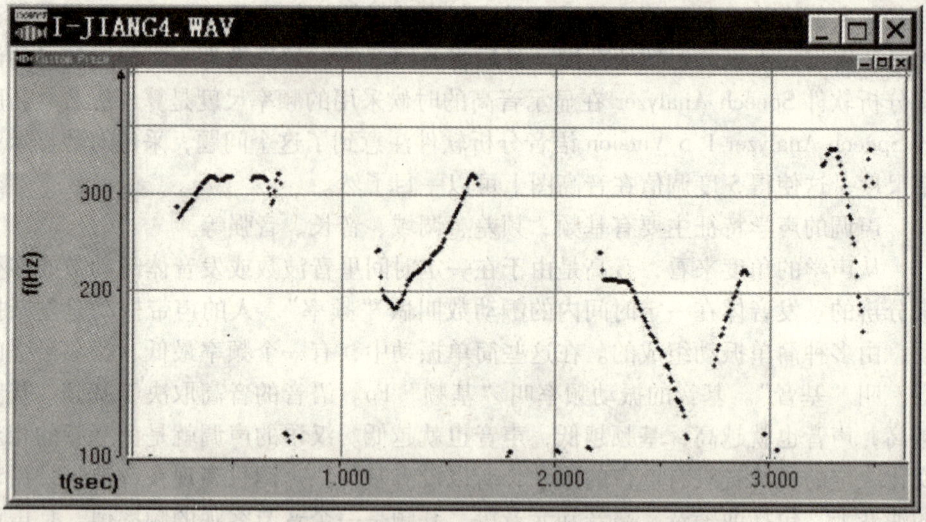


**图 2-8　某女性测评员普通话单元音韵母 i 的 4 声音高图**

根据图 2-8，普通话 4 个声调的调值可以描写为：阴平 55，阳平 35，上声 313，去声 52。

**三、普通话双音节字词语韵律的声学特征**

双音节词语韵律的声学特征由于前后音节的相互影响及相互比较，相对性比单音节词语更为明显。汉语普通话双音节词语的韵律在原声调的基础上，主要体现在变调、轻声上，轻重音的问题并不明显。

（一）变　调

变调是前后音节相互影响而发生的相对音高的变化。实际上，变调是普遍存在的，只是上声变调更为明显。图 2-9 为同一女性测评员在读普通话 4 声不同组合的双音节词语时，相对音高变化的实际情况，具体的词语是：阴平——诗歌，诗词，诗海，诗句；阳平——实施，实词，十五，实际；上声——好诗，好词，好美，好处；去声——誓师，事实，事理，事例。

从图 2-9 可以看到普通话双音节词语除了人们熟知的上声变调外，还有这样一些变调特征：

（1）前一音节的阴平，调值均为最高，调形为平略降；后一音节的阴平，实际调值均普遍比单念调值偏低一点，特别是去声后的阴平，相对较低。

（2）前一音节的阳平，实际调值的起点均比单念调值的起点高一些，终点则低一些，调形为升势；后一音节的阳平，实际调值的起点均比单念调值的起点偏低一些，终点则不尽相同，调形为升势。

（3）前一音节的上声，实际调值的起点均比单念调值的起点高一些，终点部高一些，调形为降或降升势；后一音节的上声，实际调值与单念基本相同，中部为相对音高的最低点，调形为降升。

（4）前一音节的去声，实际调值的起点均为最高，终点为半低，与单念调值相同，只是去去相连时终点较高，调形为降势；后一音节的去声，实际调值与单念基本相同，只是去去相连时起点较低，调形为降势。

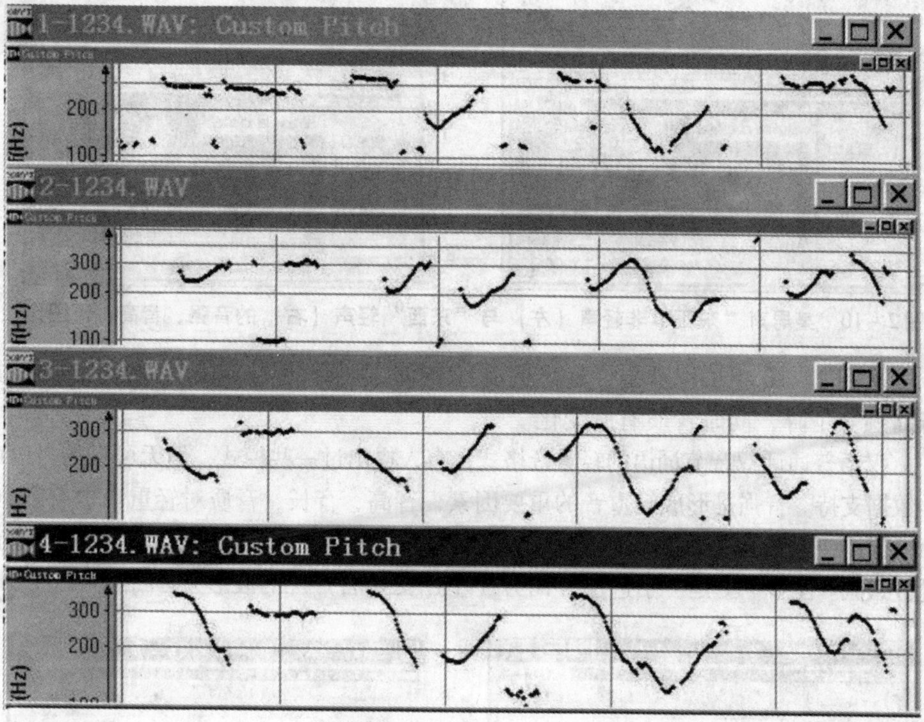


图2－9　普通话双音节词语4声组合的音高图

从以上分析不难看出，双音节词语声调的识别不同于单音节字词，只要相对音高的位置和调形大体正确，就可以认为是正确的声调。

（二）轻　声

汉语普通话的轻声，不仅表现为短而轻，音高、音质也有变化，是语音4个言语声学要素相互影响的集中体现。汉语普通话轻声的调值，一般认为与轻声前一个音节的声调有关，实际情况较为复杂，应具体音节具体分析。图2－10是某男声在读“东西”（东与西）非轻声与读“东西”（某种物品）轻声的音强、音高、语图比较。

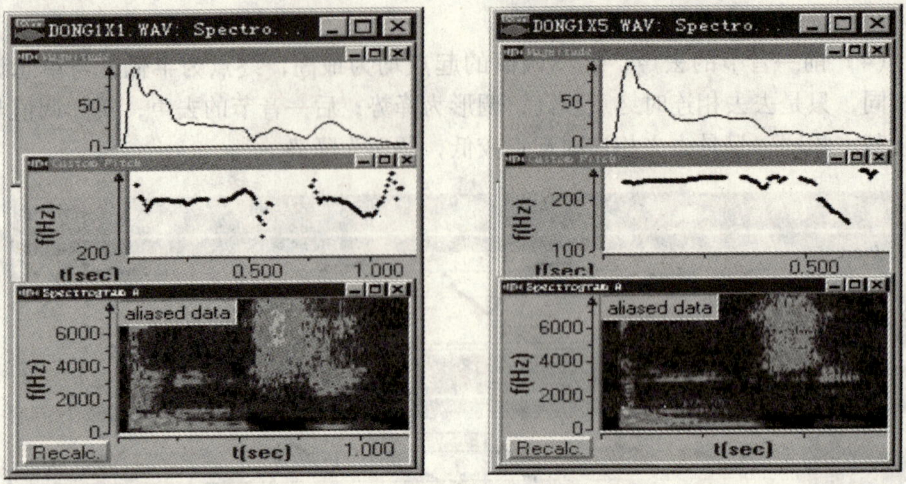


图 2－10　某男声“东西”非轻声（左）与“东西”轻声（右）的音强、音高、语图比较

从图 2－10 中可以看出，轻声的韵律特征主要体现为音长变短，音强变弱，音高顺势下降，同时音质有所变化。

汉语普通话双音节词语的轻重音格式，有人提出过一些模式，但无可靠的言语声学数据支持。音强是形成轻重音的重要因素，音高、音长、音质对轻重音也有影响。由于汉语普通话的轻重音一般并不具有区别意义的作用，应具体情况具体分析，不宜过分强调。图 2－11 是“引进”一词男（左）女（右）声的波形、音高图。

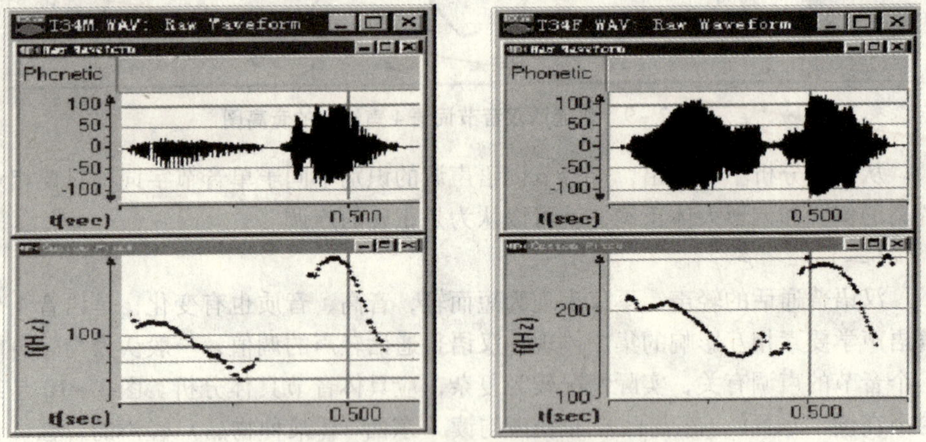


图 2－11　“引进”一词男（左）女（右）声的波形、音高图

图 2－11 显示“引进”一词男女声的相对音高大体相同，但二者的音强格式不同。男声是“轻重”格式，女声是“重重”格式，两种格式都应该是汉语普通话音强的正确形式。

## 第四节　语调的声学特征

### 一、语调及其图形表现

语调是一个人在说话、朗读时的韵律。由于是较长语流，朗读、说话的韵律变化尤其明显。在连续的语流中，一个音因受其前后语音环境的影响而发生的变化叫语流音变。由于语流音变的存在，每一个音素及其韵律在具体语流中的读音与单独念时的读音很不一样，一般是相互衔接，顺势简化。

语调是一句话或一个语句片段语音上的韵律，是说话人的语气和腔调。语调反映了说话人的思想感情和主观态度。同一句话用不同的语调说出来，会在表达内容和表达效果上产生很大的差异。适当的语调能更加有效地表达和沟通交际双方的思想感情，取得良好的交际效果。语调由音高、音强、音长等非音质语音要素构成，有时也会影响到音质，主要有句调、句重音、强调重音、语速、停连等内容。任何语言的每一个句子都有语调。

句调是语调的主要内容，是全句音高变化的总体趋势。句调在句尾表现得最为明显，一般情况下升调表示疑问，降调表示陈述。

汉语是有声调的语言。当一句话的句调与该句话中各个音节的声调结合在一起时，音高、音强、音长的变化错综复杂。从具体的音节来看，各音节的调值会因前后音节的声调和全句句调的影响而发生一定的变化。一般的情况是以双音节词为语调的基础，调型顺势简化，前后音节调值的过渡尽可能平滑，并有宁低勿高的趋势。各个音节的调值变化仍能区别意义。从整句话来看，音高变化的总体趋势仍很明显，句尾升降调的音阶会高一些或低一些。

句重音又叫“节律重音”、“结构重音”，是在一句话或一个音节群中，某个或某几个音节发音突出而形成的重音。句重音往往与句子、词组的结构有关。强调重音又叫逻辑重音，是为了强调句子中的某一内容而把某个或某几个音节说得较明显的重音。强调重音与表达的内容密切相关，提供的是说话者需要强调的意义信息，视不同的具体情况而定。

语速是说话的快慢，主要包括各个发音的长短、停顿时间的长短等。语速受语言音节结构的类型、使用该语言民族的言语交际习惯、个人言语的风格以及表达的思想内容等多方面的因素影响，常因语言因人而异。

在语调中，还有一个与强弱、长短、快慢均有关的节奏问题。节奏是语调中各音节之间的强弱、长短、快慢的关系。说话时的节奏要求，虽不像歌唱时那样鲜明和严格，但也应自然明晰。一句话节奏掌握得好，说起来自然流畅，听起来舒服顺耳。如果节奏不对，则说话人和听话人都会感到别扭。

一个句子可以分解出若干个以停顿为标志的语句片段，也有人称为节奏单元。这些语句片段既有自身从强到弱、从高到低的小语调特征，又有服从全句的从强到弱、从高到低的大语调特征。

语调在表达句子意义和思想感情方面起着重要的作用。

如前所述，Speech Analyzer 1.5 Version 语音分析软件具有示波器、语图仪、音高计的功能，能进行长达30分钟的语流的语音分析。该软件在语调的分析方面有较强的优势，可以从音强图、音高图、语图直接看出语调的声学特征。

**二、普通话语调的特点**

目前，学术界关于普通话语调的识别，有不同的观点。普通话语调的声学特征千变万化、错综复杂，更应该具体语句具体分析，不能按图索骥、削足适履。图2－12是某男声用陈述语气与疑问语气读“咱们现在就回家”的音强、音高和语图比较。

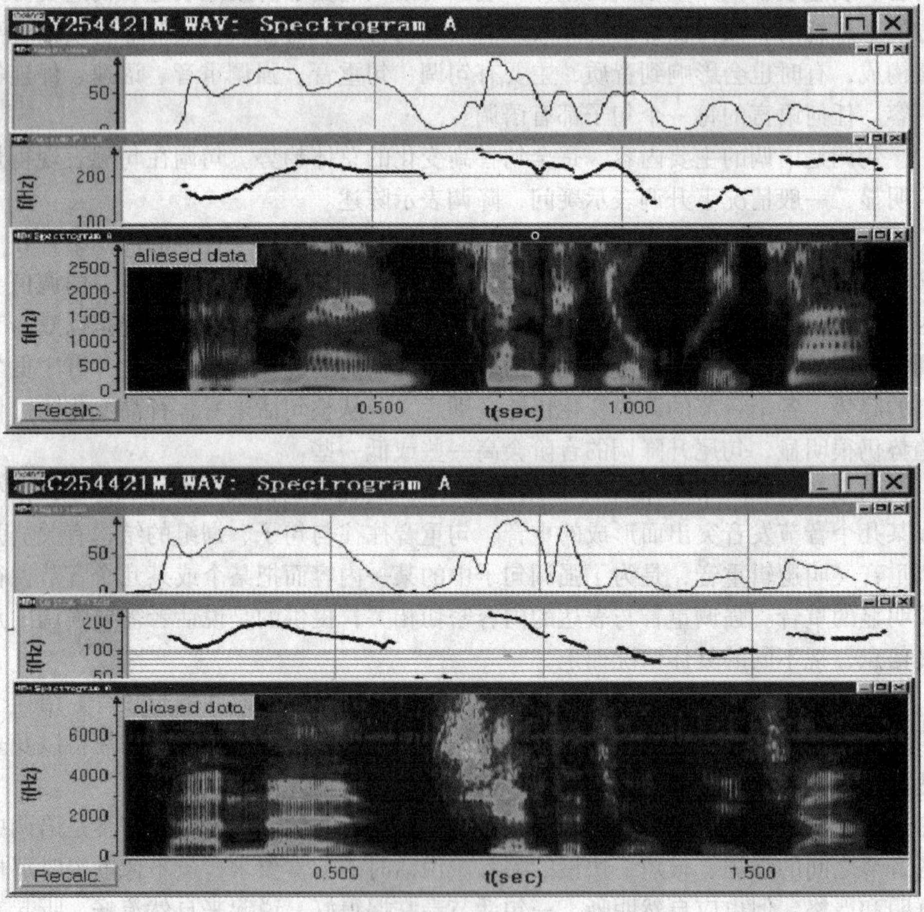


**图2－12　某男声陈述语气（上）与疑问语气（下）“咱们现在就回家”的音强、音高和语图比较**

从图中我们可以看到该例句的语调有这样一些特点：

（1）全句根据音强最低点的停顿，共分为三个语句片段："咱们"、"现在就"、"回家"。这些语句片段的小语调与全句（包括陈述句、疑问句）的总体趋势——大语调——相一致。

（2）从音强的变化来看，陈述句、疑问句的总体趋势（大语调）都是由强到弱。但陈述句减弱的相对较多。语句片段1"咱们"由于位于句首，均为"重重"格式，轻声音节"们"的实际音强较强。语句片段2"现在就"分别为"重中轻"和"重轻中"格式。语句片段3"回家"由于在句末，分别为"轻中"格式和"中中"格式。轻重格式总的服从大语调由强到弱的变化。

（3）从音高的变化来看，陈述句的总体趋势是下降，调域为70Hz～220Hz，各语句片段在自己原调的基础上从高到低顺势简化，特别是语句片段2"现在就"3个去声依次降低，从高到低顺势变化的特征尤其明显。疑问句大语调的总体趋势较平，并且有整体抬高的情况，调域为120Hz～300Hz，各语句片段在自己原调的基础上整体抬高的情况较为明显。特别是在句末的语句片段3的"家"比陈述句升高了100Hz。

（4）从音长来看，"们"的音长最长，"家"的音长次之。形成"咱们"、"现在就"、"回家"3个语句片段，其长短格式为：中长、中短短、短长。

另外，从音质的变化来看，各音节基本保持了自己的元辅音特征，但有一定的简化。显然，这句话的陈述语气和疑问语气还可以有其他正确的发音模式。只要符合以上几点，音强、音高的总体走势正确，自然流畅，都可以是正确的语调。

# 第三章　普通话语音系统

## 第一节　普通话语音系统概述

### 一、语音系统

语音系统，又叫音位系统，是将某一语言或方言的各种语音要素归纳成音位后显示出的整齐而严谨的系统，是某一语言或方言的全部音位及其结构规则的总和。从音位理论的角度看，汉藏语系诸语言的声母系统、韵母系统和声调系统实际上是从音节结构方面分析归纳出来的音位系统。表 3－1 是汉语普通话语音系统国际音标对照表。

表 3－1　汉语普通话语音系统（国际音标对照）表

| | | | | | | | | | | | | | | | |
|---|---|---|---|---|---|---|---|---|---|---|---|---|---|---|---|
| 声母 | b | p | m | f | | d | t | n | l | | g | k | h | | |
| 国际音标 | p | p‘ | m | f | | t | t‘ | n | l | | k | k‘ | x | | |
| 声母 | j | q | x | | | zh | ch | sh | r | | z | c | s | | |
| 国际音标 | tɕ | tɕ‘ | ɕ | | | tʂ | tʂ‘ | ʂ | ʐ | | ts | ts‘ | s | | |
| 开口呼韵母 | －i | a | o | e | er | ê | ai | ei | ao | ou | an | en | ang | eng | ong |
| 国际音标 | ɿ、ʅ | A | o | ɤ | əɹ | ɛ | ai | ei | au | əu | an | ən | aŋ | əŋ | uŋ |
| 齐齿呼韵母 | i | ia | | | | ie | | | iao | iou | ian | in | iang | ing | iong |
| 国际音标 | i | iA | | | | iɛ | | | iau | iəu | iɛn | in | iaŋ | iŋ | yŋ |
| 合口呼韵母 | u | ua | uo | | | | uai | uei | | | uan | uen | uang | ueng | |
| 国际音标 | u | uA | uo | | | | uai | uei | | | uan | uən | uaŋ | uəŋ | |
| 撮口呼韵母 | ü | | | | | üe | | | | | üan | ün | | | |
| 国际音标 | y | | | | | yɛ | | | | | yɛn | yn | | | |

在准确地记录语音、划分出音位后，再按照一定的格式（一般是国际音标表的格式），把这些音位排列成表，就可以展现这种语言的音位系统。一般说来，音位系统的内容包括：(1）它的全部音质音位和非音质音位；（2）每个音位常见的变体以及条件变体出现的条件；（3）音位之间的对立关系；（4）音位与音位的组合规则及其在音节中的位置。

## 二、音位的区别特征

每个音位所具有的不同于其他音位的语音特征叫音位的区别特征。属于同一音位的各个变体，语音上必然有相同的地方，都必须具有本音位的区别特征并因此而与其他音位相区别。如，汉语普通话/P‘/音位与/P/音位的区别特征表现为“送气：不送气”的对立，/n/与/ŋ/的区别特征表现为“舌尖：舌面”的对立。音位的区别特征是相比较而言的，因而总是成双成对的。音位的区别特征在语图上都有直观明确的表现。

在汉语普通话中，常见的区别特征有：“送气：不送气”，如/p‘/:/p/；“清:浊”，如/ʂ/:/ʐ/；“鼻：口”，如/m/:/p/；“突发：连续”，如/t/:/s/；“唇:舌”，如/p/:/t/；“舌尖:舌面”，如/n/与/ŋ/；“前:后”，如/y/:/u/；“开:闭”，如/a/:/i/；“圆唇:展唇”，如/y/:/i/；“卷舌:不卷舌”，如/əɹ/:/ə/等。表3－2是汉语普通话辅音音位的区别特征表。

**表3－2　普通话辅音音位的区别特征表**

| 音位<br>区别特征 | 送气/<br>不送气 | 清/浊 | 突发/<br>连续 | 鼻/口 | 唇/舌 | 舌尖/<br>舌面 | 前/后 |
|---|---|---|---|---|---|---|---|
| p | − | + | + | − | + | | |
| p‘ | + | + | + | − | + | | |
| m | | − | | + | + | | |
| f | | + | − | − | + | | |
| t | − | + | + | − | − | + | |
| t‘ | + | + | + | − | − | + | |
| n | | − | | + | − | + | + |
| l | | − | | − | − | + | |
| k | − | + | + | − | − | − | − |
| k‘ | + | + | + | − | − | − | − |
| ŋ | | − | | + | − | − | − |
| x | | + | − | − | − | − | − |
| tɕ | − | + | + | − | − | − | + |
| tɕ‘ | + | + | + | − | − | − | + |
| ɕ | | + | − | − | − | − | + |
| tʂ | − | + | + | − | − | + | − |
| tʂ‘ | + | + | + | − | − | + | − |
| ʂ | | + | − | − | − | + | − |
| ʐ | | − | − | − | − | + | − |
| ts | − | + | + | − | − | + | + |
| ts‘ | + | + | + | − | − | + | + |
| s | | + | − | − | − | + | + |

（说明：+号表示具有/号前的特征，-号表示具有/号后的特征。空缺表示没有这对特征或者这对特征对该音位没有区别意义的作用。）

音位的区别特征不同于音素间的语音区别特征。音素间的区别特征是语音的自然性的区别特征，是客观的。音素间的区别特征，尽管也可以有不同的语图表现，但这些特征是否区别意义，还要看具体的语言或方言。音位间的区别特征是语音的功能性的区别特征，它虽然以音素的自然性区别特征为基础，但关键在于这些区别特征能否区别意义，要受使用该语言的人的心理因素和社会因素的影响，人们关注的是它们的区别意义特征，而不是其他不区别意义的特征。在汉语普通话中，“送气：不送气”是塞音、塞擦音的显著的音位区别特征，而“清：浊”则不是塞音、塞擦音的音位区别特征。一个音素是语音的若干个自然性区别特征的总和，一个音位则是语音的若干个功能性区别特征的总和。

同一正确的发音——同一音位，可以有不同的语图表现形式——同一音位的不同变体。常常有这样的情况，某些音素的语图是有差别的，但是这些差别没有区别意义的作用，它们还是同一音位。这就是某些不同的语图反映了同一音位的情况。这些由语图显示出的不同的音素，属于同一音位的自由变体或条件变体。

**三、音位的聚合关系**

音位的聚合关系，也称为音位之间的对立关系。每一音位在以自己的区别特征与其他音位相对立的同时，也以自己的区别特征与其他音位相联系。所以音位之间的对立关系可以从不同音位构成对立的音位区别特征的多少和整个音位系统构成对立的音位区别特征是否普遍这两个方面来分析。

不同的音位，构成对立的区别特征越多，越容易把它们分开；构成对立的区别特征较少，区分起来难度就大。汉语普通话音位/t/：/ŋ/对立的区别特征有“舌尖：舌根”、“突发：连续”等多对，发这两个音时，比较容易区分，不会混淆。普通话音位/n/：/ŋ/对立的区别特征只有“舌尖：舌面（后）”一对，使用某些汉语方言的人有时就不大容易区分这两个音。

在某一语言或方言的音位系统中，有的构成对立的区别特征可能出现得相当普遍，有的特征可能出现得很少。在各种类型的对立中，单项而带有普遍性的对立，常把有关的音位聚合成一些平行的对立组，形成整齐的聚合系列，这些聚合系列是音位系统齐整性的集中体现。在汉语普通话的音位系统中，塞擦音与擦音形成一个整齐的聚合系列：

ts　　tsʻ　　s

tʂ　　tʂʻ　　ʂ

tɕ　　tɕʻ　　ɕ

同样，塞音与鼻音也形成一个整齐的聚合系列：

p　　pʻ　　m

t　　t‘　　n

k　　k‘　　ŋ

根据音位系统齐整性的原则，音位系统的各平行聚合系列应该是整齐严谨的。如果聚合系列不完整，应从语音的发展演变、语言的相互影响或发音原理上找到原因。音位系统中这些聚合系列的多少最能反映出某种语言中音位对立的特点。例如，汉语普通话辅音音位系统“送气：不送气”对立的平行对立组有/p/：/p‘/、/t/：/t‘/、/k/：/k‘/、/tɕ/：/tɕ‘/、/tʂ/：/tʂ‘/、/ts/：/ts‘/等，形成六对“送气：不送气”对立的聚合系列，而“清音：浊音”对立的平行对立组只有/ʂ/：/ʐ/一对，因而“送气：不送气”对立是普通话音位系统的重要特征。总之，通过对某种语言的音位对立关系的分析，我们可以看出哪些语音特征在这种语言中有重要意义，从而认识该语言的音位系统的特点。

**四、音位的组合关系**

音位与音位的组合关系在不同的语言或方言中，情况也是不一样的。这些不同的组合关系，同样体现了该语言或方言音位系统的特点。在汉语普通话里，/n/、/l/可以与/y/、/i/组合成一个音节，而/m/、/t/只能与/i/组合，不能与/y/组合。处于同一聚合关系的平行对立组的各个音位，一般有着相同的组合关系。汉语普通话/k/音位不与/i/组合，/k‘/、/x/也不与/i/组合。把这些组合关系排列成表，就成了汉语普通话声韵配合规律表。音位在音节中的位置，同样体现了音位的组合关系，体现了音位系统的特点。由于语音系统的发展演变，汉语普通话有/m/、/n/、/ŋ/三个鼻音音位，其中/m/只能出现在音节开头，/ŋ/只能出现在音节的末尾，/n/既可以出现在音节的开头，作 n 声母，又可以出现在音节的末尾，作前鼻音韵尾。当然，作为声母的 n－与作为前鼻音韵尾的－n 在语图上的表现形式也不尽相同。

**五、汉语普通话语音系统**

不同的语言或方言都有自己的语音系统。汉语普通话是汉民族的共同语，也是我国不同少数民族相互交际的主要语言。对汉语普通话语音系统进行全面的描写，有助于人们认识汉语普通话语音系统的特点，从而能够有效地进行不同语言或方言语音系统的学习对比研究，提高普通话教学质量。

（一）元音音位系统

汉语普通话的元音音位有/a/、/o/、/ɤ/、/e/、/i/、/u/、/y/、/əɹ/等八个，可以排成下面元音音位表。

普通话元音音位表

y　　　　u

e　　ɤ　o

əɹ

a

普通话元音音位一般都有一些变体，表3－3是普通话元音音位常见的变体表。

**表3－3　普通话元音音位常见变体表**

| 音位 | 音位变体 | 出现条件 | 对应汉语拼音 |
|---|---|---|---|
| /a/ | [a] | _ i，_ n | ai uai an uan |
| | [A] | _ # | a ia ua |
| | [ɑ] | _ u，_ ŋ | ao iao ang iang uang |
| | [ɛ] | i_ n，y_ n | ian üan |
| /o/ | [o] | 其他条件① | o ong ao iao uo |
| | [ə] | _ u | ou iou |
| /ɤ/ | [ɤ] | _ #（一般音节） | e（一般音节） |
| | [ə] | _ n，_ ŋ，_ #（轻声音节） | en eng e（轻声音节）uen |
| /e/ | [e] | _ i | ei uei |
| | [ɛ] | i_ ，y_ | ie üe |
| /i/ | [ɿ] | ts_ ，ts‘_ ，s_ | zi ci si |
| | [ʅ] | tʂ_ ，tʂ‘_ ，ʂ_ ，ʐ_ | zhi chi shi ri |
| | [i] | 其他条件 | i ia ie iao iou ian iang in ing iong ai uai ei uei |
| /u/ | [ʋ] | f_ | fu |
| | [u] | 其他条件 | u ua uo uai uei uan uen uang ueng ou iou |
| /y/ | [y] | | ü üe üan ün |
| /əɹ/ | [əɹ] | | er |

根据普通话元音音位表，可以看出汉语普通话元音音位系统简单、明确，音位数量适中，以“前∶后”、“开∶闭”、“圆唇∶不圆唇”、“卷舌∶不卷舌”为其主要的区别特征，其中以“圆唇∶不圆唇”相区别的元音音位有两对：/y/∶/i/、/o/∶/ɤ/，以“前∶后”相区别的也有两对：/y/∶/u/、/e/∶/ɤ/，以“＋高∶－高”相区别的也有两对：/i/∶/e/、/u/∶/o/，以“高∶低”相区别的有一对：/i/∶/a/，以“卷舌∶不卷舌”相区别的有一对：/əɹ/∶/ə/。没有元音的长与短、松与紧、口音与鼻化音的对立。汉语普通话各元音音位具有发音清晰、排列整齐、区分明显等特点。

（二）辅音音位系统

汉语普通话有辅音音位/p/、/p‘/、/m/、/f/、/t/、/t‘/、/n/、/l/、/k/、/k‘/、/ŋ/、/x/、/ts/、/ts‘/、/s/、/tʂ/、/tʂ‘/、/ʂ/、/ʐ/、/tɕ/、/tɕ‘/、/ɕ/等

① “其他条件”指所列条件外的其他条件，出现条件空缺，表示该变体不受出现条件限制。

22个。排列成表如下：

汉语普通话辅音音位表

| | | | | | |
|---|---|---|---|---|---|
| p | p‘ | m | f | | |
| ts | ts‘ | | s | | |
| t | t‘ | n | | | l |
| ʈʂ | ʈʂ‘ | | ʂ | ʐ | |
| tɕ | tɕ‘ | | ɕ | | |
| k | k‘ | ŋ | x | | |

普通话的辅音音位，除了受前后元音的影响，有时清音会变成浊音，有时发音部位会略有移动或稍有唇化、腭化外，一般没有明显的条件变体。

辅音音位最能体现不同语言音位系统的特点。根据普通话辅音音位表，可以看到普通话辅音音位系统的一些特点。从发音方法上看，在普通话的辅音位中，以送气与不送气对立为区别特征的音有/p/∶/p‘/等六对，而清浊对立的音只有/ʂ/∶/ʐ/一对。普通话辅音音位系统的塞音音位都有相对的鼻音音位：/p/、/p‘/对/m/，/t/、/t‘/对/n/，/k/、/k‘/对/ŋ/。清塞擦音音位都有相对的清擦音音位：/tɕ/、/tɕ‘/对/ɕ/，/ʈʂ/、/ʈʂ‘/对/ʂ/，/ts/、/ts‘/对/s/。从发音部位上看，有三对“双唇：舌尖：舌根”平行对立的辅音音位：/p/∶/t/∶/k/，/p‘/∶/t‘/∶/k‘/，/m/∶/n/∶/ŋ/。同时也有三对“舌尖前：舌尖后”对立的辅音音位：/ts/∶/ʈʂ/，/ts‘/∶/ʈʂ‘/，/s/∶/ʂ/。这样，从总体上看，普通话的辅音音位就是一个完整而严密的系统。在与其他语言的辅音音位的比较中，它的主要特点是音位总的数量较少，清音音位占绝大多数，没有浊塞音，没有舌叶音，“舌尖前音：舌尖后音”、“送气：不送气”对立的区别特征显著。

（三）声调音位系统

普通话的非音质音位是阴平、阳平、上声、去声四个声调音位的变体。普通话声调音位的常见变体及出现条件见表3－4普通话声调音位的常见变体表。

**表3－4　普通话声调音位的常见变体表**

| 调　位 | 调位变体 | 出现条件 |
|---|---|---|
| 阴　平 | [55] | |
| 阳　平 | [35] | |
| 上　声 | [31] | 其他条件 |
| | [35] | _312，_313，_314 |
| | [312，313，314] | _# |
| 去　声 | [53] | _52 |
| | [52] | 其他条件 |

表3－4普通话声调音位的常见变体表只是一个大体情况，汉语普通话的音高图显示，普通话声调音位的变体远比上表复杂得多。汉藏语系的语言、汉语的各方言一般都有声调，但声调的数量和调值与汉语普通话并不一致。

汉语普通话的声调音位的特点是声调数量适中，高扬转降区分明显，起伏较大，音乐感较强。

（四）音位的组合关系

不同语言的音位与音位的组合关系，同样反映了该语言音位系统的特点。汉语普通话辅音音位不能相互组合，元音音位可以相互组合形成二合元音、三合元音。辅音音位与元音音位音节组合结构类型数量适中。表3－5汉语普通话声韵配合规律简表反映了这种组合的情况。

**表3－5　汉语普通话声韵配合规律简表**

| 声母/韵母 | 开口呼 | 齐齿呼 | 合口呼 | 撮口呼 |
|---|---|---|---|---|
| p　pʻ　m | + | + | + | － |
| f | + | － | + | － |
| t　tʻ | + | + | + | － |
| n　l | + | + | + | + |
| k　kʻ　x | + | － | + | － |
| tɕ　tɕʻ　ɕ | － | + | － | + |
| tʂ　tʂʻ　ʂ　ʐ | + | － | + | － |
| ts　tsʻ　s | + | － | + | － |
| 零声母 | + | + | + | + |

（说明：＋号表示可以组合，－号表示不可以组合。）

各种语言的音位组合规则不同，组合出的音节数量也就不一样。普通话各元辅音音位根据上表组合规则，一共组成400来个音节。汉语普通话的音位组合，具有音位位置固定，组合规则简单、规律性强，组合成的音节数量较少，元音音位占优势，音节与音节间的界限明显等特点。

从整体上来看，汉语普通话音位系统具有音系简洁，各音位区分明显，组合类型整齐适中，音乐性较强等特点。

**六、音节结构的元辅音分析法和声韵调分析法**

音素是从音质角度对语音进行分析的结果，它占有一定的时间片段，是最小的语音单位。但不是人们所感知到的最自然的语音单位。音节是语流中自然的发音单位和听感单位。在听觉上自然感知到的一个发音片段就是一个音节。一个音节可以由一个音素构成，也可以由几个音素构成。

音节的划分，一般都采用紧张度说。紧张度说根据发音时发音器官肌肉的紧张次数来确定音节的数目。发音时，发音器官的肌肉紧张一次，就是一个音节。音节中紧张的顶点叫音峰，紧张的最低点叫音谷。音谷是音节间的分界线。根据紧张度划分音节较为准确，但紧张度不容易测量。在一般情况下，根据紧张度说和根据响度说划分出来的音节大多是一致的。这两种方法在实际划分音节时可互相参照。

一个音节可以由一个或多个音素构成。由一个音素构成的音节比较简单。当一个音节由多个音素构成时，音节内部就有不同的层次和结构。

根据紧张度说，发音器官的肌肉紧张一次，就是一个音节。音节内部有着不同的结构。根据每一次肌肉的紧张程度，一个音节可以分为三个阶段：紧张逐渐增强的起音阶段，紧张最强的领音阶段，紧张减弱的收音阶段。由不同类型、不同数量的音素组成的起音、领音、收音，起音、收音的有无，形成音节内部的不同结构。一个音节不可以没有领音，但可以没有起音、收音。

在分析音节的内部结构时，通常有两种方法：元辅音分析法和声韵调分析法。

普通语音学一般把一个音节分为元音、辅音（包括复元音、复辅音），我国传统的音韵学则把一个音节分为声母、韵母和声调。声母是音节开头的辅音。韵母是一个音节中声母后面的部分，分为韵头、韵腹、韵尾。韵头可由元音、半元音充当，韵腹一般由元音充当，韵尾由元音或辅音充当。声调是一个音节所固有的能区别意义的相对音高。一个音节，可以没有声母、韵头、韵尾，但不可以没有韵腹、声调。声母是辅音，辅音却不一定是声母，元音是韵母，韵母却不一定都是元音，因为许多辅音可以出现在音节末尾充当韵尾，有的语言还有辅音自成音节的现象。

表 3－6 是音节结构的声韵调分析法与元音辅音分析法比较表。

**表 3-6　音节结构的声韵调分析法与元辅音分析法比较表**

| 声韵调分析法 | 声母 | 韵母 | | | 声调 | |
|---|---|---|---|---|---|---|
| | | 韵头 | 韵腹 | 韵尾 | 调类 | 调值 |
| 元辅音分析法 | 辅音 | 元音或半元音 | 元音 | 元音或辅音 | | |
| | 起音 | | 领音 | 收音 | | |
| 学 | x | ü | e | | 阳平 | 35 |
| 讲 | j | i | a | ng | 去声 | 313 |
| 普 | p | | u | | 上声 | 313 |
| 通 | t | | o | ng | 阴平 | 55 |
| 话 | h | u | a | | 去声 | 52 |

元辅音分析法描写音节，强调单位，注重切分，标准统一，具体清晰，比较简明，适应面广。既可以描写印欧、阿尔泰语系的语言，也可以描写汉藏语系的语言。声韵调方法描写音节，强调整体，宏观把握，注重联系，比较复杂。汉藏

语系和部分南亚语系的语言一般使用这种分析方法。汉语从元辅音的角度分析，有辅音音位22个，元音音位8个，音节结构类型10种；从声韵母的角度分析，则有声母21个，韵母39个，音节结构类型10种。声韵调分析法可以看做是以元辅音分析法为基础，分析层次又高于元辅音分析法的一种适用于汉藏语系语言音节结构的分析方法。有的语言从声韵母的角度分析，得出的声母、韵母的数量较多。这些语言或方言，如使用元辅音分析法，分析得出的元音、辅音的数量就少得多。

## 第二节 普通话韵母系统的声学特征

普通话韵母系统有39个韵母。从韵母的结构来区分，可以分为单元音韵母（简称单韵母）、复元音韵母（简称复韵母）和鼻辅音韵尾韵母（简称鼻韵母）。从韵母开头的元音来看，又可以分为以a、o、e等开头的开口呼韵母，以i开头的齐齿呼韵母，以u开头的合口呼韵母和以ü开头的撮口呼韵母。

### 一、单元音韵母

汉语普通话有10个单元音韵母，用汉语拼音和国际音标表示，分别为a［a］、o［o］、e［ɤ］、i［i］、u［u］、ü［y］、-i前［ɿ］、-i后［ʅ］、er［əɹ］、ê［e］等10个。其中，前6个直接出现在韵母表中，后4个出现在韵母表的说明中。图3-1是汉语普通话单元音韵母a［a］、o［o］、e［ɤ］、i［i］、u［u］、ü［y］的波形图和语图。

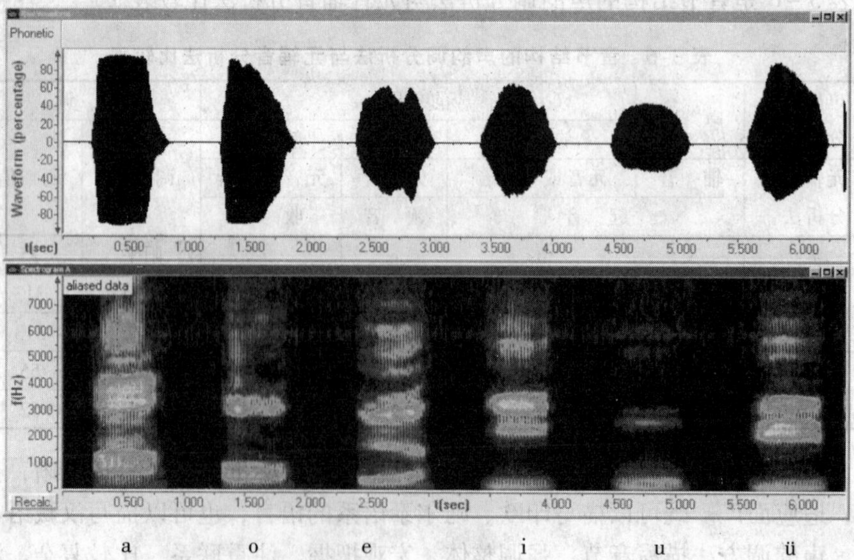


图3-1 汉语普通话单元音韵母a［a］、o［o］、e［ɤ］、i［i］、u［u］、ü［y］的波形图和语图

根据图 3－1，汉语普通话单元音韵母 a［a］、o［o］、e［ɤ］、i［i］、u［u］、ü［y］的声学特征如表 3－7。

**表 3－7　汉语普通话单元音韵母 a［a］、o［o］、e［ɤ］、i［i］、u［u］、ü［y］声学特征表**

| 单元音韵母 | 第一共振峰 $F_1$（Hz） | 第二共振峰 $F_2$（Hz） | 第三共振峰 $F_3$（Hz） | 音长（ms） | 相对音强 |
|---|---|---|---|---|---|
| a［a］ | 1100 | 850 | 3000 | 约 1000 | 最强 |
| o［o］ | 400 | 700 | 2800 | 约 1000 | 较强 |
| e［ɤ］ | 400 | 1500 | 2700 | 约 1000 | 较弱 |
| i［i］ | 250 | 2250 | 3100 | 约 1000 | 较弱 |
| u［u］ | 250 | 500 | 2500 | 约 1000 | 最弱 |
| ü［y］ | 250 | 2000 | 2400 | 约 1100 | 中等 |

如前所述，由于每一个人的声道大小并不是完全一样的，各个人的共振峰频率并不一致，往往需要进行模式比较才能确定。尽管男声的共振峰绝对频率偏低，女声的共振峰绝对频率偏高，但它们形成的共振峰的相对模式不变，$F_1$ 与 $F_2$ 的相互关系不变，只要把握住这个相对模式进行比较，就能科学客观地进行元音音质的分析。

普通话韵母 -i 前［ɿ］、-i 后［ʅ］属于开口呼韵母，由于不单独出现，可以把它们与前面出现的声母连在一起分析比较。图 3－2 为汉语普通话单元音韵母 -i 前［ɿ］、-i 后［ʅ］的波形图和语图。

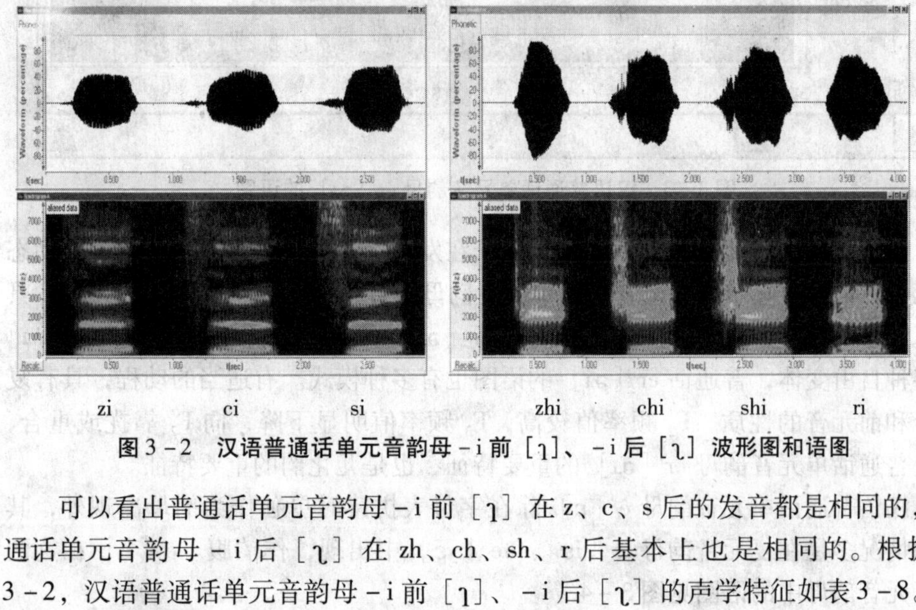


**图 3－2　汉语普通话单元音韵母 -i 前［ɿ］、-i 后［ʅ］波形图和语图**

可以看出普通话单元音韵母 -i 前［ɿ］在 z、c、s 后的发音都是相同的，普通话单元音韵母 -i 后［ʅ］在 zh、ch、sh、r 后基本上也是相同的。根据图 3－2，汉语普通话单元音韵母 -i 前［ɿ］、-i 后［ʅ］的声学特征如表 3－8。

表3－8　汉语普通话单元音韵母－i前［ɿ］、－i后［ʅ］声学特征表

| 单元音韵母 | 第一共振峰 $F_1$（Hz） | 第二共振峰 $F_2$（Hz） | 第三共振峰 $F_3$（Hz） | 音长（ms） | 相对音强 |
|---|---|---|---|---|---|
| －i前［ɿ］ | 350 | 1500 | 3000 | 约800～1000 | 较弱 |
| －i后［ʅ］ | 350 | 2000 | 3000 | 约800～1000 | 较强 |

汉语普通话单元音韵母er［əɹ］不与其他声母相拼，自成音节，其语图如图3－3。

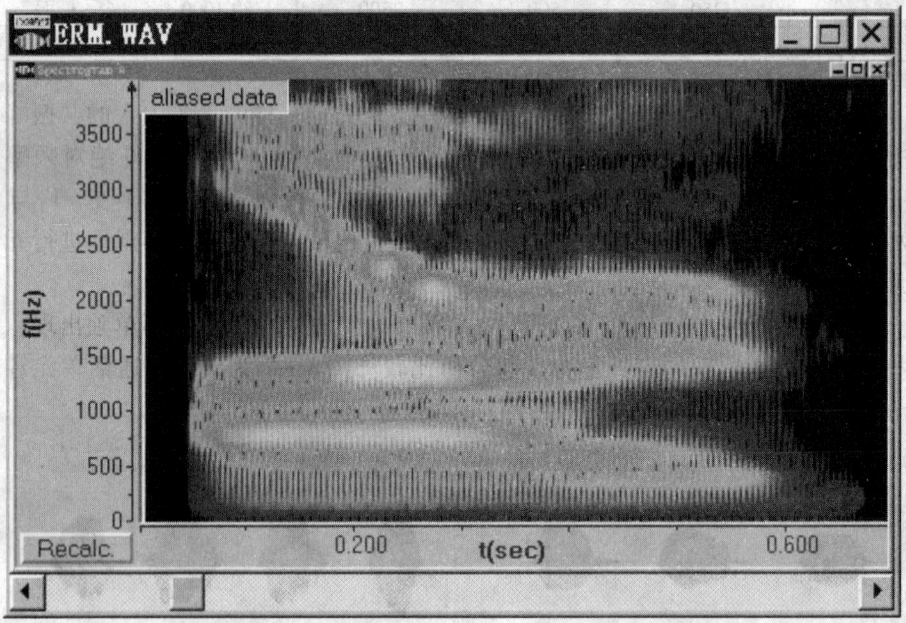


图3－3　汉语普通话单元音韵母er［əɹ］的语图

汉语普通话单元音韵母er［əɹ］由于在发音过程中要卷舌，实际是一个动态的元音。语图也显示，汉语普通话单元音韵母er［əɹ］是一个变化着的元音，具有复元音的性质，由于不同的发音人对er［əɹ］有不同的发音，形成了er［əɹ］的多种自由变体，普通话er［əɹ］的语图也有多种模式。有适当的动程，具有复元音和前元音的性质，$F_2$频率值较高，$F_3$频率值明显下降，向$F_2$靠拢或重合，应是普通话单元音韵母er［əɹ］的重要特征，也是儿化韵的重要特征。

汉语普通话单元音韵母ê［ε］除在字母表拼读时单独作为韵母出现外，其他的情况多是在复元音韵母ie［iε］、üe［yε］中出现，作韵腹。ê［ε］在这两个复元音韵母中的语图见图3－4。

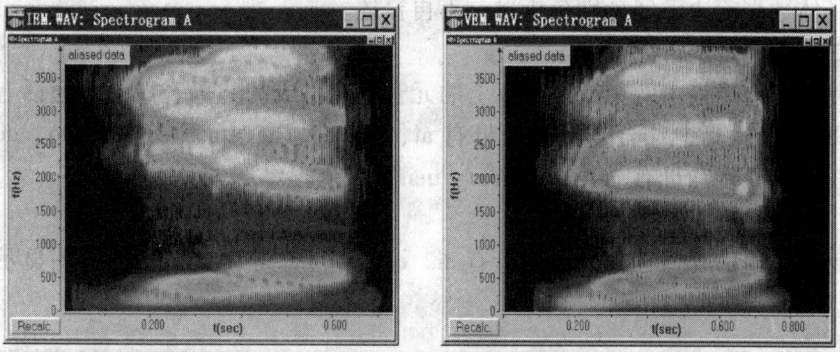


ie [i → ε]　　　　üe [y → ε]

**图 3-4　复元音韵母 ie [iε]、üe [yε] 中 ê [ε] 的语图**

从上面图 3-4 可以看出，复元音韵母 ie [iε] 中的 ê [ε] 比 üe [yε] 中的 ê [ε] 舌位略高（$F_1$ 略低），唇形略展（$F_2$ 略高），具体数据见表 3-9。

**表 3-9　汉语普通话复元音韵母 ie [iε] 中的 ê [ε] 与 üe [yε] 中的 ê [ε] 声学特征表**

| 韵母 | 第一共振峰 $F_1$（Hz） | 第二共振峰 $F_2$（Hz） | 第三共振峰 $F_3$（Hz） |
|---|---|---|---|
| ie [iε] 中的 ê [ε] | 500 | 2000 | 2750 |
| üe [yε] 中的 ê [ε] | 550 | 1850 | 2600 |

这些数据虽有一定差异，但均属同一普通话元音韵母 ê [ε] 音位的条件变体。

汉语普通话的开口呼单韵母有 a、o、e、ê [ε]、er、-i 前 [ɿ]、-i 后 [ʅ] 等 7 个，图 3-5 为汉语普通话的开口呼单韵母 a、o、e、ê [ε]、er 的波形图和语图。

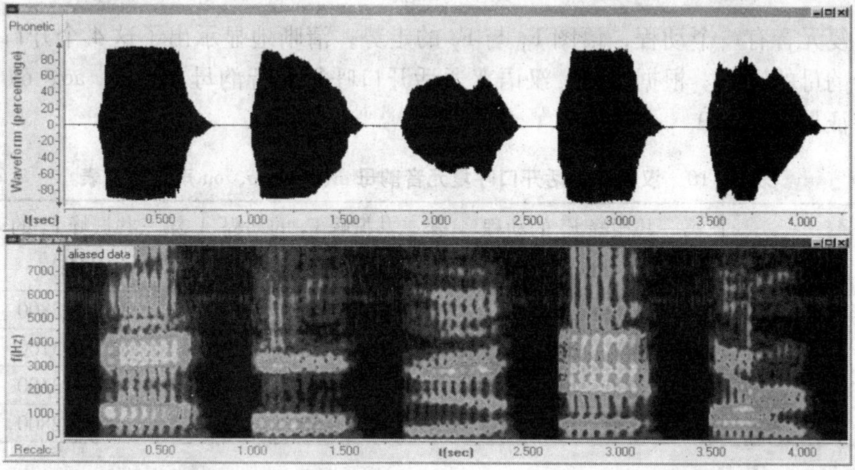


a　　o　　e　　ê [ε]　　er

**图 3-5　汉语普通话的开口呼单韵母 a、o、e、ê [ε]、er 的波形图和语图**

具体数据前边已经分别分析过，不再赘述。

**二、复元音韵母**

复元音韵母是由两个或两个以上的元音组合构成的韵母。汉语普通话有复元音韵母 13 个，其中二合复元音韵母有 ai、ei、ao、ou、ia、ie、ua、uo、üe 等 9 个，三合复元音韵母有 iao、iou、uai、uei 等 4 个。

（一）开口呼复元音韵母

汉语普通话开口呼复元音韵母有 ai、ei、ao、ou 等 4 个，具体语图显示见图 3－6。

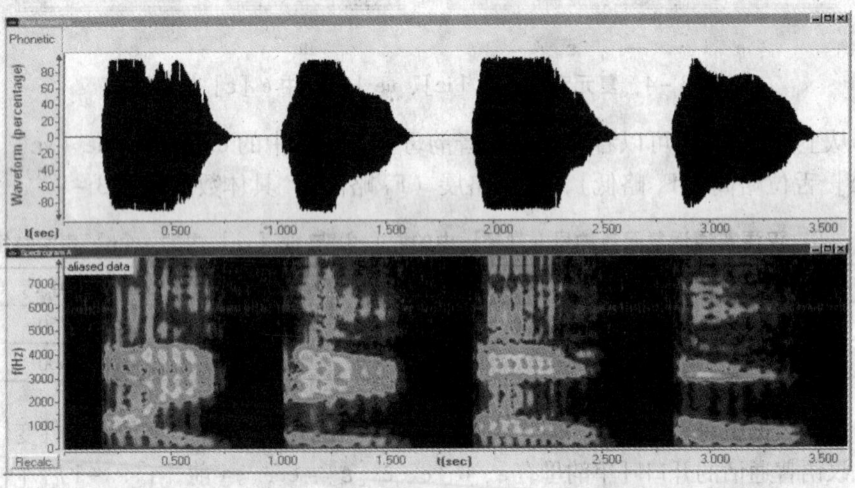


**图 3－6 汉语普通话开口呼复元音韵母 ai、ei、ao、ou 的波形图和语图**

复元音有一个动程，语图 $F_1$ 与 $F_2$ 的走势，清晰地显示出了这 4 个开口呼复元音韵母的区别。根据语图，汉语普通话开口呼复元音韵母 ai、ei、ao、ou 的声学特征见表 3－10。

**表 3－10 汉语普通话开口呼复元音韵母 ai、ei、ao、ou 声学特征表**

| 韵 母 | 第一共振峰 $F_1$ 的动程（Hz） | 第二共振峰 $F_2$ 的动程（Hz） | 第三共振峰 $F_3$ 的动程（Hz） |
|---|---|---|---|
| ai | 900～200 | 1100～2300 | 3000～2800 |
| ei | 400～200 | 2000～2300 | 3000～3100 |
| ao | 600～400 | 1000～500 | 3100～3100 |
| ou | 500～250 | 700～500 | 2800～2800 |

从语图的相关数据可以看出，汉语普通话复元音韵母 ai 中的 a，$F_2$ 是 1100Hz，$F_1$ 较高，舌位较靠前，说明这个 a 是前元音［a］。汉语普通话复元音

韵母 ao 中的 a，$F_2$ 是 1000Hz，$F_2$ 较低，舌位较靠后，说明这个 a 是后元音[ɑ]。它们同一/a/音位的两个条件变体。从语图上可以看出，这 4 个开口呼复韵母相互间有很好的区分。另外，从波形图来看，这 4 个韵母前半部分振幅较大，后半部分振幅较小，都属于前响复元音韵母。

（二）齐齿呼复元音韵母

汉语普通话齐齿呼复元音韵母有 ia、ie、iao、iou 等 4 个，具体语图显示见图 3－7。

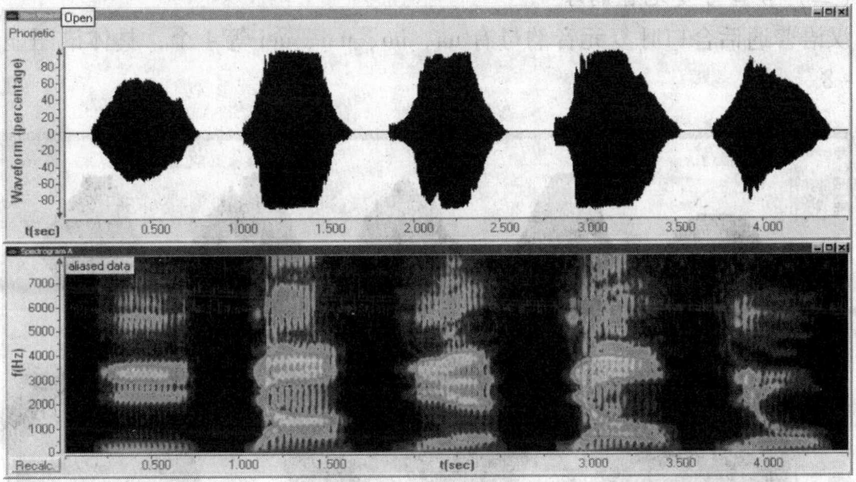


**图 3－7　汉语普通话齐齿呼韵母 i、ia、ie、iao、iou 的波形图和语图**

从语图的 $F_1$ 与 $F_2$ 的走势，可以清晰地看出这 5 个齐齿呼复元音韵母的区别。i 是单元音韵母，$F_1$ 与 $F_2$ 的走势平稳，基本没有变化。ia、ie、iao、iou 是复元音韵母，$F_1$ 与 $F_2$ 的走势必然发生一定的变化。根据语图，汉语普通话齐齿呼复元音韵母 ia、ie、iao、iou 的声学特征见表 3－11。表中列入单元音韵母 i 的数据，以便参照比较。

**表 3－11　汉语普通话齐齿呼复元音韵母 ia、ie、iao、iou 声学特征表**

| 韵　母 | 第一共振峰 $F_1$ 的动程（Hz） | 第二共振峰 $F_2$ 的动程（Hz） | 第三共振峰 $F_3$ 的动程（Hz） |
|---|---|---|---|
| i | 250～250 | 2250～2250 | 3100～3100 |
| ia | 250～800 | 2250～1100 | 2500～3000 |
| ie | 250～500 | 2250～1800 | 3000～2800 |
| iao | 250～600～450 | 2250～900～700 | 2500～3000～3100 |
| iou | 250～400～400 | 2250～800～600 | 2250～2500～2800 |

从语图的相关数据可以看出，汉语普通话复元音韵母 ia 中的 a，$F_2$ 滑动到 1100Hz，$F_1$ 较高，舌位较靠前，说明这个 a 是前元音［a］。汉语普通话复元音韵母 iao 中的 a，$F_2$ 滑动到 900Hz，并继续向下滑动，$F_2$ 较低，舌位较靠后，说明这个 a 是后元音［ɑ］。它们同样是/a/音位的两个条件变体。从语图上可以看出，这 4 个齐齿呼复韵母相互间有很好的区分。另外，从波形图来看，ia、ie、iao、iou 这 4 个齐齿呼韵母开始振幅较小，后迅速增大，ia、ie 属于后响复元音韵母，iao、iou 属于中响复元音韵母。

（三）合口呼复元音韵母

汉语普通话合口呼复元音韵母有 ua、uo、uai、uei 等 4 个，具体语图显示见图 3－8。

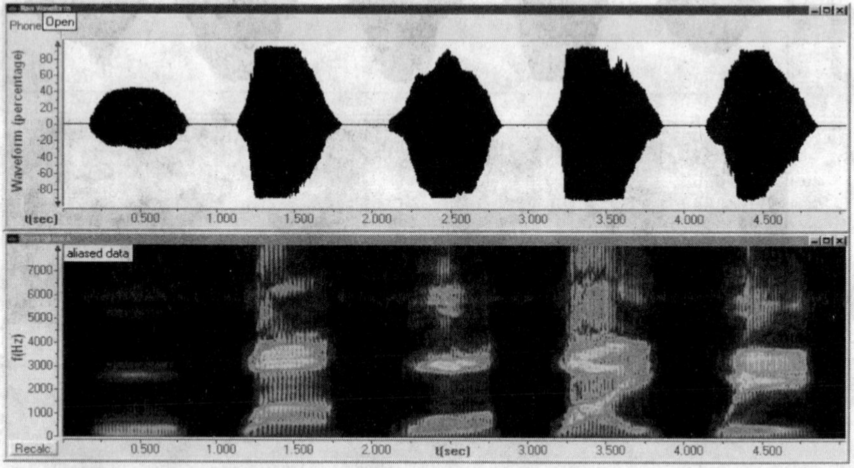


图 3－8 汉语普通话合口呼韵母 u、ua、uo、uai、uei 的波形图和语图

由于 u 的 $F_1$ 与 $F_2$ 较为接近，处于 500Hz 以下，从语图上不易区分。但作为复元音合口呼韵母，由于 $F_1$ 与 $F_2$ 有了具体的走势，相对单元音 u 而言，反而容易区分。语图清晰地显示出这 4 个合口呼复元音韵母 $F_1$ 与 $F_2$ 的走势。根据语图，汉语普通话合口呼复元音韵母 ua、uo、uai、uei 的声学特征见表 3－12。

表 3－12 汉语普通话合口呼复元音韵母 ua、uo、uai、uei 声学特征表

| 韵 母 | 第一共振峰 $F_1$ 的动程（Hz） | 第二共振峰 $F_2$ 的动程（Hz） | 第三共振峰 $F_3$ 的动程（Hz） |
|---|---|---|---|
| ua | 250～800 | 500～1100 | 3000～3100 |
| uo | 250～500 | 500～900 | 3000～3100 |
| uai | 250～1100～250 | 500～1250～2350 | 3000～3000 |
| uei | 250～250 | 500～1700～2200 | 3000～3000 |

从语图的相关数据可以看出，汉语普通话合口呼复元音韵母 ua 中的 a，$F_2$ 滑动到 1100Hz，$F_1$ 较高，舌位较靠前，说明这个 a 是前元音［a］。汉语普通话复元音韵母 uai 中的 a，$F_2$ 滑动到 1250Hz，并继续向上滑动，$F_2$ 较高，舌位更靠前，说明这个 a 是更靠前的前元音［ɑ］。它们同样是/a/音位的条件变体。从语图上可以看出，uo、uei 均有明显的动程，这 4 个合口呼复韵母相互间仍有很好的区分。另外，从波形图来看，ua、uo、uai、uei 这 4 个合口呼韵母开始振幅较小，后迅速增大。ua、uo 属于后响复元音韵母，uai、uei 属于中响复元音韵母。

## 三、鼻韵母

鼻韵母是元音韵腹加上鼻辅音韵尾构成的韵母。汉语普通话有鼻韵母 16 个，其中前鼻音［n］韵尾韵母有 an、en、ian、in、uan、uen、üan、ün 等 8 个，后鼻音［ŋ］韵尾韵母有 ang、eng、ong、iang、ing、iong、uang、ueng 等 8 个。

鼻韵尾在音节中作为韵腹元音的后继部分，有一个从元音过渡到鼻音的渐变过程。这个过渡过程表现为元音逐渐变为鼻化音，鼻化音进一步过渡到鼻音。由元音向鼻音过渡，发音有动程，是鼻韵母的特点。

前后鼻音韵母的区分除了要注意发音动程外，口腔中舌头逐渐堵住气流的位置更重要。如果最后是舌尖顶住上齿龈，堵住气流，发出的是前鼻音 -n；如果最后是舌根上抬顶住软腭，堵住气流，发出的则是后鼻音 -ng。根据发音的生理性质，一般是前鼻音对接前元音，后鼻音对接后元音。联系鼻音韵尾前韵腹的元音，就能够将前后鼻音区分开。韵腹的元音音质是辨析前后鼻音韵母的一个十分重要的因素。

### （一）开口呼鼻韵母

汉语普通话开口呼鼻韵母有 an、en、ang、eng、ong 等 5 个，其中 an、en 是前鼻音韵母，ang、eng、ong 是后鼻音韵母。具体语图显示见图 3-9。

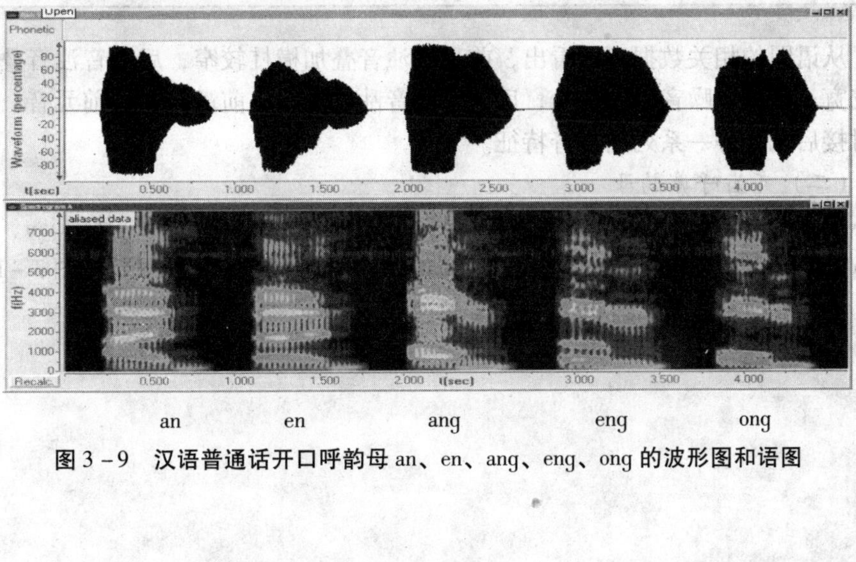


图 3-9　汉语普通话开口呼韵母 an、en、ang、eng、ong 的波形图和语图

根据以上语图和波形图，联系鼻音前面的元音，不难区分开口呼的前后鼻音。an、en 的鼻音浊音叠加横杠较窄，ang、eng、ong 的鼻音浊音叠加横杠较宽；an、en 的鼻音噪音乱纹较少，ang、eng、ong 的鼻音噪音乱纹较多，特别是在 2700Hz 上下，几乎有一片较强的噪音乱纹。从波形图来看，元音与鼻音的界线有明显的区分，后鼻音的振幅明显强于前鼻音的振幅。从鼻韵母的元音来看，an 的 $F_1$、$F_2$ 在 1300Hz 上下，远高于 ang 的在 900Hz 上下的 $F_1$、$F_2$，这说明 an 中的 a 是前元音［a］，ang 中的 a 是后元音［ɑ］，它们是同一音位的条件变体。同样，en 的 $F_1$、$F_2$ 离得较开，是央元音［ə］，eng 的 $F_1$、$F_2$ 离得较近，是后元音［ɤ］，它们也是同一音位的条件变体。ong 的 $F_1$、$F_2$ 离得较近且明显低于 700Hz，是个后元音［o］。语图清晰显示出了前鼻音对接前元音，后鼻音对接后元音的语音特征。

根据语图，汉语普通话开口呼鼻韵母 an、en、ang、eng、ong 的声学特征见表 3－13。

**表 3－13　汉语普通话开口呼鼻韵母 an、en、ang、eng、ong 声学特征表**

| 韵　母 | 前接元音 | | | 韵尾鼻音 | |
|---|---|---|---|---|---|
| | 第一共振峰 $F_1$ 的动程（Hz） | 第二共振峰 $F_2$ 的动程（Hz） | 第三共振峰 $F_3$ 的动程（Hz） | 浊音横杠频率范围（Hz） | 浊音乱纹强频区频率（Hz） |
| an | 1000－600 | 1500－1900 | 3000－3000 | 200－200 | 无明显乱纹 |
| en | 700－500 | 1700－1800 | 2900～2900 | 200～200 | 无明显乱纹 |
| ang | 700～600 | 1100～1000 | 3000～3200 | 400～200 | 3500～2500 |
| eng | 500～500 | 1300～1200 | 3000～2800 | 400～200 | 3000～2500 |
| ong | 400～300 | 750～700 | 3100～3000 | 300～200 | 3000～2800 |

从语图的相关数据可以看出，前鼻音浊音叠加横杠较窄，后鼻音浊音叠加横杠较宽；前鼻音噪音乱纹较少，后鼻音噪音乱纹较多；前鼻音对接前元音，后鼻音对接后元音等一系列的语音特征。

（二）齐齿呼鼻韵母

汉语普通话齐齿呼鼻韵母有 ian、in、iang、ing、iong 等 5 个，其中 ian、in 是前鼻音韵母，iang、ing、iong 是后鼻音韵母。具体波形图和语图显示见图 3－10。

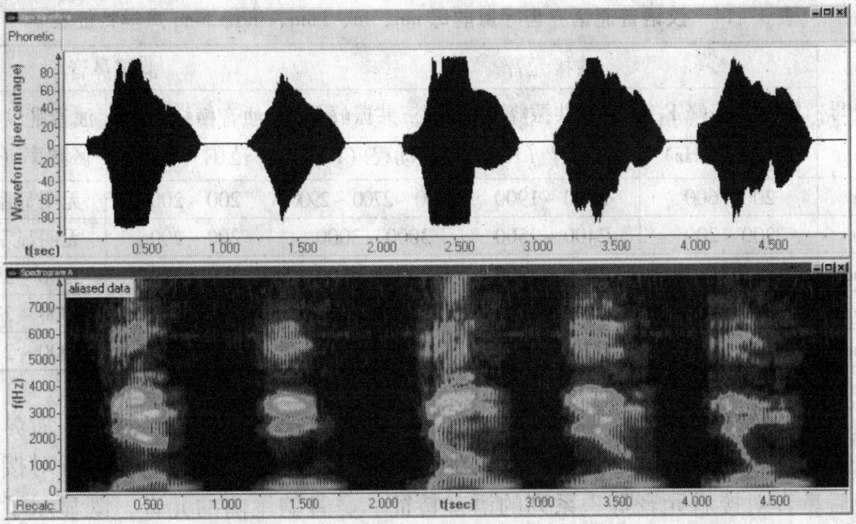


**图 3-10　汉语普通话齐齿呼韵母 ian、in、iang、ing、iong 的波形图和语图**

根据以上语图和波形图，联系鼻音前面的元音，也不难区分齐齿呼的前后鼻音。ian、in 的鼻音浊音叠加横杠较窄，iang、ing、iong 的鼻音浊音叠加横杠较宽；ian、in 的鼻音噪音乱纹较少，iang、ing、iong 的鼻音噪音乱纹较多，强频区具体位置与 $F_3$ 有密切关系。从波形图来看，元音与鼻音有明显的区分界线，后鼻音的振幅仍强于前鼻音的振幅。从鼻韵母的元音来看，ian 的 $F_1$、$F_2$ 有一明显动程，是典型的从［i］到［ε］，这说明 an 中的 a 是前元音［ε］。iang 中的 $F_1$、$F_2$ 也有一明显动程，后来稳定在 1000Hz 上下，是典型的从［i］到央［ʌ］的过程，然后向后［ɑ］滑动，最后成为后鼻音［ŋ］。ian 中的 a 与 iang 的 a，是同一音位的条件变体，但由于二者的音质差别较大，一般不易混淆。in 的 $F_1$、$F_2$ 离得较开，是典型的元音［i］，然后过渡到前鼻音［n］。ing 的 $F_1$、$F_2$ 虽然一开始离得较开，但是为了向后鼻音［ŋ］过渡，$F_1$、$F_2$ 逐渐靠拢，在后元音［ɤ］的共振峰模式形态下过渡到后鼻音［ŋ］。有无 $F_1$、$F_2$ 逐渐靠拢的趋势模式，是区分 in 与 ing 的最重要的语音特征标记。iong 可以有多种发音形态，也有人将 iong 归为撮口呼。从上图的 iong、$F_1$、$F_2$ 的走势来看，是一个典型的由 i 到 o，再到 ng［ŋ］的齐齿呼后鼻音韵母。有的材料把 iong 的国际音标标注为［yŋ］，忽视了中间明显的过渡音。上面语图也清晰地显示出了前鼻音对接前元音、后鼻音对接后元音的语音特征。

根据语图，汉语普通话齐齿呼鼻韵母 ian、in、iang、ing、iong 的声学特征见表 3-14。

表 3－14　汉语普通话齐齿呼鼻韵母 ian、in、iang、ing、iong 声学特征表

| 韵　母 | 前接元音 | | | 韵尾鼻音 | |
|---|---|---|---|---|---|
| | 第一共振峰 $F_1$ 的动程（Hz） | 第二共振峰 $F_2$ 的动程（Hz） | 第三共振峰 $F_3$ 的动程（Hz） | 浊音横杠频率范围（Hz） | 浊音乱纹强频区频率（Hz） |
| ian | 200～600 | 2300～1900 | 3000～2700～2900 | 200～200 | 无明显乱纹 |
| in | 200～200 | 2400～2500 | 3000～3000 | 200～200 | 无明显乱纹 |
| iang | 200～700～600 | 2000～1200 | 2000～3100 | 400～200 | 3500～2500 |
| ing | 200～500 | 2100～1300 | 2200～2700 | 400～200 | 3000～2700 |
| iong | 200～400 | 2100～700 | 2200～2600 | 300～200 | 3000～2700 |

从上面语图的相关数据同样可以看出，前鼻音浊音叠加横杠较窄，后鼻音浊音叠加横杠较宽；前鼻音噪音乱纹较少，后鼻音噪音乱纹较多；前鼻音对接前元音，后鼻音对接后元音等一系列的语音特征。鼻音韵尾前的元音，既显示了元音本身的特征，又显示了要与鼻音相连的变化特征。齐齿呼鼻韵母在向前鼻音过渡时，元音特征变化较小，在向后鼻音过渡时，元音特征变化较大。

（三）合口呼鼻韵母

汉语普通话合口呼鼻韵母有 uan、uen、uang、ueng 等 4 个，其中 uan、uen 是前鼻音韵母，uang、ueng 是后鼻音韵母。具体波形图和语图显示见图 3－11。

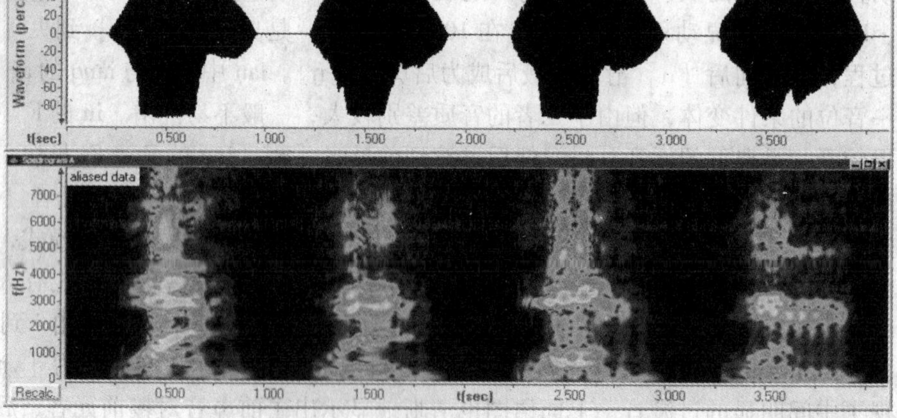


图 3－11　汉语普通话合口呼韵母 uan、uen、uang、ueng 的波形图和语图

根据以上语图和波形图，联系鼻音前面的元音，合口呼的前后鼻音韵母还是不难区分的。uan、uen 的鼻音浊音叠加横杠较窄，uang、ueng 的鼻音浊音叠加

横杠较宽；uan、uen 的鼻音噪音乱纹较少，uang、ueng 的鼻音噪音乱纹较多，uang 的乱纹强频区低于 $F_3$，ueng 的乱纹强频区具体位置与 $F_3$ 有密切关系。从波形图来看，元音与鼻音仍有明显的区分界线，后鼻音的振幅仍强于前鼻音的振幅。从鼻韵母的元音来看，uan 的 $F_1$、$F_2$ 有一明显动程，先从［u］到［a］，然后 $F_2$ 继续上行，$F_1$ 则适当下行，最后在前元音［e］的模式下与前鼻音［n］对接。这说明 an 中的 a 是前元音［a］。uang 中的 $F_1$、$F_2$ 也有一明显动程，后来虽稳定在 1000Hz 上下，但二者靠得较近，是从典型的［u］到后元音［ɑ］的过程，然后迅速过渡到后鼻音［ŋ］。uan 中的 a 是前元音［a］，uang 的 a 是后元音［ɑ］，虽是同一音位的条件变体，但由于二者的音质较为接近，区分起来有一定的难度。但只要发好了前元音［a］，也就为发好前鼻音［n］奠定了基础，只要发好了后元音［ɑ］，也就为发好后鼻音［ŋ］奠定了基础。uen 的 $F_1$、$F_2$ 从离得较近的 500Hz 左右的 u 开始，迅速上升到 $F_1$、$F_2$、$F_3$ 距离相当（500Hz～1700Hz～2900Hz）的［ə］模式，是典型的央元音［ə］模式，然后过渡到前鼻音［n］。ueng 的 $F_1$、$F_2$ 虽然一开始离得较近，是元音 u 的模式，后 $F_2$ 迅速上升到 1200Hz，离 $F_3$ 的 2800Hz 距离尚远，这是一个典型的后元音［ɤ］模式，然后在后元音［ɤ］的共振峰模式形态下迅速过渡到后鼻音［ŋ］。由于 ueng 在现代汉语语音系统中自成音节，不与其他声母相拼，且常用字只有一个"翁"，很多汉语方言都读作 ong，所以实际使用中并不会与 uen 混淆。上面语图也清晰地显示出了前鼻音对接前元音，后鼻音对接后元音的语音特征。

根据语图，汉语普通话合口呼鼻韵母 uan、uen、uang、ueng 的声学特征见表 3－15。

**表 3－15　汉语普通话合口呼鼻韵母 uan、uen、uang、ueng 声学特征表**

| 韵　母 | 前接元音 | | | 韵尾鼻音 | |
|---|---|---|---|---|---|
| | 第一共振峰 $F_1$ 的动程（Hz） | 第二共振峰 $F_2$ 的动程（Hz） | 第三共振峰 $F_3$ 的动程（Hz） | 浊音横杠频率范围（Hz） | 浊音乱纹强频区频率（Hz） |
| uan | 250～900～600 | 500～1200～1800 | 2900～2900 | 200～200 | 有较少乱纹 |
| uen | 250～500 | 500～1700 | 2700～2900 | 200～200 | 有较少乱纹 |
| uang | 250～700 | 500～1100 | 3000～3400 | 400～200 | 2800～2500 |
| ueng | 250～500 | 500～1200 | 2800～2800 | 400～200 | 3000～2500 |

从上面语图的相关数据同样可以看出，前鼻音浊音叠加横杠较窄，后鼻音浊音叠加横杠较宽；前鼻音噪音乱纹较少，后鼻音噪音乱纹较多；前鼻音对接前元音，后鼻音对接后元音等一系列的语音特征。鼻音韵尾前的元音，既显示了元音本身的特征，又显示了要与鼻音相连的变化特征。合口呼鼻韵母在向前鼻音过渡时，几乎是 $F_1$、$F_2$、$F_3$ 的平稳过渡，在向后鼻音过渡时，往往有明显断层。

## 四、撮口呼韵母

汉语普通话撮口呼韵母有 ü、üe、üan、ün 等 4 个，其中 ü 是单元音韵母，üe 是复元音韵母，üan、ün 是前鼻音韵母，汉语普通话撮口呼韵母没有后鼻音韵母。具体波形图和语图显示见图 3 - 12。

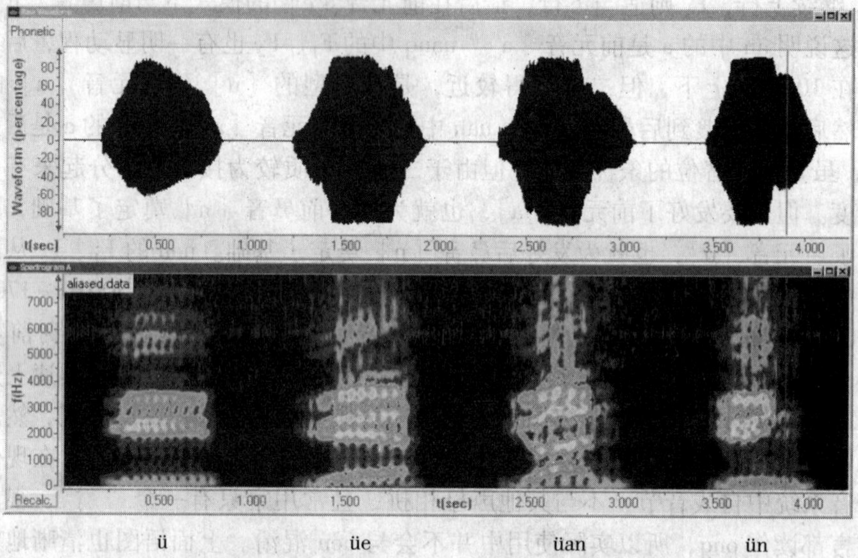


图 3 - 12　汉语普通话撮口呼韵母 ü、üe、üan、ün 的波形图和语图

根据以上语图和波形图可以看出，ü 是一个单元音韵母，其共振峰模式是平稳的，基本没有什么变化。üe 是一个复元音韵母，共振峰模式处于不断的变化中。üan、ün 是前鼻音韵母，从波形图来看，韵腹元音与鼻音之间有明确的分界线。üan 的元音部分有变化较大的模式，ün 的元音部分共振峰变化模式不大。ü 这个单元音韵母，$F_1$ 约在 200Hz，$F_2$ 约在 2100Hz，$F_3$ 约在 2300Hz，其共振峰模式是平稳的，直到该音消失。üe 是一个后响二合复元音韵母，共振峰模式处于不断的变化中。$F_1$ 从 200Hz 升到 600Hz，$F_2$ 从 2100Hz 降到 1800Hz，$F_3$ 从 2300Hz 升到 2800Hz，后半部是一个典型的［ɛ］元音模式。撮口呼前鼻音韵母 üan 元音部分的音质历来有较大的争论，实际上这些不同的音质模式并不区别意义，可以看做是同一音位的社会自由变体。本语图发音人的模式为：$F_1$ 从 200Hz 升到 800Hz，以后为了与后面的前鼻音韵尾［n］相接又降到 600Hz；$F_2$ 从 2100Hz 降到 1400Hz，主要部分为了与后面的前鼻音韵尾［n］相接又升到 1700Hz；$F_3$ 从 2500Hz 升到 3000Hz。其中在前四分之一处为典型的［ɐ］元音，后半部四分之三处又是一个典型的［ɛ］元音模式以利于与后面的前鼻音韵尾［n］相接。总之，撮口呼前鼻音韵母 üan 由于本身模式变化较大，其音质记为［yɐn］、［yɛn］都是对的。撮口呼前鼻音韵母 ün，由于前面的元音［y］受后面

后接的前鼻音韵尾［n］的影响，$F_1$、$F_2$、$F_3$ 不可能完全平稳，有略升的趋势，但仅100Hz左右，可以说是基本平稳过渡到前鼻音韵尾［n］。

根据语图，汉语普通话撮口呼韵母ü、üe、üan、ün的声学特征见表3－16。

**表3－16 汉语普通话撮口呼鼻韵母ü、üe、üan、ün声学特征表**

| 韵母 | 前接元音 | | | 韵尾鼻音 | |
|---|---|---|---|---|---|
| | 第一共振峰 $F_1$ 的动程（Hz） | 第二共振峰 $F_2$ 的动程（Hz） | 第三共振峰 $F_3$ 的动程（Hz） | 浊音横杠频率范围（Hz） | 浊音乱纹强频区频率（Hz） |
| ü | 200～200 | 2100～2100 | 2300～2300 | — | — |
| üe | 200～600 | 2100～1800 | 2300～2800 | — | — |
| üan | 200～800～600 | 2100～1400～1700 | 2500～3000 | 200～200 | 有较少乱纹 |
| ün | 200～210 | 2100～2200 | 2300～2400 | 200～200 | 有较少乱纹 |

从上面语图的相关数据可以看出，单元音韵母ü的 $F_1$、$F_2$、$F_3$ 是平稳的，但加上前鼻音韵尾［n］成为ün后，$F_1$、$F_2$、$F_3$ 均有一定的升高趋势，但仍呈平稳过渡的模式。üan是一个 $F_1$、$F_2$、$F_3$ 均有明显变化的撮口呼韵母，为了平稳过渡到后面的前鼻音韵尾［n］，其音质变化的过程为［y→ɐ→ɛ→n］。

## 第三节 普通话声母系统的声学特征

普通话声母系统有b、p、m、f、d、t、n、l、g、k、h、j、q、x、zh、ch、sh、r、z、c、s等21个声母。从发音部位来看，可以分为唇音b、p、m、f，舌尖中音d、t、n、l，舌根音g、k、h，舌面前音j、q、x，舌尖后音zh、ch、sh、r，舌尖前音z、c、s。从发音方法来看，又可以分为塞音b、p、d、t、g、k，其中b、d、g为不送气音，p、t、k为送气音；塞擦音j、q、zh、ch、z、c，其中j、zh、z为不送气音，q、ch、c为送气音；擦音f、h、x、sh、r、s；鼻音m、n，边音l等。21个声母中清音多，浊音少。清音声母有b、p、f、d、t、g、k、h、j、q、x、zh、ch、sh、z、c、s等17个，浊音声母有m、n、l、r等4个。

### 一、唇音声母

汉语普通话有b、p、m、f等4个唇音声母，其中b、p、m是双唇音声母，f是唇齿音声母。具体波形图和语图显示见图3－13。

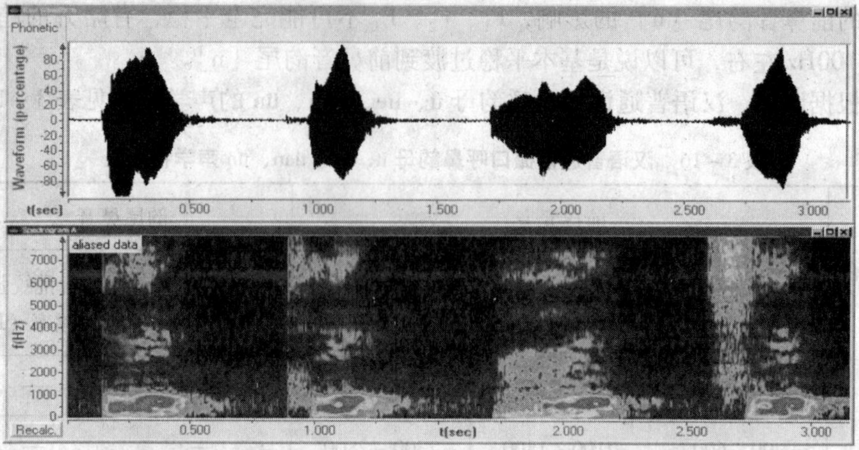


图 3－13　汉语普通话唇音声母 b、p、m、f 的波形图和语图

根据以上语图和波形图可以看出，b 的 10 毫秒左右的塞音冲直条相当整齐，冲直条后紧接元音，VOT 为 0ms，波形图上几乎看不出 b 的时长，这是一个典型的不送气清塞音声母。p 的塞音冲直条也相当整齐，但冲直条后没有紧接元音，而是有约 90ms 的清音噪音乱纹过渡后才后接元音，即 VOT 为 90ms，波形图上也可以看出 p 的时长，元音起始点有明显断层，这是一个典型的送气清塞音声母。p 的噪声乱纹的强频区在 500Hz 到 2000Hz 之间，强频区下限频率为 500Hz。m 的起点没有明显的冲直条，出现明显的鼻音横杠和近乎乱纹的鼻音共振峰，浊音乱纹的强频区在 200Hz 到 2500Hz 之间，强频区下限频率为 200Hz。鼻音横杠持续了 200ms 后过渡到元音，VOT 为 －200ms，元音共振峰起始点有明显断层，但鼻音横杠一直延续到元音后部。这是一个典型的鼻音声母。f 的起点也没有明显的冲直条，出现明显的清音乱纹，清音乱纹的强频区在 500Hz 一直到 8000Hz 以上，强频区下限频率为 500Hz。清音持续了 180ms 后过渡到元音，VOT 为 180ms，元音起始点有明显断层，但鼻音横杠一直延续到元音后部。这是一个典型的鼻音声母。

根据语图，汉语普通话唇音声母的声学特征见表 3　17。

表 3－17　汉语普通话唇音声母 b、p、m、f 声学特征表

| 声母 | 声母起点明显冲直条 | 噪音乱纹强频区频率范围（Hz） | 噪音乱纹强频区下限频率（Hz） | VOT（ms）（＋清音 －浊音） | 元音起点明显断层 | 备注 |
|---|---|---|---|---|---|---|
| b | 有 | 不明显 | 不明显 | 0 | 有 | |
| p | 有 | 500～2000 | 500 | 90 | 有 | 送气清塞音乱纹 |
| m | 无 | 200～2500 | 200 | －200 | 有 | 鼻音横杠 |
| f | 无 | 500～8000 | 500 | 180 | 有 | 擦音乱纹 |

根据上面语图的相关数据，汉语普通话有 b、p、m、f 等 4 个唇音声母，可以描写如下：

b［p］双唇不送气清塞音

p［$p^h$］双唇送气清塞音

m［m］双唇浊鼻音

f［f］唇齿清擦音

## 二、舌尖中音声母

汉语普通话有 d、t、n、l 等 4 个舌尖中音声母，它们的具体波形图和语图显示见图 3－14。

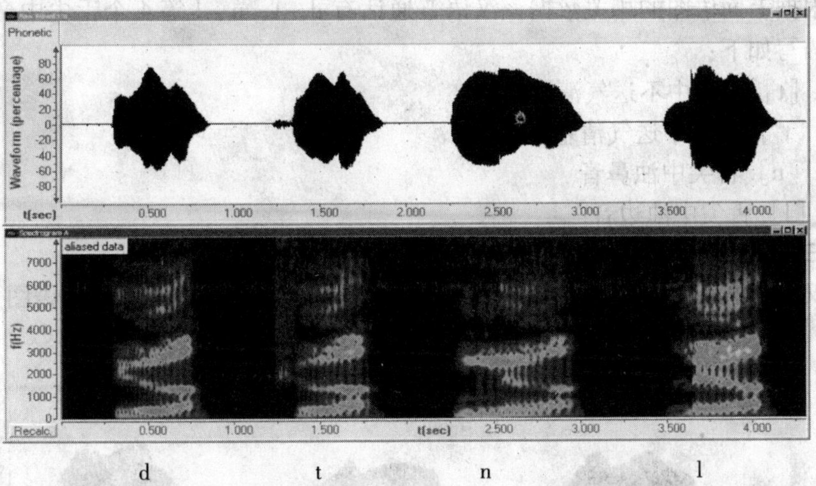


**图 3－14　汉语普通话舌尖中音声母 d、t、n、l 的波形图和语图**

根据以上语图和波形图可以看出，d 的 10 毫秒左右的塞音冲直条相当整齐，冲直条后紧接元音，VOT 为 0ms，波形图上几乎看不出 d 的时长，这是一个典型的不送气清塞音声母。t 的塞音冲直条也相当整齐，但冲直条后没有紧接元音，而是有约 90ms 的清音噪音乱纹过渡后才后接元音，即 VOT 为 90ms，波形图上也可以看出 t 的时长，元音起始点有明显断层，这是一个典型的送气清塞音声母。t 的噪声乱纹的强频区在 1700Hz 到 6500Hz 之间，强频区下限频率为 1700Hz。n 的起点没有明显的冲直条，出现明显的鼻音横杠和近乎乱纹的鼻音共振峰，浊音乱纹的强频区在 2200Hz 到 2700Hz 之间，强频区下限频率为 2200Hz。鼻音横杠持续了 250ms 后过渡到元音，VOT 为－250ms，元音共振峰起始点断层不明显，但鼻音横杠一直延续到元音后部。这是一个典型的鼻音声母。l 的起点也没有明显的冲直条，出现明显的浊音乱纹，浊音乱纹的强频区与后接元音 e 的共振峰 $F_1$、$F_2$、$F_3$ 较为一致，分别为 400Hz、1500Hz 和 2700Hz。强频区下限频率为 400Hz。浊音持续了 120ms 后过渡到元音，VOT 为

-120ms，元音起始点有明显断层。

根据语图，汉语普通话舌尖中音声母的声学特征见表3-18。

表3-18 汉语普通话舌尖中音声母d、t、n、l声学特征表

| 声母 | 声母起点明显冲直条 | 噪音乱纹强频区频率范围（Hz） | 噪音乱纹强频区下限频率（Hz） | VOT（ms）（+清音-浊音） | 元音起点明显断层 | 备注 |
|---|---|---|---|---|---|---|
| d | 有 | 不明显 | 不明显 | 0 | 有 | |
| t | 有 | 1700~6500 | 1700 | 90 | 有 | 送气清塞音乱纹 |
| n | 无 | 2200~2700 | 2200 | -250 | 不明显 | 鼻音横杠较宽 |
| l | 无 | 400~1500~2700 | 500 | -120 | 有 | 边音横杠较窄 |

根据上面语图的相关数据，汉语普通话有d、t、n、l等4个舌尖中音声母，可以描写如下：

d［t］舌尖中不送气清塞音

t［$t^h$］舌尖中送气清塞音

n［n］舌尖中浊鼻音

l［l］舌尖中浊边音

## 三、舌根音声母

汉语普通话有g、k、h等3个舌根音声母，它们的具体波形图和语图显示见图3-15。

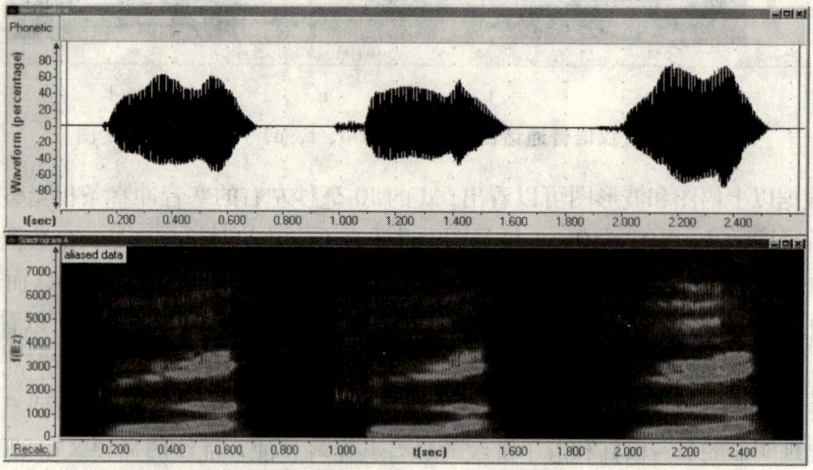


g k h

图3-15 汉语普通话舌根音声母g、k、h的波形图和语图

根据以上语图和波形图可以看出，g的10毫秒左右的塞音冲直条仍较明晰，冲直条后紧接元音，VOT为0ms，波形图上几乎看不出g的时长，这是一个不送气清塞音声母。k的塞音冲直条也相当整齐，冲直条后有约110ms的清音噪音乱纹过渡，然

后接元音，VOT 为 110ms，波形图上也可以看出 k 的时长，元音起始点有明显断层，这是一个典型的送气清塞音声母。k 的噪声乱纹的强频区在 1500Hz 到 8000Hz 以上，强频区下限频率为 1500Hz，与后接元音 e 的第二共振峰 $F_2$ 的走向较为一致。h 的起点没有明显的冲直条，有明显的清音乱纹，清音乱纹的强频区在 1100Hz 到 8000Hz 以上。强频区下限频率为 1100Hz，与后接元音 e 的第二共振峰 $F_2$ 的走向较为一致。清音乱纹持续了 100ms 后过渡到元音 e，VOT 为 100ms，元音起始点断层不明显。

根据语图，汉语普通话舌根音 g、k、h 声母的声学特征见表 3－19。

**表 3－19　汉语普通话舌根音声母 g、k、h 声学特征表**

| 声母 | 声母起点明显冲直条 | 噪音乱纹强频区频率范围（Hz） | 噪音乱纹强频区下限频率（Hz） | VOT（ms）（＋清音－浊音） | 元音起点明显断层 | 备注 |
|---|---|---|---|---|---|---|
| g | 有 | 不明显 | 不明显 | 0 | 有 | |
| k | 有 | 1500～8000 | 1500 | 110 | 有 | 送气清塞音乱纹 |
| h | 无 | 2200～2700 | 1100 | 100 | 不明显 | 擦音乱纹较弱 |

根据上面语图的相关数据，汉语普通话有 g、k、h 等 3 个舌根音声母，可以描写如下：

g［k］舌根不送气清塞音

k［kʰ］舌根送气清塞音

h［x］舌根请擦音

**四、舌面前音声母**

汉语普通话有 j、q、x 等 3 个舌面前音声母，它们的具体波形图和语图显示见图 3－16。

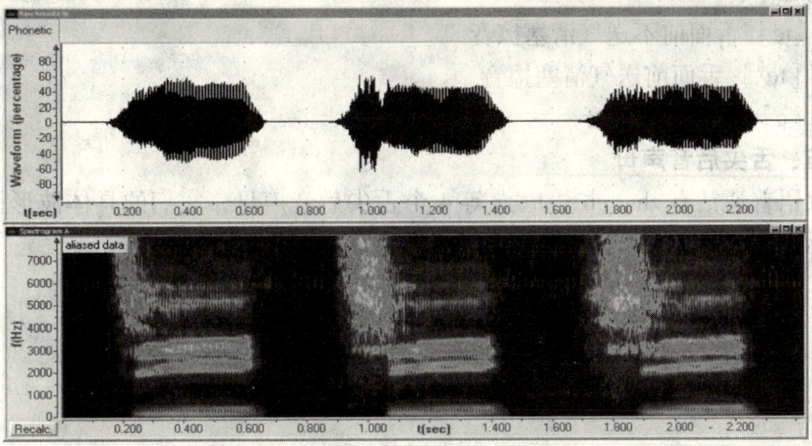


j　　　　q　　　　x

**图 3－16　汉语普通话舌面前音声母 j、q、x 的波形图和语图**

根据以上语图和波形图可以看出，j 没有明显的冲直条，发音起始边沿不清晰，起始后约有 80ms 的清音乱纹，VOT 为 80ms，清音乱纹的强频区在 3000Hz 到 8000Hz 以上，强频区下限频率为 3000Hz，与后接元音 i 的第三共振峰 $F_3$ 的走向较为一致，元音起始点有明显断层，j 是一个不送气清塞擦音声母。q 也没有明显的冲直条，发音起始边沿不清晰，起始后约有 180ms 的清音乱纹，VOT 为 180ms，清音乱纹的强频区在 3000Hz 到 8000Hz 以上，强频区下限频率为 3000Hz，与后接元音 i 的第三共振峰 $F_3$ 的走向较为一致，元音起始点有明显断层，q 是一个不送气清塞擦音声母。x 也没有明显的冲直条，发音起始边沿不清晰，起始后约有近 200ms 的清音乱纹，VOT 为 200ms，清音乱纹的强频区在 3000Hz 到 8000Hz 以上，强频区下限频率为 3000Hz，与后接元音 i 的第三共振峰 $F_3$ 的走向较为一致，元音起始点有明显断层，x 是一个清擦音声母。

根据语图，汉语普通话舌面前音 j、q、x 声母的声学特征见表 3－20。

**表 3－20　汉语普通话舌面前音声母 j、q、x 声学特征表**

| 声母 | 声母起点明显冲直条 | 噪音乱纹强频区频率范围（Hz） | 噪音乱纹强频区下限频率（Hz） | VOT（ms）（＋清音－浊音） | 元音起点明显断层 | 备注 |
|---|---|---|---|---|---|---|
| j | 无 | 3000～8000 | 3000 | 80 | 有 | 不送气清塞擦音乱纹 |
| q | 无 | 3000～8000 | 3000 | 180 | 有 | 送气清塞擦音乱纹 |
| x | 无 | 3000～8000 | 3000 | 200 | 有 | 擦音乱纹较强 |

根据上面语图的相关数据，汉语普通话有 j、q、x 等 3 个舌面前音声母，可以描写如下：

j［tɕ］舌面前不送气清塞擦音

q［tɕʰ］舌面前送气清塞擦音

x［ɕ］舌面前清擦音

## 五、舌尖后音声母

汉语普通话有 zh、ch、sh、r 等 4 个舌尖后音声母，它们的具体波形图和语图显示见图 3－17。

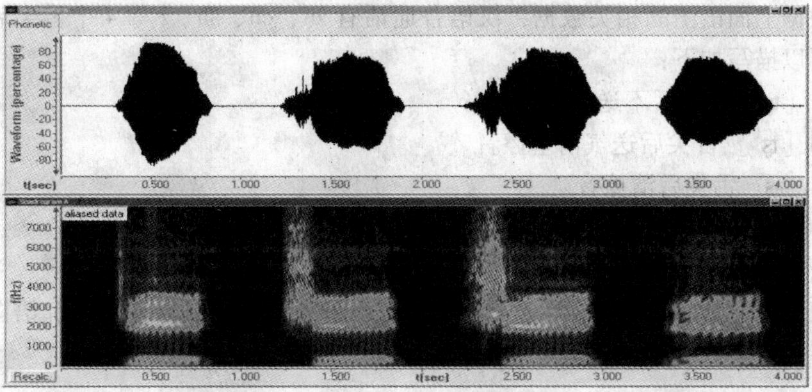


zh　　　　ch　　　　sh　　　　r

**图 3－17　汉语普通话舌尖后音声母 zh、ch、sh、r 的波形图和语图**

根据以上语图和波形图可以看出，zh 没有明显的冲直条，发音起始边沿不清晰，起始后约有 70ms 的清音乱纹，VOT 为 70ms，清音乱纹的强频区在 2000Hz 到 8000Hz 以上，强频区下限频率为 2000Hz，与后接元音 －i ［ʅ］ 的第二共振峰 $F_2$ 的走向较为一致，元音起始点有明显断层，zh 是一个不送气清塞擦音声母。ch 也没有明显的冲直条，发音起始边沿不清晰，起始后约有 150ms 的清音乱纹，VOT 为 150ms，清音乱纹的强频区在 2000Hz 到 8000Hz 以上，强频区下限频率为 2000Hz，与后接元音 －i ［ʅ］ 的第二共振峰 $F_2$ 的走向较为一致，元音起始点有明显断层，ch 是一个不送气清塞擦音声母。sh 也没有明显的冲直条，发音起始边沿不清晰，起始后约有近 200ms 的清音乱纹，VOT 为 200ms，清音乱纹的强频区在 2000Hz 到 8000Hz 以上，强频区下限频率为 2000Hz，与后接元音 －i ［ʅ］ 的第二共振峰 $F_2$ 的走向较为一致，元音起始点有明显断层，sh 是一个清擦音声母。r 的起点也没有明显的冲直条，出现明显的浊音乱纹，浊音乱纹的强频区与后接元音 －i ［ʅ］ 的共振峰 $F_1$、$F_2$、$F_3$ 较为一致，分别为 300Hz、2000Hz 和 3000Hz。强频区下限频率为 300Hz。浊音持续了 120ms 后过渡到元音，VOT 为 －120ms，元音起始点无明显断层。

根据语图，汉语普通话舌尖后音 zh、ch、sh、r 声母的声学特征见表 3－21。

**表 3－21　汉语普通话舌尖后音声母 zh、ch、sh、r 声学特征表**

| 声母 | 声母起点明显冲直条 | 噪音乱纹强频区频率范围（Hz） | 噪音乱纹强频区下限频率（Hz） | VOT（ms）（＋清音 －浊音） | 元音起点明显断层 | 备注 |
|---|---|---|---|---|---|---|
| zh | 无 | 2000～8000 | 2000 | 70 | 有 | 不送气清塞擦音乱纹 |
| ch | 无 | 2000～8000 | 2000 | 150 | 有 | 送气清塞擦音乱纹 |
| sh | 无 | 2000～8000 | 2000 | 200 | 有 | 擦音乱纹较强 |
| r | 无 | 2000～3500 | 2000 | －120 | 无 | 乱纹同元音 |

根据上面语图的相关数据，汉语普通话有 zh、ch、sh、r 等 4 个舌尖后音声母，可以描写如下：

zh［tʂ］舌尖后不送气清塞擦音

ch［tʂʰ］舌尖后送气清塞擦音

sh［ʂ］舌尖后清擦音

r［ʐ］舌尖后浊擦音

**六、舌尖前音声母**

汉语普通话有 z、c、s 等 3 个舌尖前音声母，它们的具体波形图和语图显示见图 3－18。

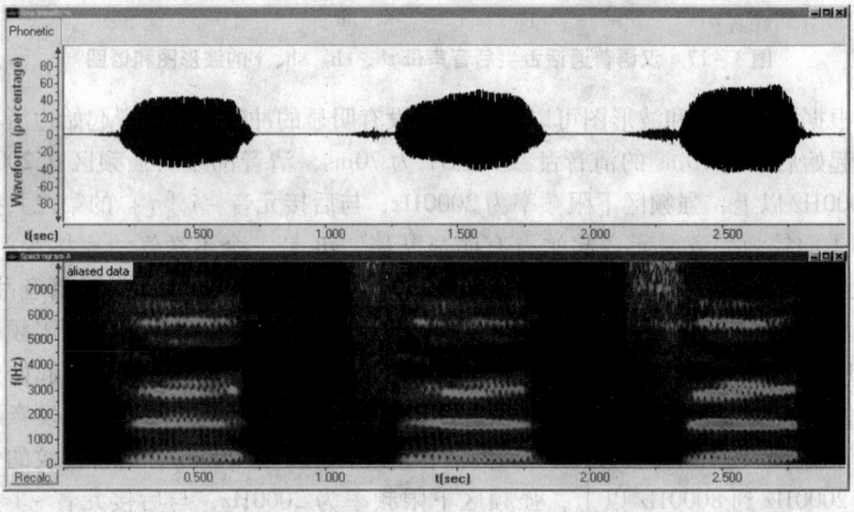


**图 3－18　汉语普通话舌尖前音声母 z、c、s 的波形图和语图**

根据以上语图和波形图可以看出，z 没有明显的冲直条，发音起始边沿不清晰，起始后约有 100ms 的清音乱纹，VOT 为 100ms，清音乱纹的强频区在 2800Hz 到 8000Hz 以上，强频区下限频率为 2800Hz，与后接元音 -i［ɿ］的第三共振峰 $F_3$ 的走向较为一致，元音起始点有明显断层，z 是一个不送气清塞擦音声母。c 也没有明显的冲直条，发音起始边沿不清晰，起始后约有 180ms 的清音乱纹，VOT 为 180ms，清音乱纹的强频区在 2800Hz 到 8000Hz 以上，强频区下限频率为 2800Hz，与后接元音 -i［ɿ］的第三共振峰 $F_3$ 的走向较为一致，元音起始点有明显断层，c 是一个不送气清塞擦音声母。sh 也没有明显的冲直条，发音起始边沿不清晰，起始后约有近 240ms 的清音乱纹，VOT 为 240ms，清音乱纹的强频区在 2800Hz 到 8000Hz 以上，强频区下限频率为 2800Hz，与后接元音 -i［ɿ］的第三共振峰 $F_3$ 的走向较为一致，元音起始点有明显断层，s 是一个清擦音声母。

根据语图，汉语普通话舌尖前音 z、c、s 声母的声学特征见表 3－22。

**表 3－22　汉语普通话舌尖前音声母 z、c、s 声学特征表**

| 声母 | 声母起点明显冲直条 | 噪音乱纹强频区频率范围（Hz） | 噪音乱纹强频区下限频率（Hz） | VOT（ms）（＋清音－浊音） | 元音起点明显断层 | 备注 |
| --- | --- | --- | --- | --- | --- | --- |
| z | 无 | 2800～8000 | 2800 | 100 | 有 | 不送气清塞擦音乱纹 |
| c | 无 | 2800～8000 | 2800 | 180 | 有 | 送气清塞擦音乱纹 |
| s | 无 | 2800～8000 | 2800 | 240 | 有 | 擦音乱纹较强 |

根据上面语图的相关数据，汉语普通话有 z、c、s 等 3 个舌尖前音声母，可以描写如下：

z［ts］舌尖前不送气清塞擦音

c［$ts^h$］舌尖前送气清塞擦音

s［s］舌尖前清擦音

## 第四节　普通话声调系统的声学特征

### 一、汉语普通话声调系统

声调是某些语言中每一个音节所固有的能区别意义的相对音高。音节的相对音高及其变化的实际情况是调值。调类是语言中声调的类别，调类一般根据调值及其有规律的变化分类。汉语普通话有阴平、阳平、上声、去声 4 个调类，其调值常因人和语音环境的不同而有一定的变化。现代汉语普通话声调系统由中古汉语的声调系统发展而来。中古汉语的声调系统分为平、上、去、入四个调类。中古汉语的声调系统在发展成现代汉语声调系统的过程中，发生了“平分阴阳，入派三声”的变化。目前，在现代汉语北方方言区，绝大部分地区的声调类型都是阴平、阳平、上声、去声，但实际的调值与汉语普通话并不一致。调值相同的声调，调类不一定相同；调类相同的声调，调值不一定相同。虽然相互间存在着规则的对应关系，但各自的声调系统自成体系，不能相互随意混读。

声调的音高是相对音高，它与歌唱时曲调的绝对音高不同。使用汉语的一个男声和一个女声在说普通话的“优、油、有、又”时，绝对音高肯定是不同的，但人们却得到了相同的理解。这说明人耳对声调的感知主要是音高的相对差别，而不是绝对差别。只要在发音时音高的相对差别大体相同，人们就能得到相同的声调感知。某一个声调也只有位于一定的声调系统中，在与别的声调的比较中，才能体现出自己音高的相对差别，也才具有区别意义的价值。

实验证明，人耳对音高差别的感知是呈对数性的，要准确地测定调值，首先要用语图仪、音高计或示波器等，测出各个音高变化的频率值并把这些频率值换算成对数值，然后把最高频率的对数值与最低频率的对数值的差五等分，得出每1度的对数值范围，最后将各频率的对数值换对为5度值。

## 二、汉语普通话各声调的声学特征

汉语普通话有阴平、阳平、上声、去声四个声调，有时也称作第一声、第二声、第三声、第四声，次序不能颠倒。图3－19是一个男声具体的音高图和语图显示。

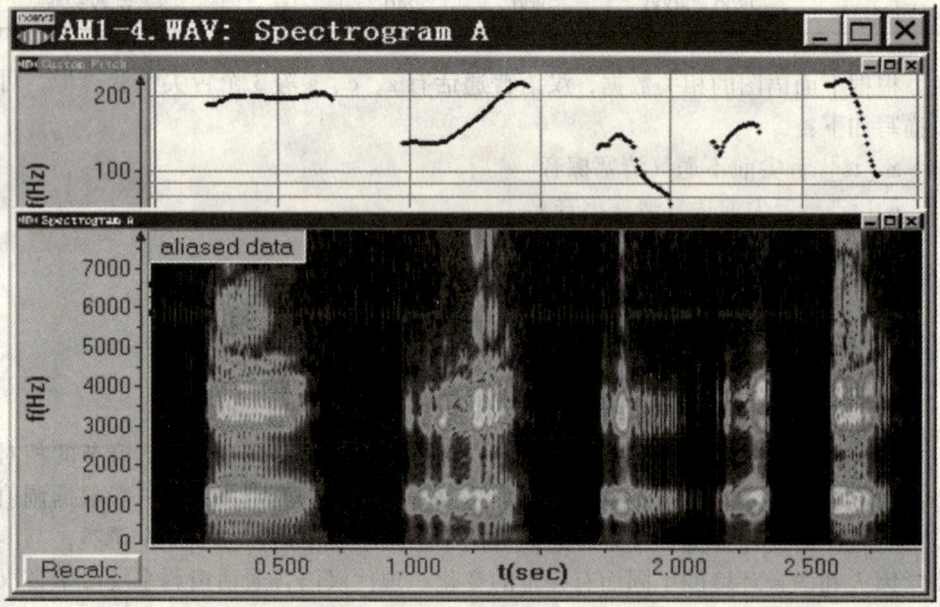


阴平 ā　　阳平 á　　上声 ǎ　　去声 à

**图3－19　男声汉语普通话阴平、阳平、上声、去声音高图**

从基频数据来看，该男声的阴平频率主要是200Hz，虽然开头部分略低到190Hz，但频差不过－10Hz，对高平的调形影响不大。阳平的基频变化较大，从开始的130Hz逐步升到220Hz。频差达－90Hz，是个典型的中升的调形。上声基本分为两段，前段从160Hz降到80Hz，频差为80Hz，是个典型的中降调形；后段从80Hz升到165Hz，频差为－85Hz，又是一个典型的低升调形。去声由230Hz迅速降到90Hz，频差达140Hz，是个典型的高降调。这四个声调的相对音高的近似调值为55、35、313、52。男声的调域为230－80＝150Hz。

根据音高图，男声汉语普通话阴平、阳平、上声、去声音高声学特征见表3－23。

表 3－23　男声汉语普通话阴平、阳平、上声、去声音高声学特征表

| 调类 | 阴平 | 阳平 | 上声 | 去声 |
|---|---|---|---|---|
| 举例音节 | ā | á | ǎ | à |
| 基频（Hz） | 190～200 | 130～220 | 160～80～165 | 230～90 |
| 频差（Hz） | －10 | －90 | 80/－85 | 140 |
| 音长（ms） | 600 | 500 | 700 | 400 |
| 调形 | 高平 | 中升 | 中降低升 | 高降 |
| 近似调值 | 55 | 35 | 313 | 52 |
| 调域（Hz） | 230－80＝150 | | | |

图 3－20 是一个女声具体的音高图和语图。

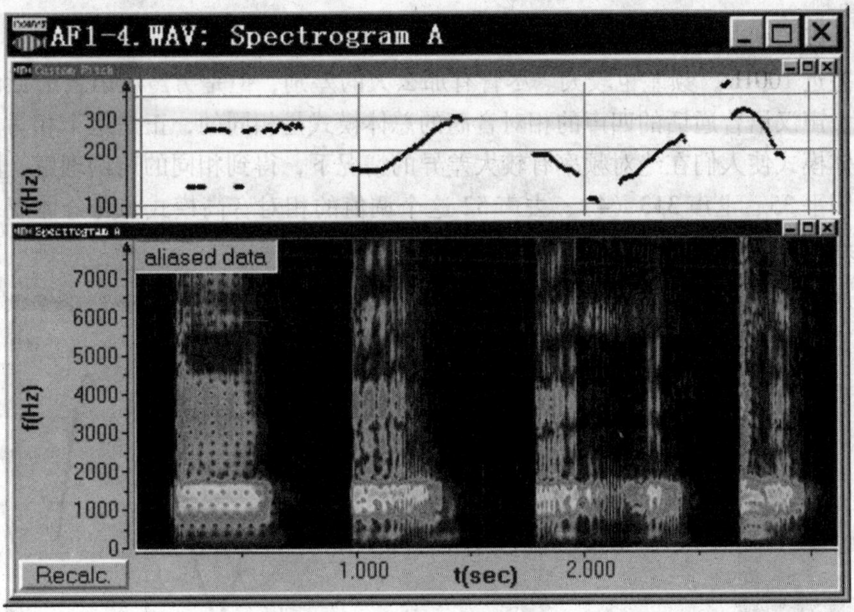


阴平 ā　　阳平 á　　上声 ǎ　　去声 à

图 3－20　女声汉语普通话阴平、阳平、上声、去声音高图

从基频数据来看，该女声的阴平频率主要是 280Hz，虽然后面部分略升到 190Hz，但频差不过－10Hz，对高平的调形影响不大。阳平的基频变化较大，从开始的 170Hz 逐步升到 300Hz。频差达－130Hz，是个典型的中升的调形。上声同样分为两段，前段从 200Hz 降到 100Hz，频差为 100Hz，是个典型的中降调形；后段从 100Hz 升到 240Hz，频差为－145Hz，又是一个典型的低升调形。去声由 330Hz 迅速降到 140Hz，频差达 190Hz，是个典型的高降调。这四个声调的相对

音高的近似调值为55、35、314、52。女声的调域为330－100＝230Hz。

根据音高图，女声汉语普通话阴平、阳平、上声、去声音高声学特征见表3－24。

**表3－24　女声汉语普通话阴平、阳平、上声、去声音高声学特征表**

| 调类 | 阴平 | 阳平 | 上声 | 去声 |
|---|---|---|---|---|
| 举例音节 | ā | á | ǎ | à |
| 基频（Hz） | 270～280 | 170～300 | 200～100～240 | 330～140 |
| 频差（Hz） | －10 | －130 | 100/－145 | 190 |
| 音长（ms） | 400 | 400 | 700 | 300 |
| 调形 | 高平 | 中升 | 中降低升 | 高降 |
| 近似调值 | 55 | 35 | 314 | 52 |
| 调域（Hz） | 330－100＝230 | | | |

从以上两表可以看出，男声汉语普通话的四声与女声汉语普通话的四声，调域相差近100Hz，频差也较大。尽管有那么大的差别，但是男声汉语普通话的四声与女声汉语普通话的四声的相对音高的总体模式是相同的，正是这个相对音高的总体模式使人们在绝对频率有较大差异的情况下，得到相同的声调理解。阴平55、阳平35、上声313（4）、去声52这个调值的相对音高模式，充分体现了汉语普通话声调系统的特点。

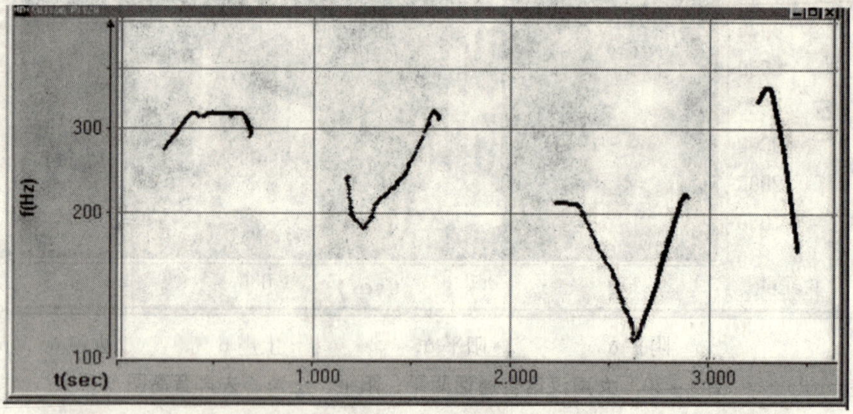


阴平　阳平　上声　去声

**图3－21　汉语普通话声调系统的相对音高图（女声）**

图3－21是根据多次实验得出的汉语普通话系统的相对音高图（女声），调域为250Hz。这是一个经过多次实验证实了的经典模式图。汉语普通话声调的各种变化，都以此图为基础，适当升高、降低、强化、简化或延伸，但总的调形趋势不变，音高的相对特性不变。

# 第四章　普通话水平测试各等级标准正误辨析

## 第一节　普通话水平测试各等级标准正误辨析的原则与数据库建设

### 一、普通话水平测试各等级标准正误辨析的原则

普通话水平测试各等级标准正误辨析的总原则是以现代语言学的理论为正误辨析的基础理论，以实验语音学、音位学的理论和研究成果为评判正误的尺度，建立普通话水平测试各等级标准数据库，科学实施普通话水平测试。

从《普通话水平测试等级标准（试行）》来看，汉语普通话水平测试各个不同的等级标准是以失分率的多少来确定的，表 4－1 是普通话水平测试等级标准失分率表。

**表 4－1　普通话水平测试等级标准失分率表**

| 级 | 一级 | | 二级 | | 三级 | |
|---|---|---|---|---|---|---|
| 等 | 甲等 | 乙等 | 甲等 | 乙等 | 甲等 | 乙等 |
| 失分率 | 3% | 8% | 13% | 20% | 30% | 40% |
| 得分 | 100～97 | <97～92 | <92～87 | <87～80 | <80～70 | <70～60 |

普通话水平测试采用以一次测试确定不同等级的考试模式，比起某一次测试确定某一等级的考试模式（如大学英语三、四、六级考试模式），必须具有更为严格的正误评判标准和操作程序。不能因为零点几分之差影响到不同等级的评定。

如前所述《普通话水平测试等级标准（试行）》是国家普通话水平测试的法定标准。但这是一个表述性的标准。作为国家的一个法定的标准，只有表述性的阐释是不够的，需要有科学、准确、客观的声学数据作为确定各等级标准声学特征的基础。什么是“语音标准”、“语调自然”、“表达流畅”，什么是“发音基本标准”、“发音不到位”、“调值不准”，什么是“方言语调不明显”、“方言语调较明显”、“方言语调明显”，什么是“有方音但不明显”、“方音比较明显”、“方音明显”、“方音重”、“方音特征突出”，什么是“系统性语音缺陷”、“语调偏误”、“口语化较差”、“语调生硬”等，均需要有客观、具体的语言样本和科学、客观的语言学、声学语音学的具体实验数据和有关的理论支撑。

十多年来，教育部、国家语委先后下发了一系列加强普通话水平测试管理的文件，目的在于确保测试质量，维护测试权威，使测试工作有序、健康地发展。在众多的普通话水平测试的政策与规范中，评分规范是最主要的规范，只有分数评对了，评准确了，评规范了，其他的政策与规范才有意义。评分不规范，程序再规范也没有实际意义。普通话水平测试本身存在的主客观因素使得评分规范的可操作性具有较大难度。

根据普通话水平测试的性质和测试形式，影响评分规范的客观因素主要有评分标准的多重性、评分标准的不确定性和评分标准的模糊性；影响评分规范的主观因素主要是由测试员本人条件所决定的成绩评判的主观性。

评分标准的多重性是指普通话水平测试的规范标准可以有多个，而这个标准常常因人而异。评分标准的多重性往往又是由评分标准的不确定性和评分标准的模糊性产生的。从语音学的角度来看，每一个人的发音不可能是完全相同的。这不仅在于每一个人的发音器官不可能完全相同，而且还在于每一个人的每一次发音也不可能是完全相同的，常常因为各种语言环境的影响而发生变化。因而在认可一个具有普遍性正确模式的前提下，应该具体情况具体分析，应该允许有其他正确模式的存在。这是普通话水平测试各等级标准正误辨析的一个重要原则。只有这样，才能正确进行普通话水平测试评判。

社会成员的个体不同，他们的发音也就会有差异。这种差异不仅取决于个人的生理条件，而且也取决于个人的社会角色、语言习惯。社会语言学的研究成果对评分规范有着极大的影响。不同的阶层、行业、性别、职业、年龄的社会成员在对同一语言进行使用时会产生不同的语言变异。不仅他们使用的词语不会完全相同，他们的发音也不尽相同。例如，对 üan 韵母韵腹的发音有着许多不同的标音情况，有关研究的看法也不尽统一。在实际调查中，个人本身的发音也不尽一致。在确定评判标准的时候，就不能不考虑社会个体的发音特色。这是普通话水平测试各等级标准正误辨析的又一重要原则。

实验语音学的研究成果也为评分标准的多重性和评分标准的模糊性提供了依据。同样的心理感知，客观的声学数据却可以是不一样的。在实际交际中，听话者并不是从元音的生理描写而是从元音的声学特征去感知不同的元音的，因而元音的声学分析极为重要。元音的声学特征主要表现为元音的共振峰模式。不同的元音有着不同的共振峰模式，其中第一共振峰 $F_1$ 和第二共振峰 $F_2$ 对区分不同的元音有着重要作用。需要注意的是，同一元音每个人 $F_1$、$F_2$ 的绝对频率是不一样的。一般来看，男声的共振峰绝对频率偏低，女声的共振峰绝对频率偏高，但 $F_1$ 与 $F_2$ 形成的共振峰总体模式是相同的，$F_1$ 与 $F_2$ 的相互关系不变，这个模式随着共振峰绝对频率的变化而上下移动，这与声调调值的相对音高情况相似。只要各语音要素的相对模式符合标准模式，就应该评定为正确。这是普通话水平测试各等级标准正误辨析的又一重要原则。

评分标准的不确定性是指由于对普通话本身的研究不够而使评分标准不确定、不明晰。如对于某些音的音质，某些声调的音高形式本身研究就不够充分，可以是这种形式，也可以是那种形式。充分采用现代语音学的研究成果和研究方法，进行定量研究，对传统语音学加以改进和完善，是解决评分标准不确定性的根本途径。从音位学的角度来看，只要不影响意义的表达，完全可以有多种形式。可以称为同一音位的自由变体。普通话水平测试各等级标准的正误辨析应充分考虑音位学的原则和方法，这是普通话水平测试各等级标准的正误辨析的总原则。

影响普通话水平测试评分标准的主观因素是由测试员本人条件所决定的成绩评判时的主观性标准。语音处于听觉区域中的最佳位置。这使得人耳对语音的音高、音强、音长和音质有较强的差别感受性，即人耳有较强的语音分辨能力。通过训练，这种分辨能力还可以提高。同时，我们也应看到，由于受母语语音的发音习惯及某些心理定式的影响，人们对自己语言中有区别意义的音有较强的敏感性，对自己语言中没有区别意义的音敏感性就较差，并且常用自己熟悉的音去感受和区分自己不熟悉的音。这样在对语音信息进行评判时就会产生一定的失误。这是由语音的社会性质所决定的。尽管《普通话水平测试等级标准（试行）》明确规定了评判尺度，但在实际测评中，由于个人主观因素的影响，不同的测评员对这些尺度的理解和掌握也不尽完全相同，这些都会产生测评误差。

正是这些主客观因素的存在，使得普通话水平测试正误辨析的可操作性具有较大的难度。

**二、普通话水平测试各等级标准多媒体数据库建设**

要进行普通话水平测试的语言信息处理，离不开数据库技术。开展新世纪的普通话审音工作，完善普通话语音的基本规范，制定普通话的声学参数标准，建立“普通话口语标本库”、“普通话口语语料库”、“普通话审音用知识库”、“语言资源有声数据库”，建立、改进、完善测试信息管理系统和测试题库系统，推进普通话水平测试信息化建设和计算机辅助测试试点工作，加强测试员队伍建设、确保测试质量，推动测试手段自动化的研究和实施，这些都需要我们在普通话水平测试的各有关方面建立完善的数据库系统。

普通话水平测试各等级标准，有大量的多媒体数据需要分析处理，只有建立一个大容量的普通话水平测试各等级标准多媒体数据库，才能将这些数据分门别类地存储起来，显现出来，供普通话水平测试和普通话教学，才能为《普通话水平测试等级标准（试行）》的评分规范提供科学、客观的多媒体数据支持。

多媒体数据库能够解决评分标准的多重性问题。把各种正确的模式均输入数据库，直接供测试员查询、比较、分析，可以最大限度地减少评分标准多重性形成的误差。多媒体能够解决评分标准的不确定性问题。多媒体数据库可以客观、科学地展现普通话的实际情况，纠正和避免一些不准确的评判认识和以误传误的做法，影响普通话水平测试的准确性、客观性。多媒体能够解决评分标准的模糊性问题。该库通过大量直观的和可感知的不同等级的声音文件和语图图形文件，客观地展现普通话水平测试不同等级的语言面貌和各种数据，为《普通话水平测试等级标准（试行）》提供言语声学的数据支撑，使有声语言与可视语言——语图——相互映证，从而最大限度地避免普通话水平测试的评分标准的模糊性问题。多媒体能够解决评分标准的主观性问题。一些测试员常为某一语音现象，各抒己见，滔滔不绝，争论不休。该库能够一目了然地展现某一语音现象的客观实际，避免了许多不切合实际的看法和争论。

普通话水平测试各等级标准数据库的语音实验研究以已有的言语声学、实验语音学理论和研究成果为依据，通过语音取样，绘制、测量、分析符合普通话口语实际的波形图、频谱图和语图，以求在普通话水平测试的过程中，科学客观地界定每一个音、每一个词语、每一句话的正确、缺陷和错误的区分特征。考察不同普通话等级语音的声学特征，求出相关的声学数据，通过言语声学的分析研究和音位学的分析归纳，确定分辨普通话水平测试不同等级的客观数据和总体模式，为国家制定的《普通话水平测试等级标准（试行）》的表述性阐释提供有力的客观的声学数据，做到普通话水平测试的客观公正，最大限度地避免测试的主观性，加强和维护普通话水平测试国家法定标准《普通话水平测试等级标准（试行）》的客观性、准确性和权威性，有效提高普通话水平测试质量。将语音实验的研究成果充分用于普通话的教学，对不同地区、不同测试对象的语音问题进行科学的纠正，以求达到较好的教学效果。

总之，普通话水平测试各等级标准多媒体数据库的建设是普通话水平测试评分正误辨析的一项十分重要的基础性工作。

普通话水平测试的等级标准是以失分率的多少决定的，失分率又主要是以语音的标准程度来判定的，因而有必要利用语音实验的方法和数据库技术对普通话语音的声母、韵母、声调、语调等各个要素进行深入细致的正误辨析。

## 第二节　普通话韵母的正误辨析

普通话韵母系统有 39 个韵母，其中单元音韵母（简称单韵母）10 个：a [ᴀ]、o [o]、e [ɤ]、i [i]、u [u]、ü [y]、-i 前 [ɿ]、-i 后 [ʅ]、er [əɹ]、ê [e]。复元音韵母（简称复韵母）13 个：ai、ei、ao、ou、ia、ie、ua、uo、üe、iao、iou、uai、uei。鼻辅音韵尾韵母（简称鼻韵母）16 个：an、en、ian、in、uan、uen、üan、ün、ang、eng、ong、iang、ing、iong、uang、ueng。

### 一、普通话单元音韵母的正误辨析

从普通话测试的实践来看，汉语普通话 10 个单元音韵母 a [ᴀ]、o [o]、

e [ɤ]、i [i]、u [u]、ü [y]、 -i 前 [ɿ]、-i 后 [ʅ]、er [əɹ]、ê [e]，几乎都需要正误辨析。a [ʌ] 韵母的问题主要出现在舌位的前后上，o [o] 韵母的问题主要出现在唇形的圆展上，e [ɤ] 韵母的问题主要出现在舌位的前后和唇形的圆展上，i [i] 韵母的问题主要出现在舌位的高低上，u [u] 韵母的问题主要出现在唇形的圆展上，ü [y] 韵母的问题也主要出现在唇形的圆展上。-i 前 [ɿ]、-i 后 [ʅ] 的问题主要出现在舌位的平翘上，er [əɹ] 韵母的问题主要出现在卷舌上，ê [e] 韵母的问题主要出现在舌位的前后上。一般来说，圆唇的元音听觉上感到较为集聚、浑厚，展唇的元音听觉上感到松散、清亮，但正误辨析仍需要言语声学的数据支持。

舌位的高低、前后，唇形的圆展，实际改变的都是口腔这个共鸣器的形状。口腔形状的多变会形成多个共振峰。对元音而言，前三个共振峰对元音音质有决定性的影响，其中 $F_1$ 和 $F_2$，对舌位、唇形的变化较为敏感，能体现元音的音质。

从声学角度对元音进行正误的辨析，主要根据元音的声学特征，确定可允许的共振峰频率模式的正常值、缺陷值和错误值，同时也要考虑整个共振峰体系的模式。

$F_1$ 与 $F_2$ 的共振峰频率值和关系模式，可以反映出不同元音之间的差别。分析元音最主要的就是分析 $F_1$ 和 $F_2$ 之间的关系模式。实验语音学正是参考频谱图中的 $F_1$、$F_2$、$F_3$ 的频率值和关系模式来进行元音识别和分析的。

### （一）舌面前 e [e]、舌面央 e [ə]、舌面后 e [ɤ] 元音的辨析

图 4-1 为某女性省级测评员舌面前 e [e]、舌面央 e [ə]、舌面后 e [ɤ] 的波形图和语图。

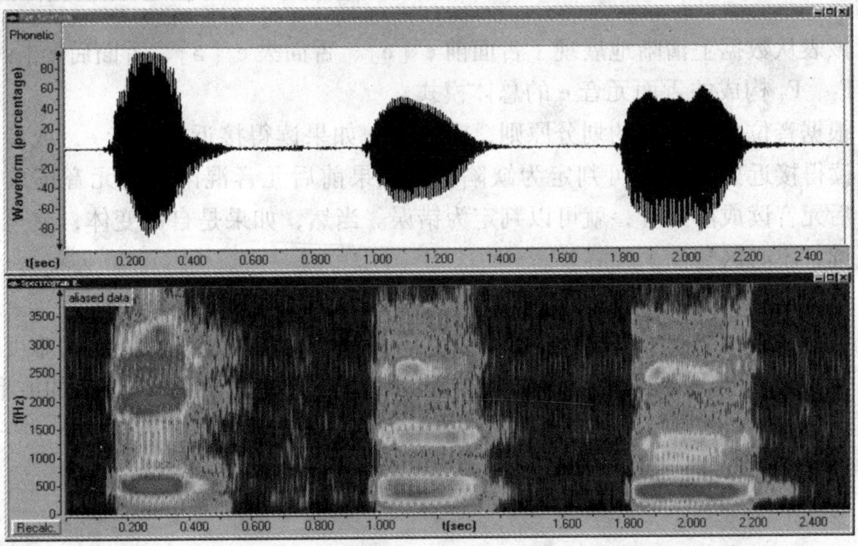


舌面前 e [e]　　舌面央 e [ɤ]　　舌面后 e [ɤ]

**图 4-1　舌面前 e [e]、舌面央 e [ɤ]、舌面后 e [ɤ] 的波形图和语图**

语图中，三个元音的 $F_1$ 依次由前向后逐渐降低，有舌位略升的趋势。但是，$F_2$ 的变化更加明显。前 e 的 $F_2$ 最高，约在 2000Hz 左右；央 e 的 $F_2$ 低一些，约在 1400Hz 左右；后 e 的 $F_2$ 最低，约在 1200Hz 左右。由此语图可知，$F_2$ 的高低与舌位的前后成正比。舌位越前，$F_2$ 频率越高；舌位越后，$F_2$ 频率越低。

前后元音的辨析主要依据 $F_2$ 与 $F_1$、$F_3$ 关系的总体模式。如图 1－2，$F_1$、$F_2$、$F_3$ 构成了舌面元音 e 的总体模式。尽管舌面前 e［e］、舌面央 e［ə］、舌面后 e［ɤ］三个元音的 $F_1$、$F_2$、$F_3$ 从前到后均逐步降低，但 $F_2$ 降得最为明显。在 $F_1$、$F_3$ 大体稳定的情况下，根据 $F_2$ 与 $F_1$、$F_3$ 的关系模式就可以确定舌面元音 e 的舌位前后。$F_2$ 接近 $F_3$ 是前元音 e，$F_2$ 在 $F_3$ 与 $F_1$ 中间或者略靠近一点 $F_3$ 的，可以判定是央元音 e，如果接近 $F_1$，离 $F_3$ 较远就可以判定是后元音。表 4－2 为舌面前 e［e］、舌面央 e［ə］、舌面后 e［ɤ］元音声学特征表。

**表 4－2　舌面前 e［e］、舌面央 e［ə］、舌面后 e［ɤ］元音声学特征表**

| 单元音韵母 | 第一共振峰 $F_1$（Hz） | 第二共振峰 $F_2$（Hz） | 第三共振峰 $F_3$（Hz） | 共振峰频率差 $F_3-F_2$ | 共振峰频率差 $F_2-F_1$ |
|---|---|---|---|---|---|
| 前 e［e］ | 500 | 2000 | 2700 | 700 | 1500 |
| 央 e［ə］ | 450 | 1400 | 2500 | 1100 | 950 |
| 后 e［ɤ］ | 400 | 1100 | 2400 | 1300 | 700 |

该表从数据上清晰地展现了舌面前 e［e］、舌面央 e［ə］、舌面后 e［ɤ］的 $F_1$、$F_2$、$F_3$ 构成的舌面元音 e 的总体模式。

根据音位条件变体的划分原则，前元音 e 如果读得接近央元音 e，或者后元音 e 读得接近央元音 e 可判定为缺陷，但如果前后元音混淆，前元音读成后元音，后元音读成前元音，就可以判定为错误。当然，如果是自由变体，就可以随意混读，不必区分。

（二）舌面前 a［a］、舌面央 a［A］、舌面后 a［ɑ］元音的辨析

舌面元音 a 的前后辨析，不如舌面元音 e 那样清晰，识别有一定的难度。图 4－2 是某省级男测评员舌面前 a［a］、舌面央 a［A］、舌面后 a［ɑ］的波形图、语图。

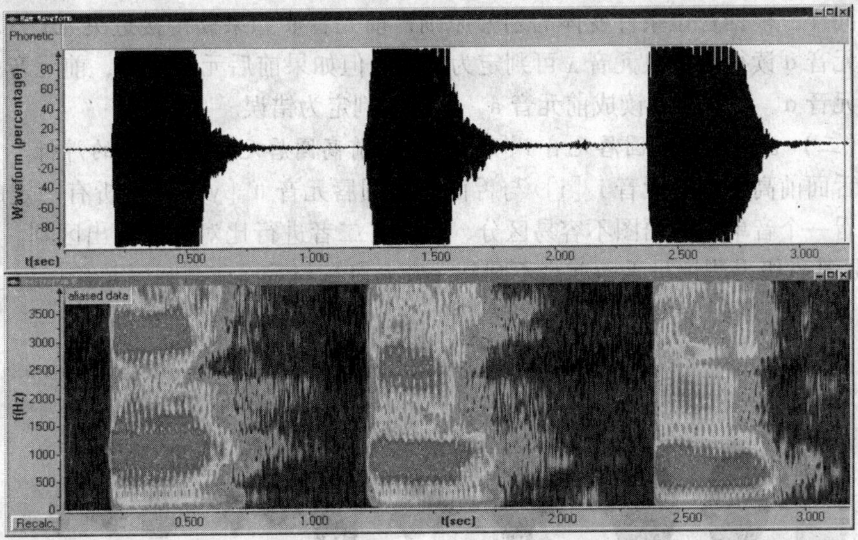


舌面前 a［a］　　舌面央 a［ᴀ］　　舌面后 a［ɑ］

**图 4－2　舌面前 a［a］、舌面央 a［ᴀ］、舌面后 a［ɑ］的波形图、语图**

根据图 4－2，舌面前 a 的 $F_2$ 与 $F_1$、已经出现宽带共振峰横杠的重合，但重合的不多，大约平均分布在 1000Hz 上下。舌面央 A 的 $F_2$ 与 $F_1$ 宽带共振峰横杠的重合较多，大约平均分布在 850Hz 上下。舌面后 ɑ 的重合也较多，但比舌面央 A 更低，大约平均分布在 600Hz 上下。根据 $F_2$ 与 $F_1$ 宽带共振峰横杠重合的多少和频率的高低，就可以确定舌面元音 a 的前后。表 4－3 为舌面前 a［a］、舌面央 a［ᴀ］、舌面后 a［ɑ］元音声学特征表。

**表 4－3　舌面前 a［a］、舌面央 a［ᴀ］、舌面后 a［ɑ］元音声学特征表**

| 单元音韵母 | 第一共振峰 $F_1$（Hz） | 第二共振峰 $F_2$（Hz） | 第三共振峰 $F_3$（Hz） | 共振峰频率差 $F_3-F_2$ | 共振峰频率差 $F_2-F_1$ |
|---|---|---|---|---|---|
| 前 a［a］ | 850 | 1200 | 3000 | 1800 | 350 |
| 央 a［ᴀ］ | 700 | 1000 | 2400 | 1400 | 300 |
| 后 a［ɑ］ | 500 | 730 | 1730 | 1000 | 230 |

表 4－3 从数据上清晰地展现了舌面前 a［a］、舌面央 a［ᴀ］、舌面后 a［ɑ］的 $F_1$、$F_2$、$F_3$ 构成的舌面元音 a 的总体模式。这个总体模式可以描述为：随着舌面前 a［a］、舌面央 a［ᴀ］、舌面后 a［ɑ］三个元音舌面的从前到后，它们的 $F_1$、$F_2$、$F_3$ 也从前到后均逐步降低，但 $F_3$ 降得最为明显。$F_1$、$F_2$ 以 300Hz 左右的频差逐步下降，$F_2$ 在 1200Hz 是前元音 a［a］，$F_2$ 在 1000Hz 的是舌面央元音 a［ᴀ］，$F_2$ 在 800Hz 的是舌面后元音 a［ɑ］。

同样，根据音位条件变体的划分原则，前元音 a 如果读得接近央元音 ᴀ，或者后元音 ɑ 读得接近央元音 ᴀ 可判定为缺陷，但如果前后元音混淆，前元音 a 读成后元音 ɑ，后元音 ɑ 读成前元音 a，就可以判定为错误。

（三）舌面前高不圆唇元音 i［i］与舌面前高圆唇元音 ü［y］的辨析

舌面前高不圆唇元音 i［i］与舌面前高圆唇元音 ü［y］的辨析有一定的难度。看一个音单独的语图不容易区分，只有将二者进行比对才能看出区别。图 4-3 是某省级男测评员舌面前高不圆唇元音 i［i］与舌面前高圆唇元音 ü［y］对比发音的波形图、语图。

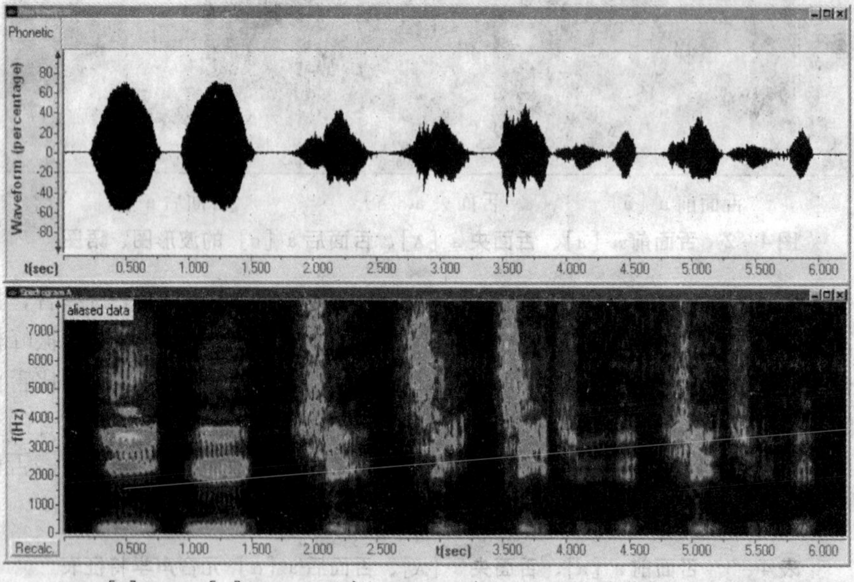


i［i］　ü［y］　xù（序）　xì（戏）　xìqǔ（戏曲）　xùqǔ（序曲）

**图 4-3　舌面前高不圆唇元音 i［i］与舌面前高圆唇元音 ü［y］对比发音的波形图、语图**

根据上图，舌面前高不圆唇元音 i［i］与舌面前高圆唇元音 ü［y］的 $F_1$ 均在 250Hz 左右，只看 $F_1$ 无法把二者区分开来。舌面前高不圆唇元音 i［i］的 $F_2$ 与 $F_1$ 有较大的共振峰频率差，约 2000Hz。舌面前高圆唇元音 ü［y］的 $F_2$ 与 $F_1$ 的共振峰频率差较小，约 1750Hz，这可以作为区分二者的重要标记性数据。上图的 $F_3$ 对二者的区分也有重要意义，$F_3$ 与 $F_2$ 拉得开是 i，二者拉不开，有一定重合的是 ü［y］。后面的例字、例词也证实了这一模式，但是否具有普遍意义还有待于进一步观察研究。表 4-4 是舌面前高不圆唇元音 i［i］与舌面前高圆唇元音 ü［y］声学特征对比表。

表 4－4　舌面前高不圆唇元音 i［i］与舌面前高圆唇元音 ü［y］声学特征对比表

| 单元音韵母 | 第一共振峰 $F_1$（Hz） | 第二共振峰 $F_2$（Hz） | 第三共振峰 $F_3$（Hz） | 共振峰频率差 $F_3-F_2$ | 共振峰频率差 $F_2-F_1$ |
|---|---|---|---|---|---|
| i［i］ | 250 | 2250 | 3100 | 850 | 2000 |
| ü［y］ | 250 | 2000 | 2400 | 400 | 1750 |

根据不同音位的区分原则，二者的区分着重考虑 $F_2$ 与 $F_1$ 的共振峰频率差。$F_2$ 在 2200Hz 以上，$F_2$ 与 $F_1$ 的共振峰频率差为 2000Hz 以上的音，是正确的 i。$F_2$ 在 2000Hz 左右，$F_2$ 与 $F_1$ 的共振峰频率差为 1750Hz 的音，是正确的 ü［y］。$F_2$ 与 $F_1$ 的共振峰频率差为 1800～1950Hz 的音，是缺陷的 ü［y］或缺陷的 i［i］。把 i［i］读成 ü［y］，把 ü［y］读成 i［i］，可判定为错误。

## 二、普通话复元音韵母的正误辨析

普通话有复元音韵母 ai、ei、ao、ou、ia、ie、ua、uo、üe、iao、iou、uai、uei13 个。从普通话测试的实践来看，汉语普通话 ai、ei、ao、ou 韵母的主要问题是发音动程不够或没有动程。另外，还有 ei 韵母的 e 发音偏后，ou 韵母的 o 唇形过圆或过扁。ia 的问题相对较少，发成前 a 或央 a 都可以。ie 韵母的问题主要是发音动程不够或没有动程，前元音 e 发音偏后等。ua 的问题也相对较少，一般是央 a。uo 的问题最大，主要是发成单元音韵母 o，发音没有从 u 到 o 的过程。üe 的问题较多，主要是与 ie 相混，唇形不够圆，动程不够和韵腹 e 偏后。iao、iou、uai、uei 的主要问题是韵腹动程不够，有单音化的趋向。iou、uei 有时容易弱化中间的韵腹 o、e［e］。

元音的音质主要与 $F_1$ 与 $F_2$ 直接相关。复元音发音时，从一个元音向另一个元音过渡，因此复元音的 $F_1$ 与 $F_2$ 是变化的，复元音韵母由于有共振峰频率变化走向，相对单元音韵母更容易识别。只要分析 $F_1$ 与 $F_2$ 变化模式的形状和变化的频率，就可以判断出复元音的音质。

二合复元音韵母发音时，从一个元音向另一个元音过渡，语图较为简单而清晰。绝大多数复元音韵母都容易辨析。在辨别复元音韵母的正误时，语图大体显示出 $F_1$、$F_2$ 的频率和动程，就应该判定为正确。如有动程，但太短（读单音节字词时少于 200 毫秒）可以计为缺陷。$F_1$、$F_2$ 没有动程，二合复元音韵母读如单元音韵母，计为错误。

由于舌面前高不圆唇元音 i［i］与舌面前高圆唇元音 ü［yε］的影响，齐齿呼复元音韵母 ie［iε］与撮口呼复元音韵母 üe［yε］的辨析也有一定的难度。单独看一个音的语图不容易区分，但将二者的语图进行比对，就能看出区别。图 4－4 是某省级男测评员齐齿呼复元音韵母 ie［iε］与撮口呼复元音韵母 üe［yε］对比发音的波形图、语图。

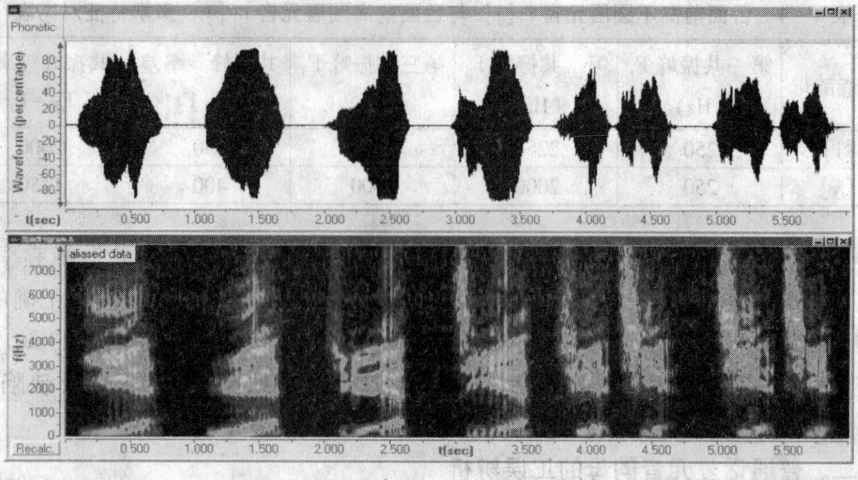


**图4-4 齐齿呼复元音韵母 ie [iɛ] 与撮口呼复元音韵母 üe [yɛ] 对比发音的波形图、语图**

如前所述，舌面前高不圆唇元音 i [i] 与舌面前高圆唇元音 ü [y] 的 $F_1$ 均在 250Hz 左右，只看 $F_1$ 无法把二者区分开来，必须考察 $F_3$ 与 $F_2$。$F_3$ 与 $F_2$ 拉得开是 i，$F_3$ 与 $F_2$ 有一定重合的是 ü [y]。在 i [i] \ ü [y] 后面接上 e [ɛ] 后，二者的区分开始明显化。由于都要过渡到 e [ɛ]，从语图可以看出，$F_3$、$F_2$ 各自单独过渡到 e [ɛ]的复元音是 ie [iɛ]，$F_3$、$F_2$ 先部分重合，然后再逐步分开过渡到 e [ɛ] 的复元音是 üe [yɛ]。后面的例字、例词也证实了这一模式。表4-5 是齐齿呼复元音韵母 ie [iɛ] 与撮口呼复元音韵母 üe [yɛ] 的声学特征对比表。

**表4-5 齐齿呼复元音韵母 ie [iɛ] 与撮口呼复元音韵母 üe [yɛ] 声学特征对比表**

| 韵 母 | 第一共振峰 $F_1$ 的动程 (Hz) | 第二共振峰 $F_2$ 的动程 (Hz) | 第三共振峰 $F_3$ 的动程 (Hz) |
|---|---|---|---|
| ie [iɛ] | 250 ~ 500 | 2250 ~ 2000 | 3000 ~ 2750 |
| üe [yɛ] | 250 ~ 550 | 2000 ~ 1850 | 2300 ~ 2600 |

根据不同音位的区分原则，ie [iɛ] 与 üe [yɛ] 的区分着重考虑 $F_2$ 与 $F_1$ 的共振峰频率差，同时也可以观察 $F_2$ 与 $F_3$ 的起点，二者有一定重合（300Hz）的是 üe [yɛ]，离得较开（700Hz 以上）的是 ie [iɛ]，没有重合，但离得较近（400 ~ 600Hz）是缺陷的 üe [yɛ] 或缺陷的 ie [iɛ]。把 ie [iɛ] 读成 üe [yɛ]，把 üe [yɛ] 读成 ie [iɛ]，可判定为错误。

三合复元音韵母发音时，先从第一个元音向第二个元音过渡，再从第二个元音向第三个元音过渡，因此三合复元音的 $F_1$ 与 $F_2$ 的变化较为复杂，但只要能够清晰地看出这两个阶段 $F_1$ 与 $F_2$ 变化的模式走向和频率，就可以判断出复元音的音质。下面是几组二合与三合元音的语图对比。

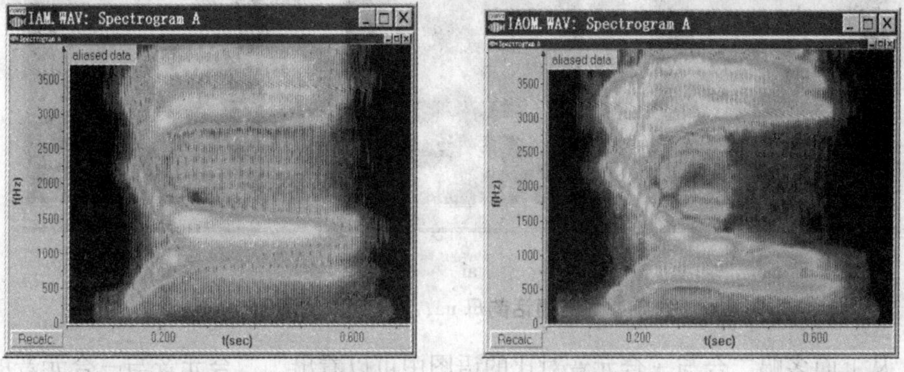


ia　　iao

图 4－5　普通话韵母 ia 与 iao 的语图

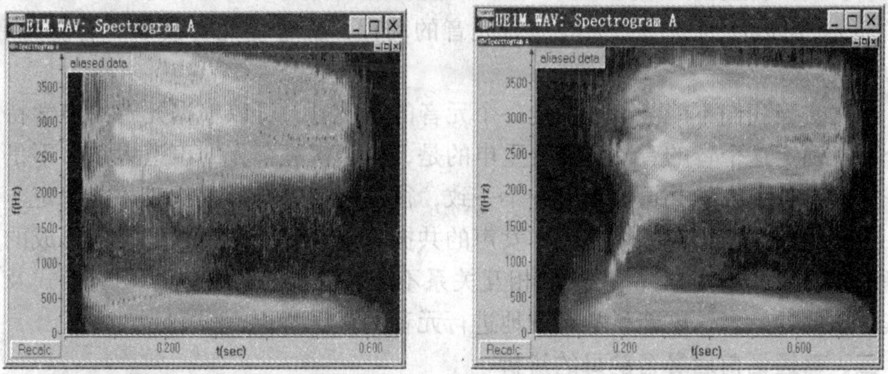


ei　　uei

图 4－6　普通话韵母 ei 与 uei 的语图

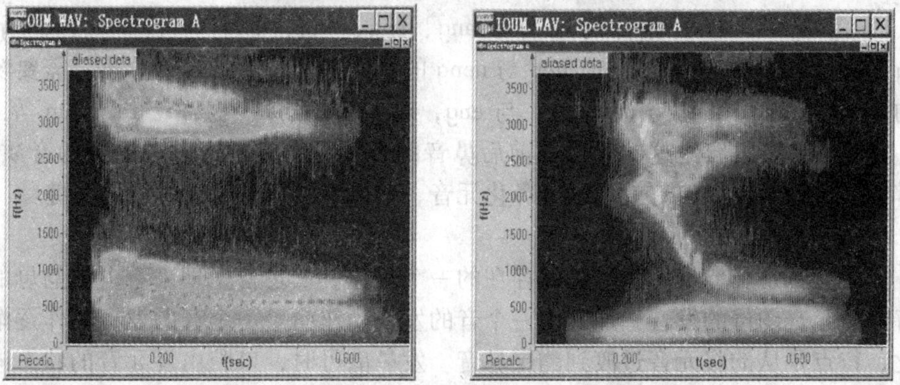


ou　　iou

图 4－7　普通话韵母 ou 与 iou 的语图

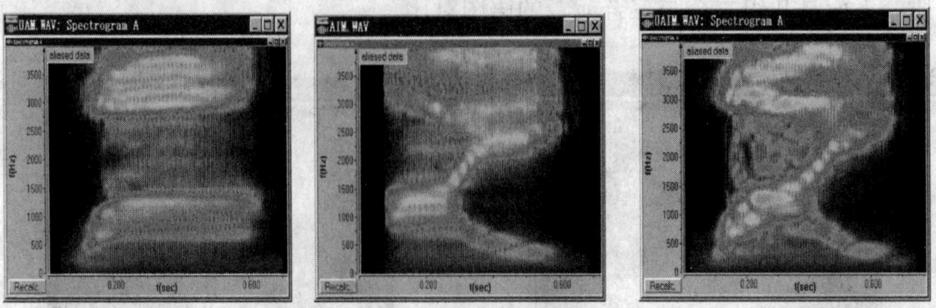


ua　　ai　　uai

**图 4－8　普通话韵母 ua、ai 与 uai 的语图**

从上面多幅二合与三合元音对比的语图中可以看出，二合元音与三合元音的识别与区分是很清晰的。在辨别三合复元音韵母时，只要语图显示出 $F_1$、$F_2$ 的频率和动程，就应该判定为正确。如某一阶段的动程太短（读单音节字词时少于 150 毫秒）可以计为缺陷。只有二合元音的动程，三合复元音读如二合复元音，计为错误。

总之，当我们不能清晰地确定一个元音的音质时，可以根据元音的声学特征来分析、确定这个音的音质。需要重申的是，由于每一个人的声道大小并不是完全一样的，各个人的共振峰频率并不一致，往往需要进行模式比较才能确定。同时，男声的共振峰绝对频率偏低，女声的共振峰绝对频率偏高，但它们形成的共振峰的相对模式不变，$F_1$ 和 $F_2$ 的相互关系不变，只要把握住这个相对模式及影响其音质的前后音，就能科学客观地进行元音的正误辨析。

**三、普通话前后鼻音韵母的辨析**

普通话的鼻韵母是含有鼻音韵尾的韵母。鼻韵母又分为前鼻音韵尾韵母和后鼻音韵尾韵母。汉语普通话的前鼻音韵尾韵母有 an、en、ian、in、uan、uen、üan、ün 等 8 个，有后鼻音韵尾韵母 ang、eng、ong、iang、ing、iong、uang、ueng 等 8 个。其中 ian 与 iang，uen 与 ueng 的音质差别较大，容易分辨。需要辨析的是 an 与 ang，uan 与 uang，en 与 eng，in 与 ing，ian 与 üan，in 与 ün 等 6 对。辨析的主要内容是这些韵母的前后鼻音的音质、韵腹的音质和韵头的音质。在辨析的过程中，如何有效地区分鼻化元音、前鼻音与后鼻音是辨析的关键。

（一）鼻化元音

鼻化元音是鼻韵母发音时必然存在的一个过程。从发音生理来看，鼻韵母的发音跟复元音韵母的发音一样，由一个音的发音动作向另一个音的发音动作逐渐变化，特点是从韵腹元音过渡到韵尾鼻音。发鼻韵母时，口腔由发元音的状态向发鼻音的状态过渡，发音状态是渐变的。其中软腭从闭塞的状态逐渐下垂，使气流逐渐进入鼻腔，形成鼻腔共振，与此同时，口腔中的舌头逐渐堵住气流，最后气流从鼻孔流出。这是一个渐变的过程，并不是一下子就把口腔关闭，形成鼻音的。因而鼻韵尾在音节中作为韵腹元音的后继部分，有一个从元音过渡到鼻音的渐变过程。这个过渡过程表现为元音逐渐变为鼻化元音，鼻化元音进一步过渡到鼻音。这个由口音转到鼻音的过程往往不完全达到鼻音终点，如不是故意强调，在过渡到鼻音时，整个音节的发音即告结束。相当一部分人的发音，只到鼻化元音阶段且可无限延长，语图显示为鼻化元音。图 4 - 9 为由元音 a 过渡到鼻化元音 ã 的语图。

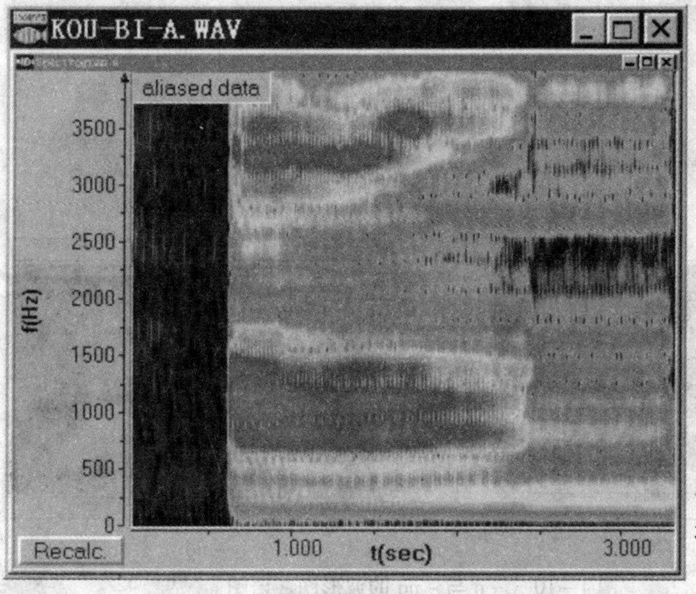


**图 4 - 9　由元音 a 过渡到鼻化元音 ã 的语图**

从图 4 - 9 可以看出，元音 a 的 $F_1$ 为 850Hz，一直平稳延伸，进入鼻化元音阶段继续平稳延伸，但强度明显减弱。同样，元音 a 的 $F_2$ 为 1100Hz，也一直平稳延伸，进入鼻化元音阶段继续平稳延伸，但强度减弱得更为明显。元音 a 在 200Hz 左右的浊音横杠在鼻化过程中则不断增强，最后显示为较粗的鼻音横杠。元音共振峰继续存在但明显减弱，浊音横杠增强是鼻化元音的标志性特征。

对于鼻韵母的辨析，只要鼻化元音的标志性特征消失，鼻音特征显现，鼻化元音过渡到了鼻音，即可判定为正确，如只有鼻化阶段过程即告结束，可判定为缺陷。如果鼻化过程都没有，鼻音韵尾丢失，就可判定为错误。

（二）前鼻音 n ［n］ 与后鼻音 ng ［ŋ］

区分前后鼻音韵母除了要注意发音过程外，口腔中逐渐堵住气流的舌头动作更为重要。如最后是舌尖顶住上齿龈，堵住气流，发出的则是前鼻音 - n；如最后是舌根上抬顶住软腭，堵住气流，发出的则是后鼻音 - ng。对于鼻音而言，由于浊音共振峰、鼻腔共振峰和口腔共振峰横杠的叠加，从宽带语图上很难单独将前鼻音韵尾 - n 与后鼻音韵尾 - ng 区分清楚。从语图上直观地看，叠加横杠的宽窄，可作为区分二者的参考。 - n 的 $F_1$ 叠加横杠较窄， - ng 的 $F_1$ 叠加横杠较宽。从音感上看，前鼻音较清脆，后鼻音较浑厚。鼻辅音由于也有噪音乱纹，从伴随浊音的噪音乱纹来看，前鼻音噪音乱纹较少，后鼻音噪音乱纹较多。图 4 - 10 是 - n 与 - ng 的波形图、语图。

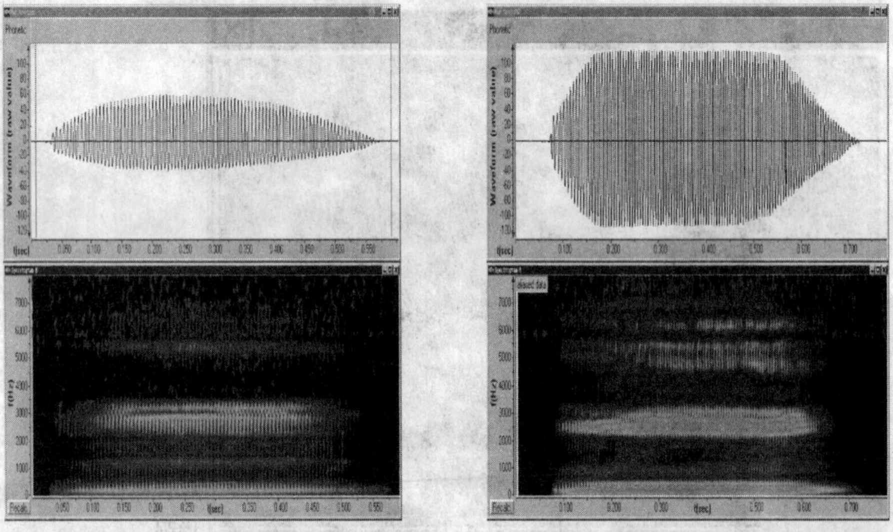

- n　　　　　　　　　　- ng

**图 4 - 10　- n 与 - ng 的波形图、语图**

如考虑到鼻韵尾前韵腹部分元音的音质，根据发音的生理性质，一般是前鼻音对接前元音，后鼻音对接后元音。 - n 的 $F_2$ 约在 1100Hz 左右，离 $F_1$ 较远，可断定这个 - n 的音质接近［e］，是前鼻音； - ng 的 $F_2$ 约在 800Hz 左右，离 $F_1$ 较近，可断定这个 - ng 的音质接近［ɤ］，是后鼻音。联系鼻音前韵腹的元音，就较为容易地将前后鼻音区分开。因而，韵腹的元音音质是辨析前后鼻音韵母的一个十分重要的因素。

（三）ian 与 iang，uen 与 ueng，in 与 ian，ün 与 üan 等鼻韵母的辨析

尽管 ian 与 iang，uen 与 ueng，in 与 ian，ün 与 üan 等鼻韵母的音质差别较大，容易分辨，这里仍展现出它们的波形图、语图，以利识别与正误辨析。

1. ian 与 iang 的辨析

图 4－11 为 ian 与 iang 的语图。

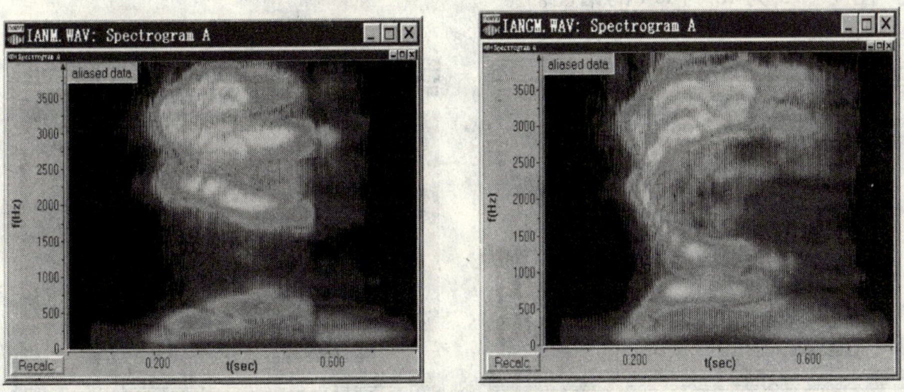


ian　　　　iang

**图 4－11　ian 与 iang 的语图**

ian 与 iang 的音质区别较大，ian 中的 a 实际音质为［ε］，是汉语 a 音位一个特殊的条件变体，与 iang 的后元音［α］音质差别较大，一般不易读错，关键还是区分前后鼻音韵母。在 ian 与 iang 中，韵腹音质为［ε］的是前鼻音，韵腹音质为［α］的是后鼻音。

2. uen 与 ueng 的辨析

图 4－12 为 uen 与 ueng 的波形图、语图。

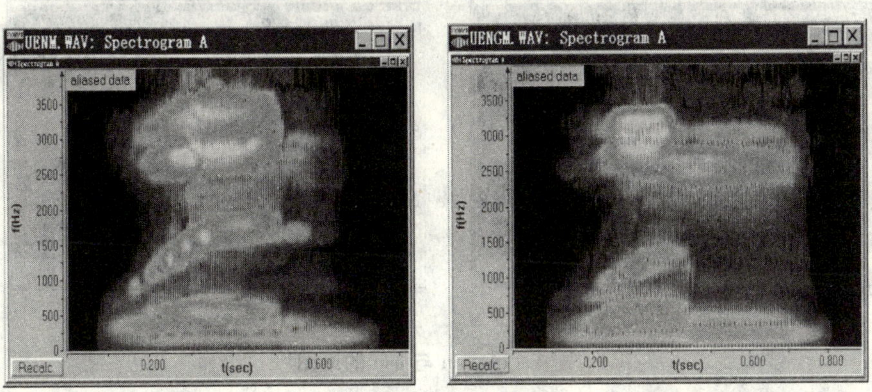


uen　　　　ueng

**图 4－12　uen 与 ueng 的语图**

从图中可以看出，uen 的 $F_2$ 上升得高，离 $F_3$ 较近，显示出其前元音的性质，后接鼻音横杠较窄的前鼻音。ueng 的 $F_2$ 上升得低，离 $F_3$ 较远，显示出其后元音的性质，后接鼻音横杠较宽的后鼻音。在 uen 与 ueng 中，读 ueng 的常用字极少，很多方言又读作 ong，故绝大部分都读 uen，不会混淆。

3. in 与 ian 的辨析

图 4－13 为 in 与 ian 的语图。

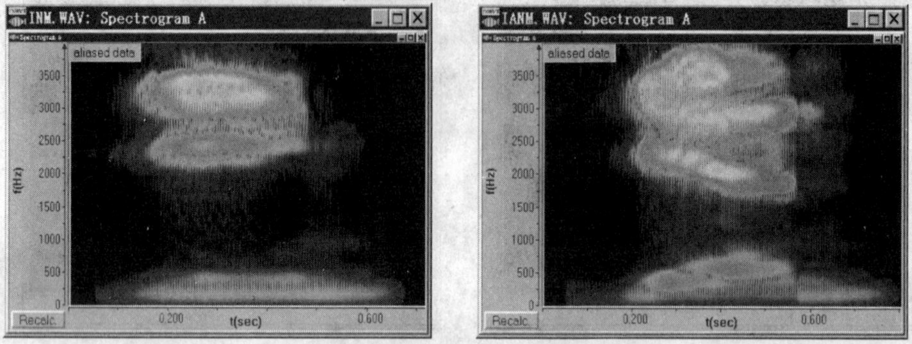


图 4－13　in 与 ian 的语图

从图中可以看出，in 的 $F_1$、$F_2$ 是平的，直接过渡到鼻化音、鼻音。ian 的 $F_1$ 有一个上升的过程，$F_2$ 有一个下降的过程，说明有一个向前 a 靠拢但又不到前 a，只到［ε］的动程。嘴是否有一定的开口度的动程，是区分二者的显著标记性特征。

4. ün 与 üan 的辨析

图 4－14 为 ün 与 üan 的语图。

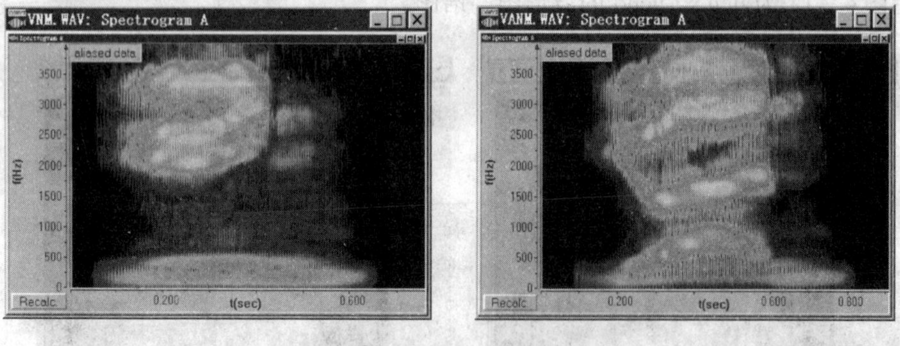


ün　　　　üan

图 4－14　ün 与 üan 的语图

从图中可以看出，ün 的 $F_1$、$F_2$ 是平的，$F_3$ 与 $F_2$ 靠得较拢，直接过渡到鼻化音、鼻音。üan 的 $F_1$ 有一个上升的过程，$F_2$ 有一个下降的过程，起始点的 $F_3$ 与 $F_2$ 靠得较拢，后 $F_3$ 上升，说明 üan 有一个从圆唇元音 ü 开始，逐渐向前 a 靠拢但又不到前 a，只到［ε］的动程。嘴是否有一定的开口度的动程，是区分 ün 与 üan 的显著标记性特征。$F_3$ 与 $F_2$ 是分开还是靠拢，是区分 i 与 ü 的显著标记性特征。

（四）an 与 ang 的辨析

从发音生理上看，an 中的［a］是前、高、不圆唇元音，发音时，先发［a］音，接着舌位逐渐上升，最后，舌尖抵住上齿龈，同时软腭逐渐下垂，气流改从鼻腔出来，发出鼻音 n。ang 中的［ɑ］是后、低元音，加上舌根鼻音构成鼻韵母。先发后元音［ɑ］，接着舌根接触软腭，气流改从鼻腔通过，发出鼻音 ng。在这个元音到鼻音的过程中，还有一个鼻化元音 ã 的阶段。

鼻化元音在语图上的标志是：元音共振峰 $F_2$ 并没有在鼻音共振峰出现时结束，而是随鼻音共振峰的延伸而延伸，可以无限延长，并随鼻音共振峰的结束而终止，没有过渡到鼻音。

图 4－15 是鼻化元音 ã、前鼻音 an 与后鼻音 ang 的波形图、语图。

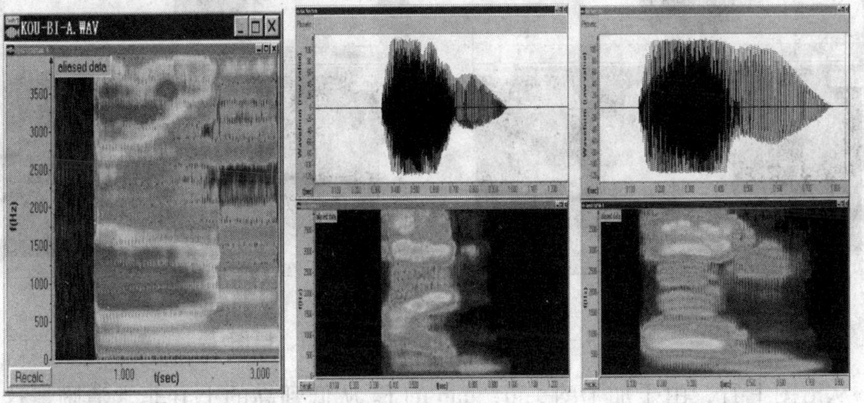


鼻化元音 ã　　前鼻韵母 an　　后鼻音韵母 ang

**图 4－15　ã、an 与 ang 的波形图、语图**

波形图清晰地显示出元音段和鼻音段，但对过渡阶段的显示不够清晰。语图能清晰地显示出二者的区别：（1）an 中的 a 的 $F_1$、$F_2$ 横杠较为清晰，主要位于 1000Hz 以上的部分，是前 a；ang 中的 a 的 $F_1$、$F_2$ 横杠部分重叠，主要位于 1000Hz 以下的部分，是后 a。（2）二者均有元音向鼻音的过渡，但前 a 的过渡，音质趋向前高元音，$F_1$ 与 $F_2$ 高低分化明显；后 a 的过渡，音质趋向后高元音，$F_1$ 与 $F_2$ 走向低端，明显重合。（3）二者均有鼻化元音段，但元音音强明显减弱，鼻音横杠突出。（4）二者均有鼻音段，但－n 的叠加横杠带宽较低较窄，覆盖范围在 250Hz 以下，－ng 的叠加横杠虽然也低但带宽较宽，覆盖范围在 500Hz 以下。这个数据也符合前后鼻音的舌位运动。－n 的舌位接近前元音 i，－ng 的舌位接近后元音 u。韵腹元音的前后和鼻音横杠的宽窄，是区分前后鼻音的显著标记性特征。如前所述，就动程而言，语图只要能显示出这个过程过渡到了鼻音，即可判定为正确，如只有鼻化阶段过程即告结束，可判定为缺陷。就前后鼻韵尾而言，如 an 的语图接近 ang，或者 ang 的语图接近 an，应判为错误。如二者的语图区分不明显，判为缺陷。

（五）uan 与 uang 的辨析

从发音生理上看，uan 是在 an 的前面加一个韵头 u 构成的，发音时在 an 的前面加一段轻而短的 u 到 a 的发音动程。uang 是在 ang 前分别加上韵头 u 构成，即加上一段从 u 到 a 的发音动程。

图 4－16 是 uan 与 uang 的波形图、语图。波形图较为清晰地显示了 uan 与 uang 发音过程的三个阶段。

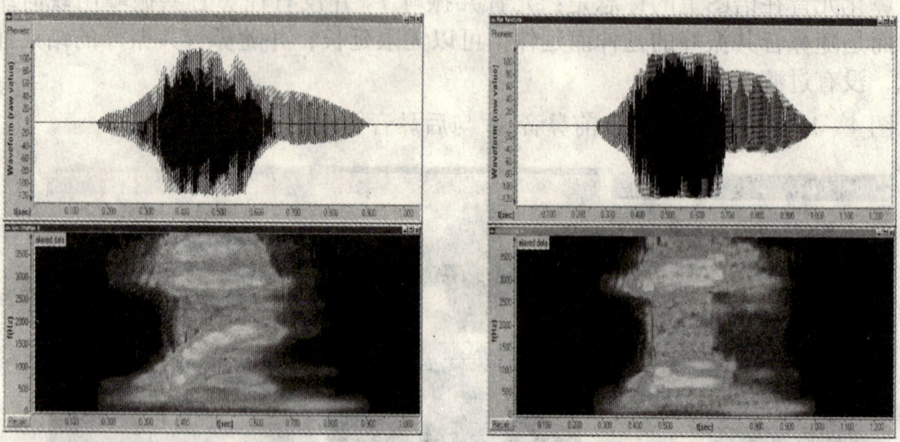

uan　　　　uang

图 4－16　uan 与 uang 的波形图、语图

从语图上看，由于加了韵头 u，uan 的 $F_2$ 从低到高的上升非常清晰，这显示了舌位从后元音向前元音的变化，$F_1$ 从低到高的适当上升，则显示了高元音向低元音的变化。uang 的 $F_1$ 与 $F_2$ 从低到高并行地适当上升，然后平行地走横，$F_1$ 与 $F_2$ 部分重合，最后过渡到后鼻音。这显示舌位仅有适当变化但并没有从后元音变为前元音，但发生了从高元音向低元音的变化。韵腹元音的前后和鼻音横杠的宽窄，是区分前后鼻音的显著标记性特征。测评时，如无这个清晰韵头，应判为错误，如韵头到韵腹的变化不明显，可判为缺陷。uan 与 uang 的韵腹和鼻音韵尾的特征和正误辨析同 an 与 ang，但区分更为明显。

（六）en 与 eng 的辨析

从发音生理上看，虽然 en 与 eng 中的 e 都是央、中元音，但根据前元音接前鼻音，后元音接后鼻音的发音自然原则，en 中的 e 舌位较央元音略微偏前，en 个中的 e 舌位较央元音略微偏后。根据这一点，就可以从语图上清晰地区分开这两个音。图 4－17 是 en 与 eng 波形图、语图。

波形图清晰地显示出了 en 与 eng 元音段和鼻音段。韵腹元音的前后和鼻音横杠的宽窄，是区分前后鼻音的显著标记性特征。从语图上，en 的 $F_1$、$F_2$、$F_3$ 都比 eng 的高，其中 $F_2$ 是判断 en 与 eng 的主要标志：$F_2$ 在 $F_1$ 与 $F_3$ 中间或略微

靠近 $F_3$，是前元音，这个鼻韵母是 en；$F_2$ 离 $F_3$ 较远，离 $F_1$ 较近，是后元音，这个鼻韵母是 eng。如 $F_2$ 在 $F_1$ 与 $F_3$ 中间但略微靠近 $F_1$，这个音可以判定为 en 与 eng 中间的缺陷音。

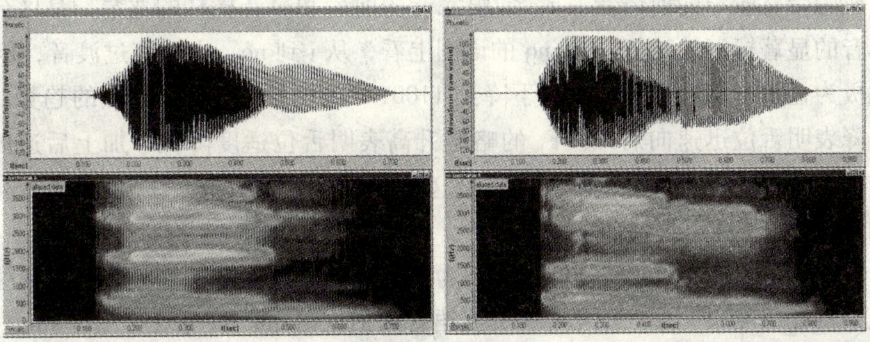

en　　　　　　　　eng

图 4-17　en 与 eng 的波形图、语图

（七）in 与 ing 的辨析

从发音生理上看，in 发音时，先发前、高元音 i，接着舌前部或舌尖升到上齿龈，同时软腭下垂气流改成从鼻腔流出，发出前鼻音 -n。ing 发音时，先发前、高元音 i，然后舌位逐渐向后移动，最后舌根顶住软腭，气流从鼻腔流出，发出后鼻音 -ng。在这个过程中中间必然有一个模糊的过渡音。in 与 ing 在发音和听音上是较难区分的一组音。

图 4-18 是 in 与 ing 的波形图和语图。这一组音的语图恰恰是所有前后鼻音韵母中最容易区分的一组。它们的声学正误界定是比较容易掌握的。

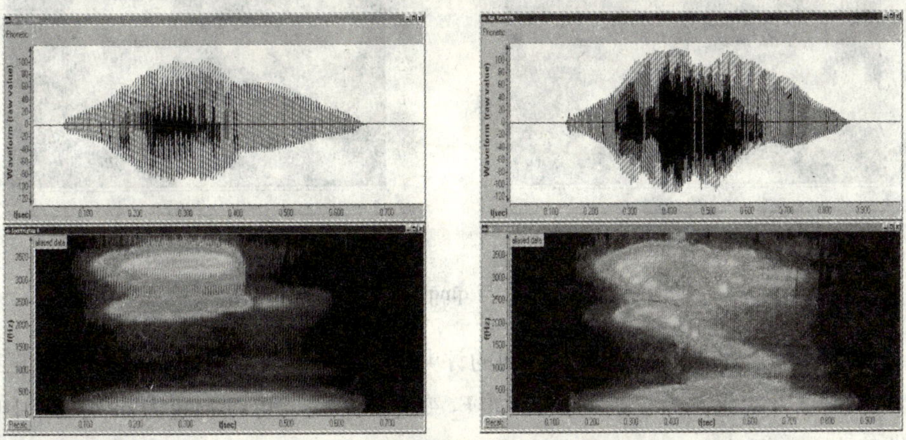

in　　　　　　　　ing

图 4-18　in 与 ing 波形图、语图

从 in 的语图上看，从 i 向 n 过渡的共振峰频率变化不明显，这说明 i 的发音舌位与 n 的发音舌位极为接近。$F_1$ 的共振峰横杠在 200Hz 左右，$F_2$ 的共振峰横杠在 2400Hz 左右，两者相距较远，元音共振峰横杠自然过渡为鼻化音共振峰，最后成为带宽较窄的前鼻音 -n。韵腹元音的前后和鼻音横杠的宽窄，是区分前后鼻音的显著标记性特征。从 ing 的语图上看，从 i 到 ng，中间有过渡音，$F_2$ 的变化极为显著，从 2300 Hz 左右下降到 1100Hz 左右，并有继续下降的趋势。这个下降表明舌位迅速向后缩。$F_1$ 的略略升高表明舌位适度降低，加上后边的带宽较宽的鼻音段，就可以清晰地判断出这是后鼻音 -ing。其中 $F_2$ 的显著变化是识别 ing 的标志性声学特征。

在词语的组合中，in 与 ing 虽然因为前后音的不同而有所变化，但是最主要的区别特征仍然很明显。图 4－19 为汉语普通话词语 qīn jìn（亲近）与 qīng jìng（清静）的波形图、语图。后者 $F_2$ 的变化清晰可见。

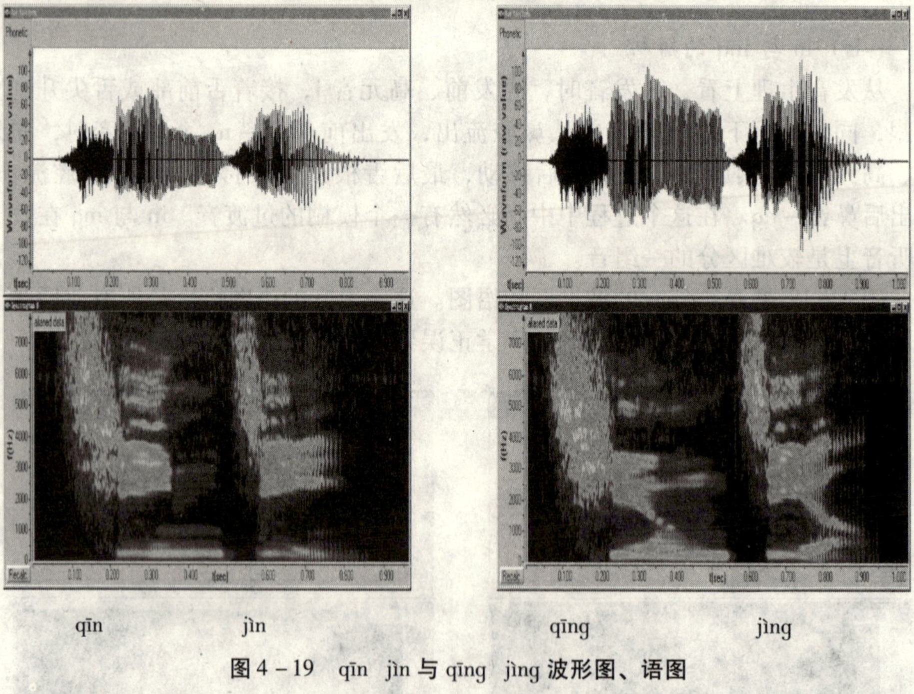

qīn　　jìn　　qīng　　jìng

**图 4－19　qīn　jìn 与 qīng　jìng 波形图、语图**

根据以上分析，在对单音节字词的评判时，如 $F_2$ 较高且无大变化，为正确的 in；$F_2$ 显著变化，为正确的 ing。如 $F_2$ 变化不显著，可以判定为 in 与 ing 中间的缺陷音。在语流中，由于语流前后音和语速等的影响，只要 $F_2$ 有变化，都应视为正确。

# 第三节　普通话声母的正误辨析

从声学角度对辅音进行正误的辨析，主要根据辅音的声学特征，确定可允许的辅音模式的正常值、缺陷值和错误值，同时也要考虑整个音节辅音后面的元音模式。

辅音声学特征的辨析主要依据宽带语图。宽带语图为辅音的发音方法和发音部位提供了可视化的声学特征，提供了客观的语音声学数据。这些声学特征包括：辅音的噪音形式，辅音的时长，辅音强频区的频率范围，辅音的强频区的下限频率，辅音浊音的时长，辅音共振峰的模式，紧跟辅音后的元音共振峰模式等。发辅音时，既有不同的阻碍部位，又有不同的阻碍方式，还有清浊、送气和种种附加音的区别。辅音的声学特征也比元音复杂得多，每一个辅音都是由多方面的声学特征组成的，组成的模式不但多样化，而且常因人而异，不大稳定。从语图上辨认辅音要比元音困难得多。辅音的辨析虽然较为困难，但人耳能够清晰地分辨出大多数普通话辅音声母，真正需要辨析的主要是 zh、ch、sh、r 与 z、c、s，n 与 l 两组辅音。

**一、zh、ch、sh、r 与 z、c、s 的辨析**

从发音生理上看，X 光动态摄像表明，普通话舌尖后音声母 zh、ch、sh、r 的发音部位并不像有的人想象的那样把舌头卷得很厉害，而是舌头自然向上翘起，舌尖接近硬腭前部同时略为向后缩。这些音感觉上是卷舌，实际上舌尖并未卷起，只是向上抬高。把舌头过分卷起，反而不像普通话的舌尖后音。发 zh、ch、sh、r 时，在舌尖与齿龈后、硬腭前的结合处形成气流阻碍；发 z、c、s 时，在舌尖与上齿龈上齿背处形成气流阻碍。

图 4 – 20 为 zh、ch、sh、r 与 z、c、s 的波形图、语图。

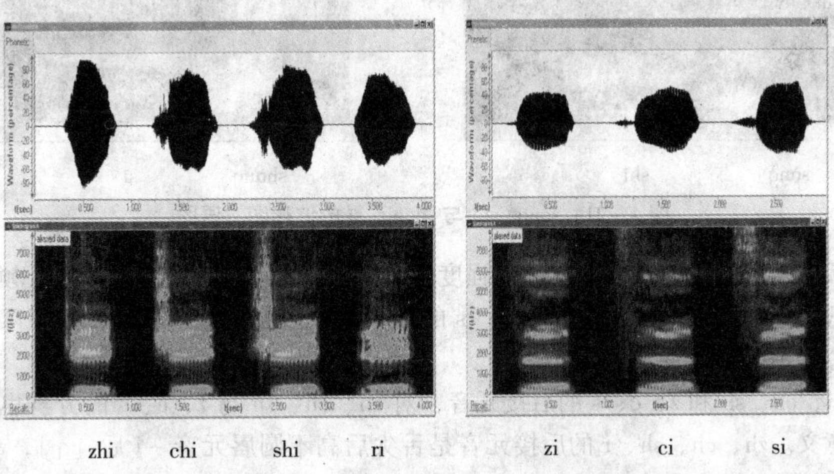

zhi　chi　shi　ri　　zi　ci　si

**图 4 – 20　zh、ch、sh、r 与 z、c、s 的波形图、语图**

从波形图和语图上看，zhi、chi、shi 和 zi、ci、si 的辅音阶段都很明显。zh、z 乱纹的时长最短，说明它们是不送气塞擦音，ch、c 乱纹的时长稍长，说明它们是送气塞擦音，sh、s 乱纹的时长最长，说明它们是擦音。在 zh、ch、sh 和 z、c、s 乱纹下面的频率低端都没有浊音共振峰横杠，说明它们都是清音。zh、ch、sh 和 z、c、s 随着与后接元音的靠近，乱纹的强度逐渐增强，然后过渡到元音，完成辅音能量向元音能量的转变。zh、ch、sh 的强频集中区较低，频率范围在 1800Hz 到 5500Hz 之间，强频区下限频率在 1800Hz 左右，这说明它们是舌尖后辅音。z、c、s 的强频集中区较高，频率范围在 6500Hz 到 8000Hz 以上，乱纹下限频率逐渐减弱，在 1600Hz 附近消失，这说明它们是舌尖前辅音。强频集中区频率范围的高低，强频区下限频率位置是否明显，这是辨析 z 组音与 zh 组音的标志性声学特征。强频集中区较低，频率范围在 1800Hz 到 5500Hz 之间，强频区下限频率在 1800Hz 左右，强频区下限频率位置明显是 zh 组音。强频集中区较高，频率范围在 6500Hz 到 8000Hz 以上，乱纹下限频率逐渐减弱，在 1600Hz 附近消失，强频区下限频率位置不明显是 z 组音。

这里分析一个普通话词语的实例。图 4－21 是普通话词语 sàng shī（丧失）与 shàng sī（上司）的波形图、语图。

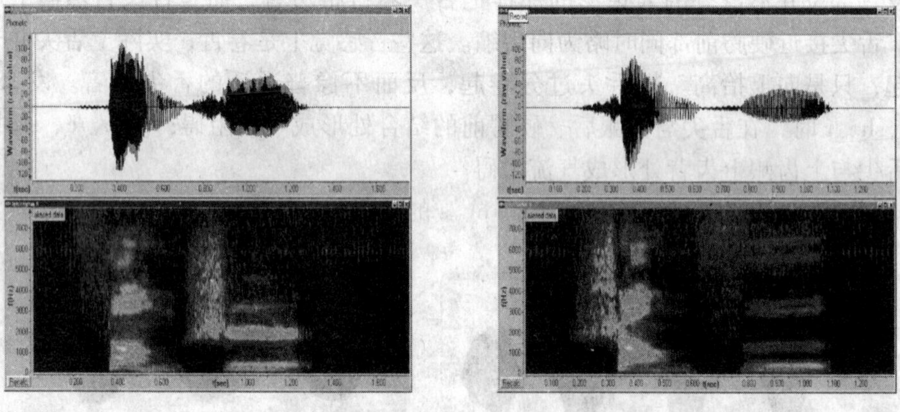

sàng　　shī　　　　shàng　　sī

**图 4－21　sàng　shī 与 shàng　sī 的波形图、语图**

从图 4－21 中可以看出，sh 的强度远大于 s 的强度。sh 的强频集中区频率范围较低，强频区下限频率位置明显。s 的强频集中区频率范围较高，强频区下限频率位置不明显。

zh、ch、sh 和 z、c、s 的后接元音，对 zh、ch、sh 与 z、c、s 的分辨也有着重要意义。zh、ch、sh、r 的后接元音是舌尖后高不圆唇元音 -i 后［ʅ］，z、c、s 的后接元音是舌尖前高不圆唇元音 -i 前［ɿ］。根据语图分析可得知：-i 前

[ɿ]、-i 后 [ʅ] 的 $F_1$ 与 $F_3$ 大体一致，$F_1$ 的频率是浊音共振峰频率约为 200Hz 左右，$F_3$ 的频率约为 3000Hz。但两组的 $F_2$ 显示出了重要的差别。-i 前 [ɿ] 的 $F_2$ 在 1500Hz 左右或者更低一点，在 $F_1$、$F_3$ 的中间或略偏低一点；-i 后 [ʅ] 的 $F_2$ 在 2000Hz 左右，在 $F_1$、$F_3$ 的中间偏上的位置，靠近 $F_3$，而离 $F_1$ 较远。这样在 $F_1$、$F_3$ 大体稳定的情况下，根据 $F_2$ 与 $F_1$、$F_3$ 的关系模式就可以确定舌尖后高不圆唇元音 -i 后 [ʅ] 和舌尖前高不圆唇元音 -i 前 [ɿ] 的区别。后接元音 $F_2$ 的相对位置是辨析 z 组音与 zh 组音的又一标志性声学特征。$F_2$ 接近 $F_3$ 是舌尖后高不圆唇元音 -i 后 [ʅ]，$F_2$ 在 $F_3$ 与 $F_1$ 中间或偏下一点是舌尖前高不圆唇元音 -i 前 [ɿ]。再结合上面所说的辅音强频区的频率范围、辅音的强频区的下限频率，就可以有效地分辨 zh、ch、sh 与 z、c、s。

图 4-22 是 sī、shī 与缺陷音的波形图、语图。缺陷音的特点在于平舌不够平，翘舌不够翘，舌尖在二者之间。语图上也就显示为二者之间的图形。

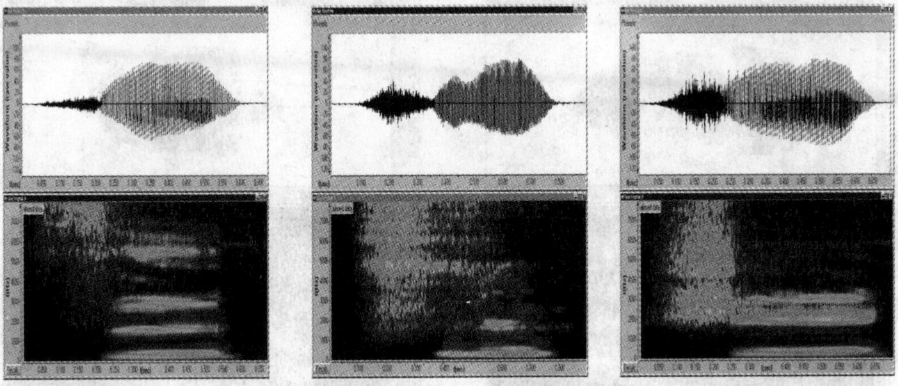

正确的 sī　　二者之间的缺陷音　　正确的 shī

**图 4-22　sī、shī 与缺陷音的波形图、语图**

后接元音的 $F_2$ 接近 $F_3$，辅音强频区的频率范围在 1800Hz 到 5500Hz，强频区下限频率清晰，在 1800Hz 左右，这是正确的 zh、ch、sh。后接元音的 $F_2$ 在 $F_3$ 与 $F_1$ 中间，辅音强频区的频率范围在 6500Hz 到 8000Hz 以上，乱纹下限频率逐渐减弱，在 1600Hz 左右消失，这是正确的 z、c、s。后接元音的 $F_2$ 在 $F_3$ 与 $F_1$ 中间略偏上，辅音强频区的频率范围在 4000Hz 以上，强频区下限频率不明显，乱纹下限频率逐渐减弱，在 1600Hz 左右消失，这就可以判定为 zh、ch、sh 与 z、c、s 之间的缺陷音。

需要分辨的还有舌尖后浊擦音 r。舌尖后浊擦音 r 的音质，十分接近舌尖后高不圆唇元音 [-i 后] 的音质，只是前边较弱的浊音共振峰 $F_1$，略微偏弱的 $F_2$ 与 $F_3$，才显示了该音的存在。舌尖后浊擦音 r 后接元音的 $F_2$ 如在 $F_3$ 与 $F_1$ 中间略偏上，可判定为缺陷音；后接元音的 $F_2$ 如在 $F_3$ 与 $F_1$ 中间，则判定为错误音。

**二、n 与 l 的辨析**

从发音生理上看，鼻音 n 和边音 l 发音部位相近，但发音方法不同。n 是舌尖中浊鼻音，发音时舌尖顶住上齿龈，口腔里形成的阻碍完全闭塞，但软腭下降，打开鼻腔的通路，声带振动，让浊音气流通过鼻腔产生鼻音共振，从鼻孔流出。声母 n 由于要与后接元音相拼，必然又有一个从鼻音到口音的逐步过渡阶段，而这时口腔的阻碍已打开，鼻音的色彩逐渐消失，最后形成口元音。l 是舌尖中浊边音，发音时舌尖顶住上齿龈，舌头两边或一边留出空隙，让浊音气流从舌边流出，故称为边音。l 没有鼻音色彩，声母 l 是口音，由于要与后接的口元音相拼，舌位必须迅速变化为口元音的位置。辅音与元音之间的过渡是突变的，语图上应有明显断层。二者虽然有很大的不同，但在实际听感和发音上却极易相混。

图 4－23 是 ne 与 le 的波形图、语图。

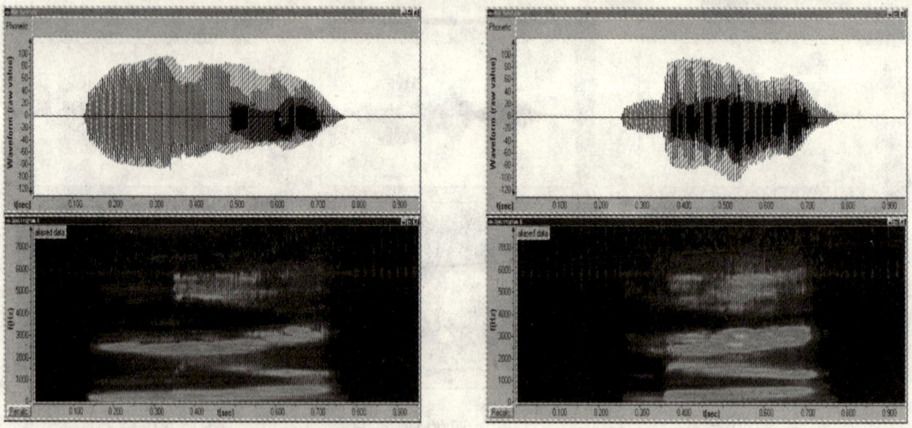

ne　　　　　　　　　　le

**图 4－23　ne 与 le 波形图、语图**

从波形图上看，边音 l 与后接元音的分界明显，鼻音 n 与后接元音的分界不明显，有一个逐渐过渡的过程。鼻音 n 的时长约比边音长一倍。

从语图上看，由于鼻音 n、边音 l 都是浊音，性质接近元音，都有浊音横杠，较为相似的共振峰模式，说明它们的发音部位大致相同。但 l 是单纯的浊音横杠，语图上横杠的带宽较窄，频率范围取决于基频，约为 150Hz 左右。n 是浊音横杠叠加鼻音共振峰，语图上横杠的带宽较宽，叠加后的共振峰频率约在 200Hz 附近。浊音横杠是逐渐过渡且还是断层相接，这是辨析 n 与 l 的标志性声学特征。二者最主要的区别在于发音方法，当与后接元音相拼时，n 的鼻音横杠逐渐过渡到元音共振峰，中间没有明显的断层；l 的浊音横杠迅速过渡到元音共振峰，中间有明显的断层。

在语流中，n、l与不同的韵母组合成音节、词语，两者的声学特征因语音环境的影响会有不同的变化。n与l的缺陷音发音大多介于n和l的中间，既有鼻音又有边音。有的是鼻音多一些，边音少一些；有的是边音多一些，鼻音少一些。这些都使得二者的语图分辨不很清晰，这些音均可以判定为缺陷音。

图4－24是某男声普通话词语 lián lèi（连累）与 nián nèi（年内）的波形图、语图。

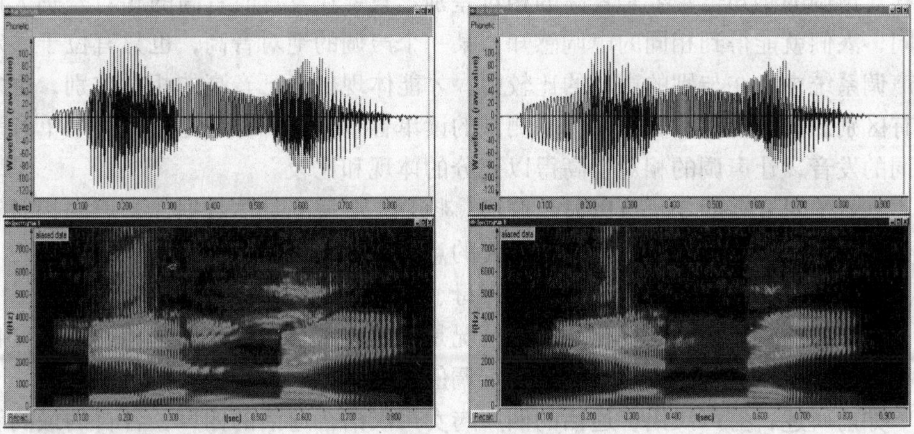


**图4－24 lián lèi与 nián nèi的波形图、语图**

从图4－24的波形图、语图可以看到，这两个词语开头的 lián 中的l和 nián 中的n是发得很好的，l的断层非常明显，n的逐步过渡也非常明显，可以判定为正确。但后面 lèi 中的l和 nèi 中的n区分就不是很明显了，应是受到韵母 ián 的韵尾n的影响，可以判定为缺陷。

普通话声母的辨析还有送气音与不送气音，声母f与声母h的辨析等，由于这些音有明显的感知上的不同，这里不再赘述。

由于发音人的千差万别，语音的千变万化，根据辅音的噪音形式，辅音的时长，辅音强频区的频率范围，辅音的强频区的下限频率，辅音浊音的时长，浊音横杠的模式，紧跟辅音后的元音共振峰模式等辨析辅音的声学特征，还有较大的局限性，只有在辨析过程中，充分考虑各方面的综合因素，借助实际听辨等其他有效的方式，才能更加科学准确地分析、合成和识别具体的语音。

## 第四节 普通话声调的正误辨析

普通话水平测试的内容分为读单音节字词、读双音节词语、朗读、说话等四个部分。其中读单音节字词的声调体现最为明晰，读双音节词语的声调就不可避免地要考虑语音环境的影响而形成的变调情况。朗读和说话，既有单音节的声调，又有全句语流的句调，音高的变化更加复杂多样。这里主要辨析单音节字词的声调和双音节词语的声调。

**一、单音节字词声调的正误辨析**

声调是某些语言中每一个音节所固有的能区别意义的相对音高。声调相对音高的差别是辨析声调正确与否的标志性声学特征。声调最能体现韵律的相对性。人耳对声调的感知也主要是音高的相对差别，只要在发音时音高的相对差别大体相同，人们就能得到相同的声调感知。某一个声调的绝对音高，也只有位于一定的声调系统中，在与别的声调的比较中，才能体现出自己音高的相对差别，也才具有区别意义的价值。普通话水平测试的读单音节字词部分，通过 100 个单音节字词的发音，让声调的相对音高得以充分的体现和比较。

当然绝对音高的变化可以显示调形、频差、调域的具体数据，是声调相对音高数据的具体体现，在分析时也有重要的意义。

在读单音节字词的时候，声调同声母、韵母一样必须读得清晰准确。

音节的相对音高及其变化的实际情况是调值。由于调值的确定和调值的变化是相对的，所以只有通过比较才能确定调值。

如前所述，男声汉语普通话的四声与女声汉语普通话的四声，各自的最高音点和最低音点分别为 230Hz、80Hz，330Hz、100Hz。调域相差近 100Hz，频差也较大。尽管有那么大的差别，但是男声汉语普通话的四声与女声汉语普通话的四声的相对音高的总体模式是相同的，正是这个相对音高的总体模式，使人们在绝对频率有较大差异的情况下得到相同的声调理解。根据多次实验得出的汉语普通话声调系统的相对音高的模式，应是辨析汉语普通话声调正误的标志性声学特征。图 4－25 阴平 55、阳平 35、上声 313、去声 52 这个调值的相对音高模式，充分体现了汉语普通话声调系统总体模式的特点。

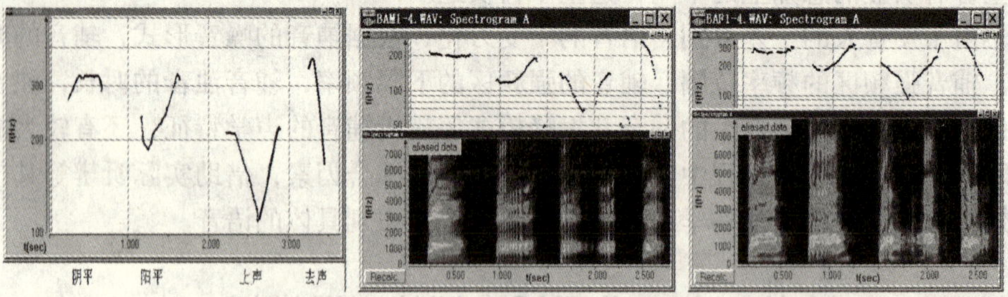


**图 4－25　汉语普通话声调系统的相对音高的总体模式与各变体比较图**

在实际的音高测量中，普通话 4 个调类的调值与传统语音学的标称调值常有一定的区别。因人而异的调域、频差也处于经常的变动之中。除最高音点和最低音点外，其他音上下相差 1 度，是很正常的。在单音节字词的评判中，只要声调的调形和相对高低体现出上图的总体模式，即可判为正确，而不宜过分强调调值的起点与终点是否到位。

在普通话水平测试中，单音节字词声调的主要问题是上声只降不升，或上声升得太高，上声的中点低不下来，明显偏高，进而造成上声与阳平相混。严重的还有将当地汉语的声调调值系统与汉语普通话的声调调值系统相混。部分少数民族的语言没有声调，他们不容易掌握汉语的声调，只有平调、降调和升调。

相对音高的差别一定要比较。上声只降不升，读对了一半，应判为缺陷。上声升得太高，偏离了正常值，也应判为缺陷。上声的中点低不下来，明显偏高，未能构成普通话声调调值系统的整体模式，应该判为错误。上声与阳平相混也应判为错误。将当地汉语的声调调值系统与汉语普通话的声调调值系统相混，调值相近的可以判为缺陷，调值不同的理应判为错误。只有平调、降调和升调的，调值相近的可以判为缺陷，调值不同的应判为错误。

图 4－26 为某女声阳平与上声相混的普通话四声音高图和语图（括号内为具体例字）。

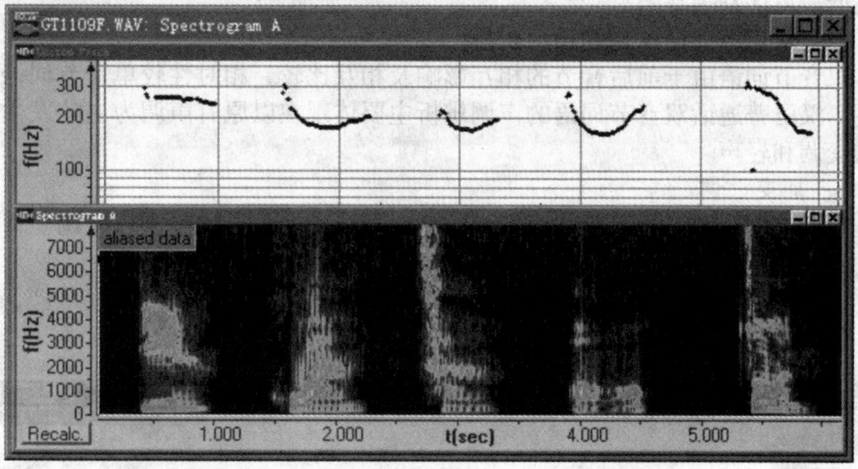


阴平(爹)　　阳平(怀)　阳平(财)　上声(袄)　　　去声(拽)

**图 4－26　阳平与上声相混的普通话四声音高图**

根据普通话声调相对音高的总体模式，可以看到图中的阴平明显偏低 1 度，但仍可评判为正确，阳平调形降升，尽管频差不大，仍属中降升，可评判为缺陷。上声的降升幅度大于阳平，但相对最低音点偏高，与阳平拉不开距离，影响了整个普通话相对音高的总体模式，应该评判为错误。去声符合最高音点到最低音点的模式，可以评判为正确。

图 4－27 为某女声半上声与阳平偏低普通话四声音高图和语图。

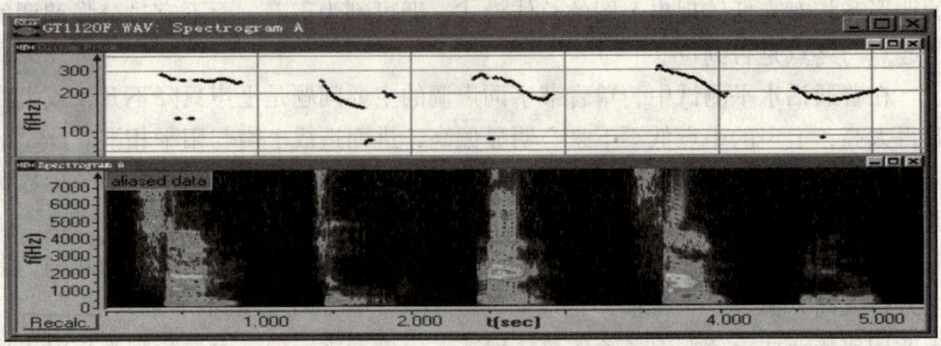


阴平（山）　上声（走）　去声（二）　去声（上）　阳平（牛）

**图 4－27　半上声与阳平偏低普通话四声音高图和语图**

根据普通话声调相对音高的总体模式，可以看到图中的阴平明显偏低 1 度，但仍可评判为正确，上声降的幅度大于阴平，形成了相对音高的最低音点，但没有升的部分，是典型的半上声，应该评判为缺陷。去声具有最高音点，符合普通话声调相对音高的总体模式，可以评判为正确。阳平调形降升，频差不大，且明显偏低，可评判为缺陷。

**二、双音节词语声调的正误辨析**

双音节词语由于前后音节的相互影响及相互比较，相对性较单音节词语更为明显。汉语普通话双音节词语的声调辨析主要体现在以原有声调为主的发生的适当的变调和轻声。

（一）变　调

变调是前后音节相互影响而发生的相对音高的变化。实际上，变调是普遍存在的，只是上声变调更为明显。

1. 阴平后接四声

图 4－28 为阴平后接四声的音高图。

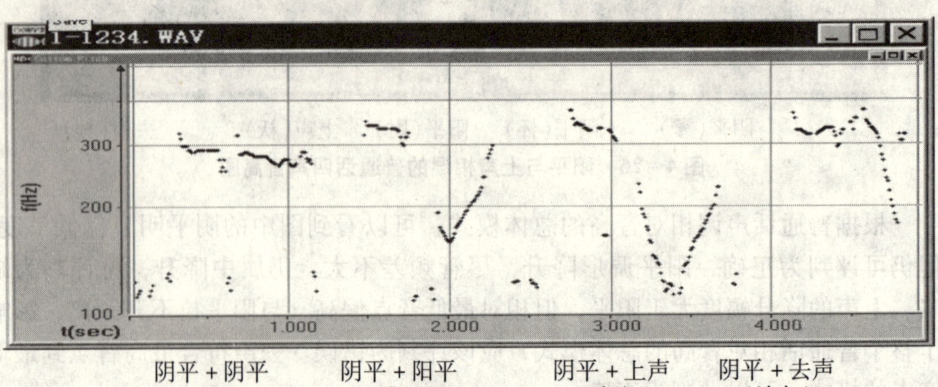


阴平＋阴平（诗歌）　阴平＋阳平（诗词）　阴平＋上声（诗海）　阴平＋去声（诗句）

**图 4－28　阴平后接四声的音高图**

从阴平后接四声的音高图可以看出，该图除阴平＋阴平的调值略低外，最符合普通话声调相对音高的总体模式。

2. 阳平后接四声

图4－29为阳平后接四声的音高图。

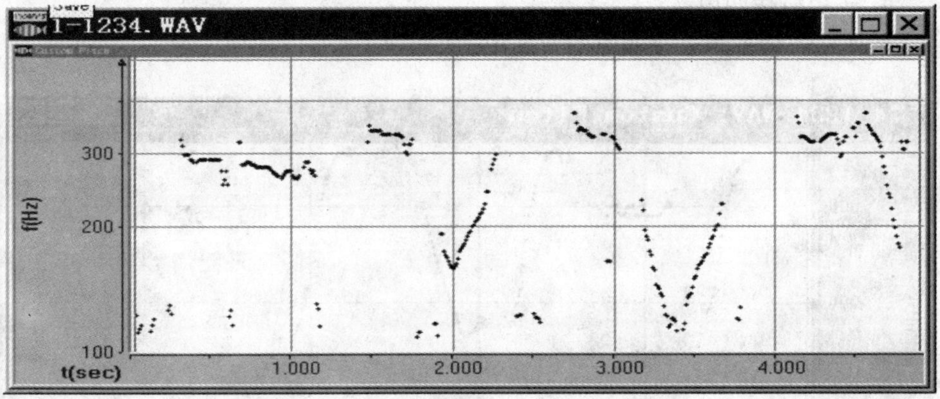


阳平＋阴平（实施）　阳平＋阳平（实词）　阳平＋上声（十五）　阳平＋去声（实际）

图4－29　阳平后接四声的音高图

与普通话声调相对音高的总体模式相比，阳平＋阴平时，阳平的频差变小。阳平＋阳平时，后一个阳平的调值相对前一个阳平的调值降低1度。阳平＋上声时，阳平升了以后几乎从最高音点降到了最低音点，然后升到3度。阳平＋去声时，是典型的普通话声调相对音高的总体模式。

3. 上声后接四声

图4－30为上声后接四声的音高图。

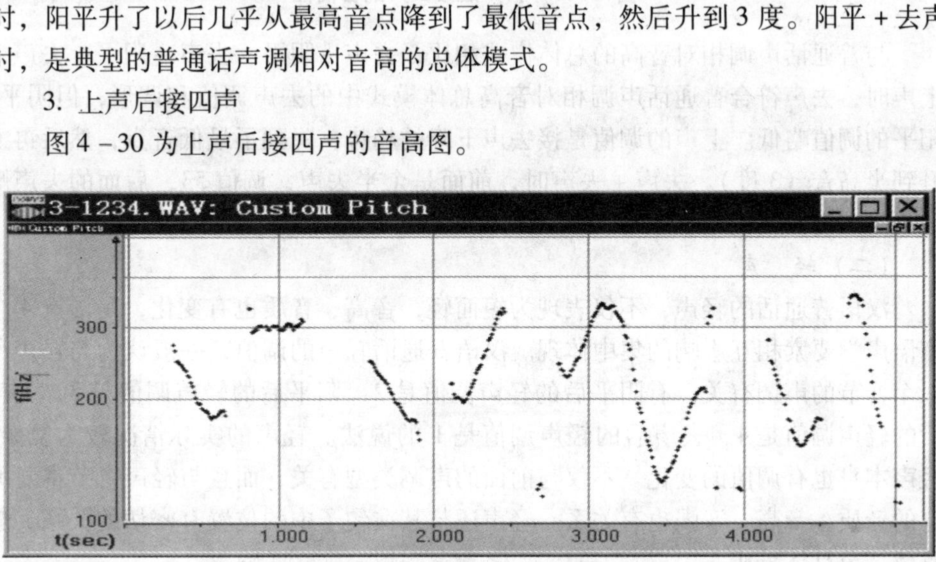


上声＋阴平（好诗）　上声＋阳平（实词）　上声＋上声（好美）　上声＋去声（好处）

图4－30　上声后接四声的音高图

与普通话声调相对音高的总体模式相比，上声后接四声的调值变化最大。上声+阴平、上声+阳平时，前面的上声变为半上声，只降不升。上声+上声时，同阳平+上声时一样，先升后降再升。先升了以后几乎从最高音点降到了最低音点，然后升到3度。上声+去声时，也是一个半上声，且不到最低音点。

4. 去声后接四声

图4-31为去声后接四声的音高图。

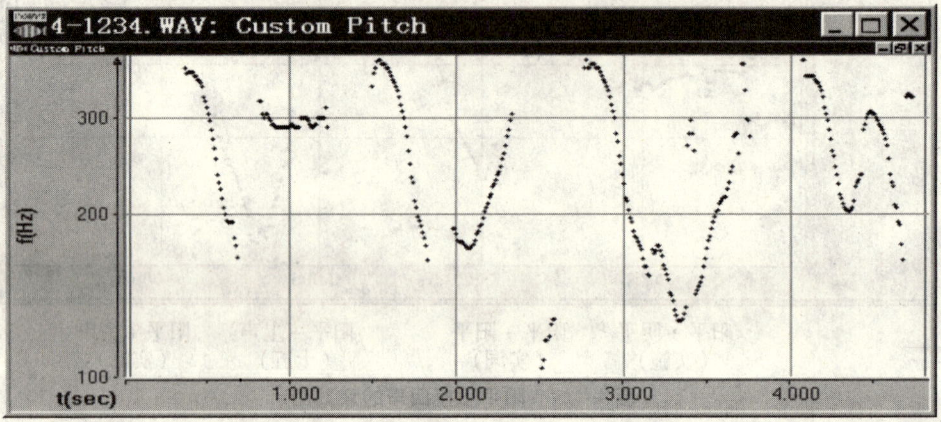


去声+阴平（暂师） 去声+阳平（事实） 去声+上声（事理） 去声+去声（事例）

**图4-31 去声后接四声的音高图**

与普通话声调相对音高的总体模式相比，去声+阴平、去声+阳平、去声+上声时，去声符合普通话声调相对音高总体模式中的去声调值和调形，但阴平、阳平的调值略低。上声的调值是接去声下降的趋势，降到了最低音点，然后再上升到半高音（3度）。去声+去声时，前面是个半去声，调值53，后面的去声顺势再降1度，调值是42。

### （二）轻　声

汉语普通话的轻声，不仅表现为短而轻，音高、音质也有变化，是语音4个言语声学要素相互影响的集中体现。汉语普通话轻声的调值，一般认为与轻声前一个音节的声调有关，有阴平后的轻声调值是2，阳平后的轻声调值是3，上声后的轻声调值是4，去声后的轻声调值是1的说法。轻声的实际情况较为复杂，轻声本身也有调值的变化。不仅与前面的声调类型有关，而且与轻声音节本身原有的音质、音高、音强也有关系。轻声还与其在句子中的位置有密切的关系，应具体音节具体分析。

### （三）双音节词语声调的评判

声调的评判首先应该认识声调的本质是相对音高，认识声调相对音高的总体模式。单音节字词的声调需要通过比较才能确定调值及其变化模式，才能正确地评判。双音节词语的声调由于有客观的语言环境，其声调的评判并不完全等同于单音节字词声调的评判，更需要语言环境的比较。双音节词语普通话声调相对音高的总体模式有一定的变化，只要相对音高的位置和调形大体符合上面的情况，就可以判为正确。实际测试的结果也证实了这一点——读词语的得分一般均比读单字的得分高。

轻声的标志性语音特征主要体现为音长变短，音强变弱，音高顺势下降，同时音质有所变化。符合这四点的轻声，均可评判为正确。如有一二点不符，可判为缺陷。三点以上不符，就应算是错误。下面是几个声调的评判实例。

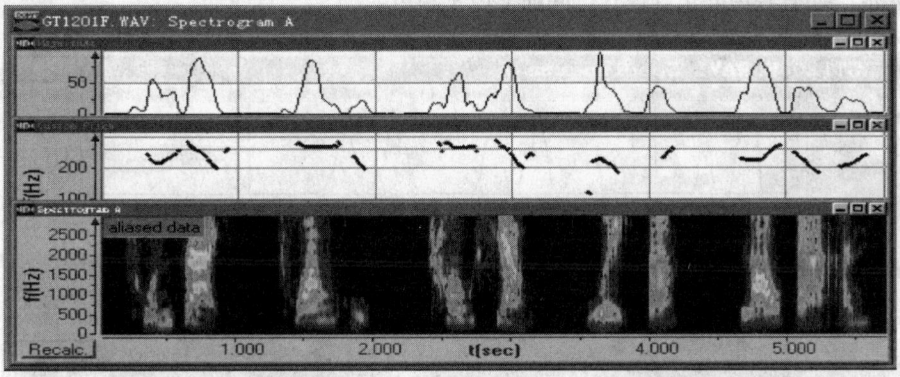


阳平 + 去声（存在）　阳平 + 轻声（窗户）　阴平 + 去声（抽象）　上声 + 轻声（尾巴）　上声 + 上声（老板）

**图 4－32　声调的评判（一）的音强图、音高图与语图**

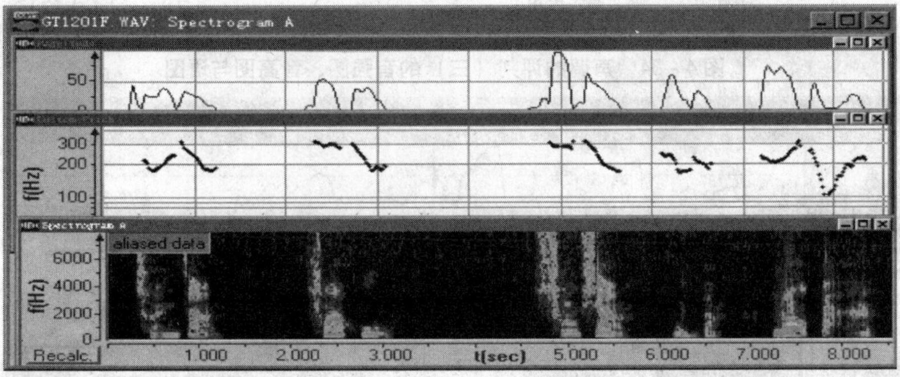


阳平 + 去声（存在）　阴平 + 轻声（窗户）　阴平 + 去声（抽象）　上声 + 轻声（尾巴）　上声 + 上声（老板）

**图 4－33　声调的评判（二）的音强图、音高图与语图**

从上面声调的评判（一）、（二）图上可以看出，阳平 + 去声（存在）两图均符合普通话声调相对音高的总体模式，评判为正确。阴平 + 轻声（窗户），一图符合音长变短，音强变弱，音高顺势下降，同时音质有所变化的轻声的标志性语音特征，评判为正确；二图不符合音长变短，音强变弱，音高顺势下降，同时音质有所变化的轻声的标志性语音特征，明显读成去声，评判为错误。阴平+去声（抽象）两图均符合普通话声调相对音高的总体模式，评判为正确。上声+轻声（尾巴），两图均符合音长变短，音强变弱，音高顺势下降，同时音质有所变化的轻声的标志性语音特征，评判为正确。其中一图的音高是顺势上升了一些，刚好构成一个完整的上声调形：前一上声音节降，后一轻声音节升，应视为上声+轻声的又一正确模式。上声+上声（老板）两图均符合普通话声调相对音高上声变化的模式，评判为正确。“老板”还有轻声的正确模式，同前上声+轻声。

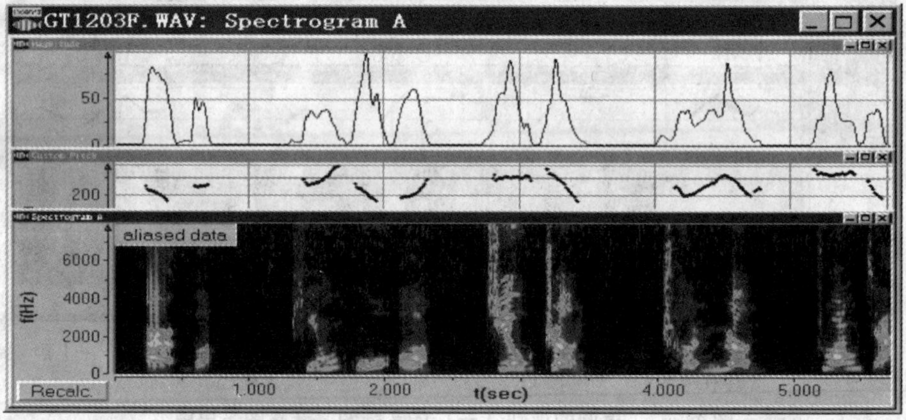


上平+轻声（耳朵） 阳平+上声（苹果） 阴平+去声（纠正） 阳平+去声（承认） 阴平+轻声（庄稼）

图4-34 声调的评判（三）的音强图、音高图与语图

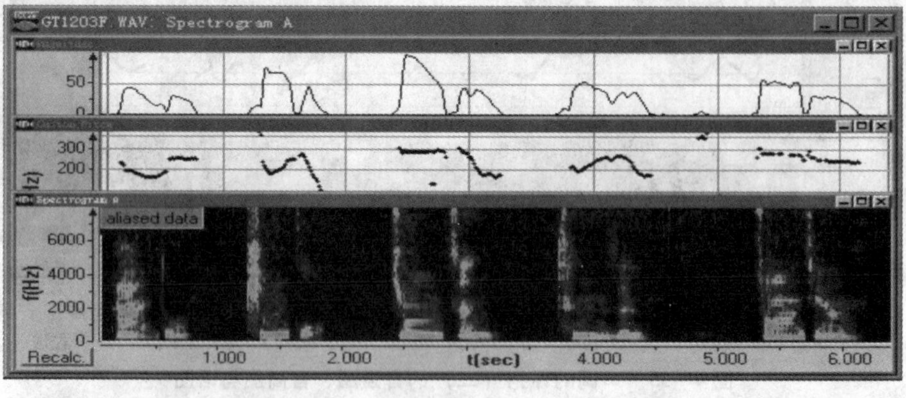


上平+轻声（耳朵） 阳平+上声（苹果） 阴平+去声（纠正） 阳平+去声（承认） 阴平+轻声（庄稼）

图4-35 声调的评判（四）的音强图、音高图与语图

从上面声调的评判（三）、（四）图可以看出，上声＋轻声（耳朵）三图符合音长变短，音强变弱，音高前一上声音节降，后一轻声音节升的上声＋轻声的另一正确模式，评判为正确。四图虽符合两点轻声的标志性语音特征：音长变短，音强变弱，但整个音高是阴平的调形，明显读成阴平的调值，声调读错，评判为错误。“苹果”这个词既可以读为阳平＋上声的模式，也可以读为阳平＋轻声的模式，这里主要分析阳平＋上声的模式。三图符合普通话声调相对音高的总体模式，评判为正确。四图词末音节的上声只有降无升，只部分符合普通话声调相对音高的总体模式中的上声变调的调值和调形，评判为缺陷。阴平＋去声（纠正）两图均符合普通话声调相对音高的总体模式，评判为正确。阳平＋去声（承认），两图均符合普通话声调相对音高的总体模式，评判为正确。阴平＋轻声（庄稼），三图符合音长变短，音强变弱，音高顺势下降，同时音质有所变化的轻声的标志性语音特征，评判为正确。四图不符合音长变短，音强变弱，音高顺势下降，同时音质有所变化的轻声的标志性语音特征，明显读成阴平＋阴平的调形和调值，声调读错，评判为错误。

## 第五节　普通话语调的正误辨析

### 一、普通话语调的标志性语音特征

语调是一个人在说话、朗读时的语气和腔调。语调主要有句调、句重音、强调重音、语速、停连、节奏等内容。由音高、音强、音长等非音质语音要素构成，有时也会影响到音质，任何语言的每一个句子都有语调。在连续的语流中，各语音要素相互影响，一般是平稳衔接，顺势简化。

句重音、强调重音、语速、停连、节奏等在语图上均可以有明晰显现，人耳也能明显地感知它们的不同。汉语是有声调的语言。就普通话的语调而言，需要深入辨析的是当一句话的句调与该句话中各个音节的声调结合在一起时，音高、音强、音长、音质的复杂变化。句调是语调的主要内容，是全句音高变化的总体趋势。句调在句尾表现得最为明显，一般情况是升调表示疑问，降调表示陈述。当一句话的句调与该句话中各个音节的声调结合在一起时，音高、音强、音长的变化错综复杂。关于语调与声调的关系，目前各种理论还不尽相同，认识也不尽一致，有的甚至有很大的争议。

普通话句子的语调是以双音节词语的语句片段为基础的，停顿是语句片段分界的重要标志。复杂语调实际都是双音节词语语句片段的扩充、增补或重复。若干个双音节词语的语句片段构成了一个完整的句子。全句和各个语句片段均具有语调。全句的语调可称为大语调，句中各语句片段的语调称为小语调。这些大小语调均有音强顺势降低，调形顺势简化，音高顺势降低，语音要素前后过渡尽可能平稳的特征。

语调的评判，不能按图索骥，削足适履。目前辨析普通话语调最好的方法是，客观展现语调的实际情况。让不同的人读相同的语音材料，从中确定一个具有共同特征的语调标准，其他的语调发音则以这个标准作为尺度，确定语调是否正确，方言语调是否明显等。这样可以从繁杂的韵律中迅速理出头绪，正确进行评判。同时，在以一个具有普遍性特征的正确模式为主的前提下，允许有其他正确的模式存在，具体情况具体分析，这样才能对千变万化的语调特征，作出正确的评判。

目前，可以确定的普通话全句和各语句片段的语调的标志性语音特征有以下几点：

（1）从音强的变化来看，陈述句、疑问句的总体趋势都是由强到弱。各语句片段音节轻重的格式服从由强到弱的变化。

（2）从音高的变化来看，陈述句音高的总体趋势是下降，各语句片段在自己原有声调的基础上顺势降低和简化。疑问句音高的总体趋势较平，并且有整体抬高的情况，各语句片段在自己原有声调的基础上整体抬高的情况较为明显。

（3）从音长的变化来看，陈述句、疑问句的音长大体相等。句中各语句片段词语的长短与它们在句子中的地位和位置有关。

（4）从音质的变化来看，各语句片段的音节基本保持了自己的元辅音特征，但有一定的简化。

**二、普通话语调的评判**

在普通话语调的评判当中，只要注意语调出现的语音环境，注意语调变化的趋势，把握住语调的总体模式，在以一个具有普遍性特征的正确模式为主的前提下，允许有其他正确的模式存在，具体情况具体分析，就能对千变万化的韵律特征，作出正确的评判。只要句中各语句片段停顿得当，音强、音高的总体走势正确，自然流畅都可以评判为正确的语调。

下面是几个普通话句子语调的评判实例。

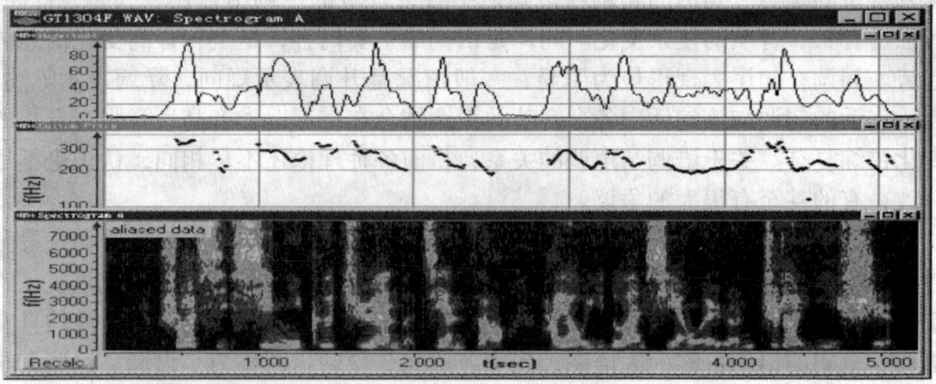


说 起 悉 尼 歌 剧 院 的 建 造， 还 有 一段 鲜 为人 知 的 逸 事。

**图 4－36 语调的评判（一）的音强图、音高图与语图**

普通话各语句片段的特征是以停顿为分界线的。图 4－36 有两个语句片段，分界线在停顿处。两个语句片段的小语调都遵循音强由强到弱，音高由高到低，各音节在自己原有声调的基础上顺势降低和简化的趋势。阴平“说”、“悉”、“歌”的音高逐渐降低，去声“剧院”、“建造”的音高也按双音节词为一个整体，逐渐降低。从音质的变化来看，各音节基本保持了自己的元辅音特征，但有一定的简化。句中各语句片段词语的长短与它们在句子中的地位和位置有关。句中的两个结构助词“的”，前一个还有一点时长，后一个几乎就接在“知”的后边，音长很短。全句大语调遵循音强由强到弱，音高由高到低，各音节在自己原有声调的基础上顺势降低和简化的趋势。

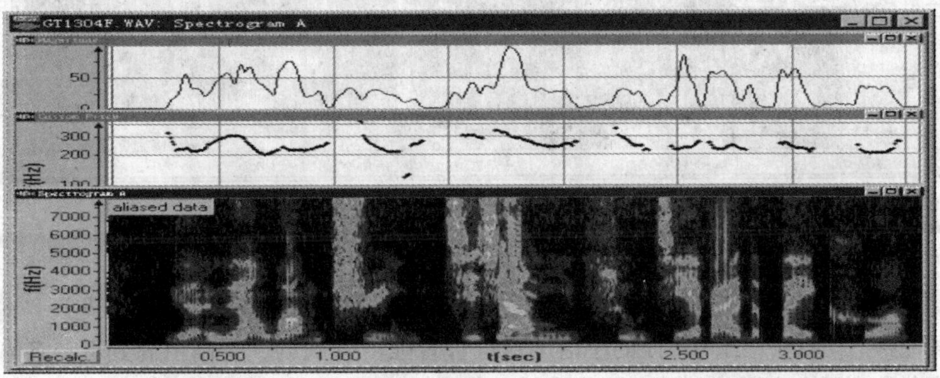


远 远 望 去， 既 像 一 簇 洁 白 的 贝 壳，

**图 4－37　语调的评判（二）的音强图、音高图与语图**

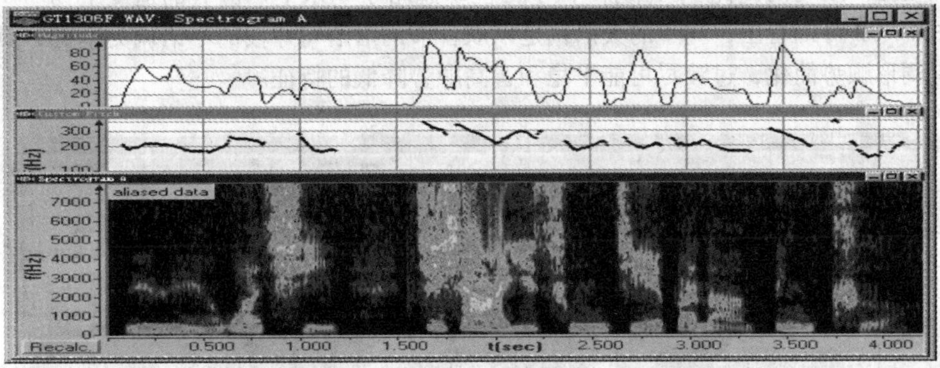


远 远 望 去， 既 像 一 簇 洁 白 的 贝 壳，

**图 4－38　语调的评判（三）的音强图、音高图与语图**

图 4－37、图 4－38 仍然显示有两个语句片段，分界线在停顿处。图 4－37 的停顿较短，图 4－38 的停顿较长。同样，两图的两个语句片段的小语调都符合普通话语调的标志性语音特征：音强由强到弱，音高由高到低，各音节在自己原有声调的基础

上顺势降低和简化的趋势。在每个具体音节的表现形式上，两图都有一些缺陷。图4-37“望去”的“望”不是降的趋势，是平升的趋势。图4-38的“远远”两个上声相连，前一上声的音高过于平缓，升得不够高。“一簇”的“簇”，误读为阳平。另外，两图的阳平调在整个声调体系的比较中，都略微偏低。

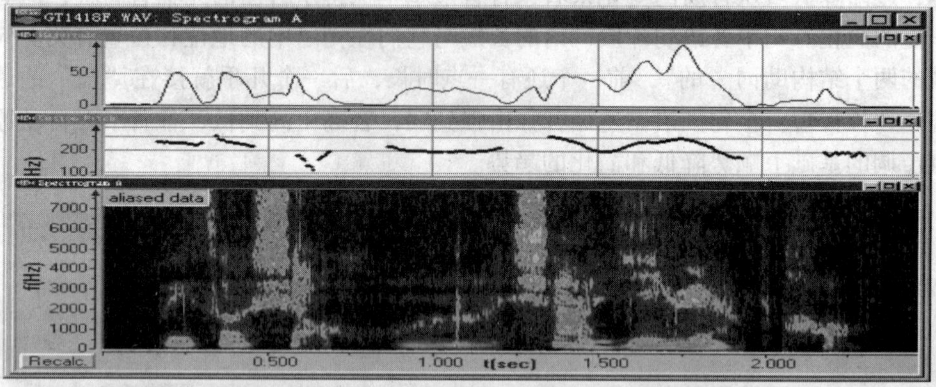


背 着 小 花 向 医 院 跑。

**图4-39 语调的评判（四）的音强图、音高图与语图**

图4-39虽没有明显的语音停顿，实际有两个语句片段：“背着小花”“向医院跑”。这两个语句片段的小语调均符合音强由强到弱，音高由高到低，各音节在自己原有声调的基础上顺势降低和简化的普通话语调的标志性语音特征，但部分音节有失误。前句的“着”是助词，应读顺势下降的轻声，但误读为阴平，且较强。后句的“跑”，顺势降低了，但却忽略了句末上声应有的适度上扬。从图4-39可以看出，句子的大语调是以双音节词语语句片段的小语调为基础，具有调形顺势简化，过渡尽可能平稳和音高顺势降低的特征。

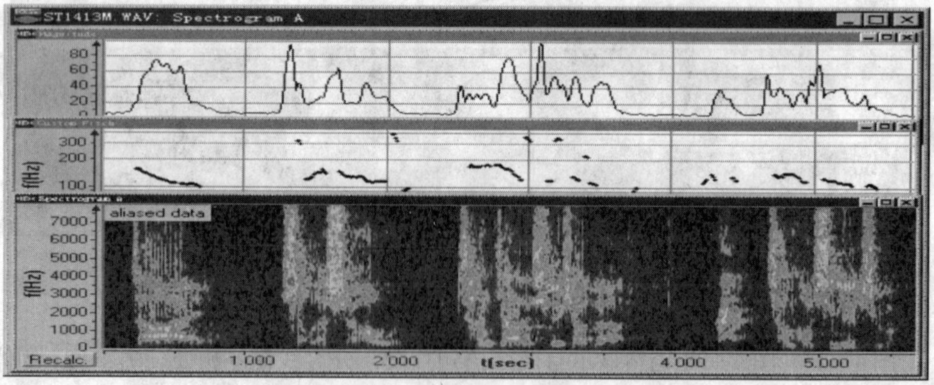


在 小的 时候， 参 加了学校的 长 跑 训 练。

**图4-40 语调的评判（五）的音强图、音高图与语图**

图 4－40 是一个明显的停顿不当的语句。全句应该分为两个语句片段：“在小的时候”，“参加了学校的长跑训练”。说话时分成了四个语句片段，就显得不够自然流畅。尽管如此，图 4－40 各个语句片段的小语调仍符合音强由强到弱，音高由高到低，各音节在自己原有声调的基础上顺势降低和简化的普通话语调的标志性语音特征。但全句的大语调因停顿不当，不够流畅。

# 第五章　普通话水平测试单音节字词的语图识别

## 第一节　实验卷单音节字词的具体评判

国家语言文字工作委员会普通话水平培训测试中心曾命制实验卷，下发各省市自治区普通话培训测试中心进行测试实验，并要求各地将评出的不同普通话水平测试等级样本连同录音一同上报国家普通话培训测试中心。这里辨析的普通话水平测试试卷，就是那次的实验卷和送审的录音中的两个样本。两人均是男士，一个普通话等级为一级乙等，一个普通话等级为三级乙等。之所以选择等级相差悬殊的两个样本，一是便于比较，二是普通话水平测试是一次考试就可以定不同等级的测试。等级的差异是以失分率计算的。一级乙等的男士，减少失误，降低失分率，就可以进入一级甲等。失误增加，失分率升高，就可能降为二级甲等。三级乙等的男士，减少失误，降低失分率，就可以进入三级甲等。失误增加，失分率升高，就可能不入级。

普通话水平测试包括读单音节字词，读多音节词语，朗读短文，命题说话四个部分。

《普通话水平测试大纲》对读单音节字词部分作了以下规定：

读单音节字词（100 个音节，不含轻声、儿化音节），限时 3.5 分钟，共 10 分。

1. 目的

测查应试人声母、韵母、声调读音的标准程度。

2. 要求

（1）100 个音节中，70% 选自《普通话水平测试用普通话词语表》“表一”，30% 选自“表二”。

（2）100 个音节中，每个声母出现次数一般不少于 3 次，每个韵母出现次数一般不少于 2 次，4 个声调出现次数大致均衡。

（3）音节的排列要避免同一测试要素连续出现。

3. 评分

（1）语音错误，每个音节扣 0. 1 分。

（2）语音缺陷，每个音节扣 0. 05 分。

（3）超时 1 分钟以内，扣 0. 5 分；超时 1 分钟以上（含 1 分钟），扣 1 分。

根据《普通话水平测试大纲》对读单音节字词部分的规定，实验卷单音节字词的语图识别与具体评判如后。一级乙等的男士读音为下页左图，三级乙等的男士读音为右图。鉴于前面已经分析过汉语普通话的语音系统的具体数据，这里的语图分析主要看模式和趋势，除必要外，具体数值不再一一标出。

## 一、披 饿 街 歌 日

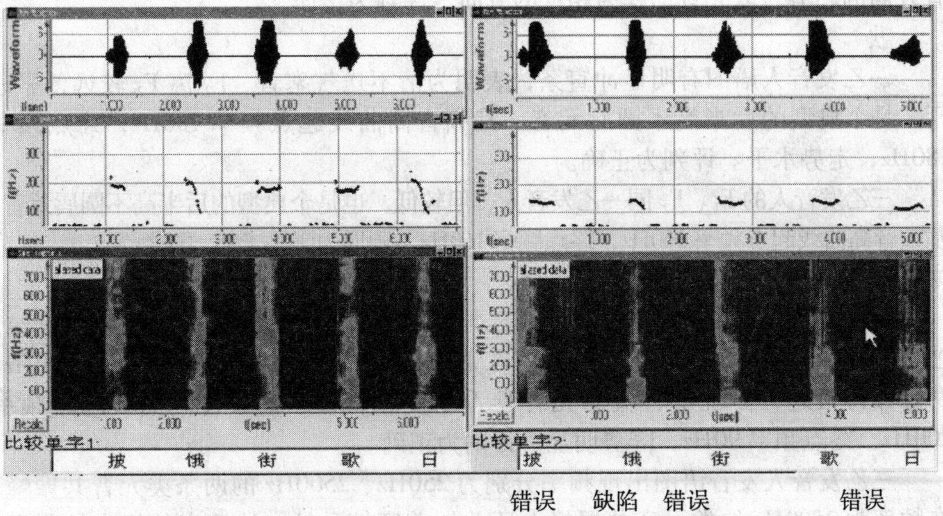


图5-1 “披 饿 街 歌 日”的波形图、音高图、语图和评判

披

一乙发音人语图出现一明显冲直条，噪音乱纹时间较长，强频集中区较低，噪音乱纹分布比较均匀，有送气清塞音噪音乱纹。元音共振峰 $F_1$ 频率 350Hz，$F_2$ 频率 2250Hz，$F_1$、$F_2$ 频差较大，频率为 3000Hz 的 $F_3$ 与频率为 3500Hz 的 $F_4$ 组成能量较强的高频区域，充分体现出前高元音“i”的发音特征；基频音高曲线起点频率 200Hz，终点频率略低，为阴平走势。评判为正确。

三乙发音人有送气清塞音噪音乱纹，元音共振峰 $F_1$ 频率 300Hz，$F_2$ 频率 1750Hz，$F_3$ 频率 2500Hz，三个共振峰分布较均匀，未能体现出前高元音“i”的发音特征。评判为错误。

饿

一乙发音人 $F_1$ 开始向上滑动，$F_2$ 向下滑动，表明“e”的发音是一个开口度逐渐张大，舌位慢慢后缩的过程。$F_2$ 离 $F_3$ 较远，靠近 $F_1$，是个典型的后半高不圆唇元音。基频音高曲线起点频率 200Hz，终点频率 90Hz，调形为去声走势。评判为正确。

三乙发音人的 $F_1$、$F_2$ 同一乙发音人，但较低，也是个典型的后半高不圆唇元音。但基频音高曲线起点频率 150Hz，终点频率 110Hz，降幅不大。评判为缺陷。

街

一乙发音人语图噪音乱纹分布较稀疏，表明摩擦适中，元音共振峰 $F_1$ 略升，$F_2$

略降，显示了前高元音“i”到前半高元音“e”过渡的开口度略大、舌位稍后的过程；基频音高起点频率200Hz，终点频率200Hz，调形为阴平走势。评判为正确。

三乙发音人语图元音共振峰 $F_1$、$F_2$ 走势水平，并有略开的趋势，表明舌位有升高的趋势，复元音动程为相反的方向。评判为错误。

歌

一乙发音人语图有明显冲直条，表明为清不送气塞音。$F_2$ 离 $F_3$ 较远，靠近 $F_1$，是个典型的后半高不圆唇元音。基频音高曲线起点频率 180Hz，终点频率 180Hz，走势水平。评判为正确。

三乙发音人的 $F_1$、$F_2$ 同一乙发音人，但较低，也是个典型的后半高不圆唇元音。基频音高曲线起点频率160Hz，终点频率160Hz，调形为阴平走势。评判为正确。

日

一乙发音人出现频率为2750Hz 的类元音共振峰，其上还叠加着摩擦乱纹，浊擦音的标志较明显，舌尖后元音“i”的 $F_2$ 频率为2150Hz，$F_3$ 频率为2500Hz，两峰靠得很近，体现出舌尖后元音卷舌的发音特征；基频音高曲线起点频率200Hz，终点频率90Hz，降势明显。评判为正确。

三乙发音人发音语图出现频率分别为250Hz、2500Hz 的两条类元音共振峰，在频率为2500Hz 的类元音共振峰上还叠加着摩擦乱纹，浊擦音的标志较明显，舌尖后元音“-i”的 $F_2$ 频率为1800Hz，$F_3$ 频率为2500Hz，两峰相对分开，发音舌尖偏前，未能体现舌尖后元音“-i”的发音特征；基频音高曲线起点频率100Hz，终点频率120Hz，走势略上。这说明声母韵母发音不准，声调调形误读为阳平。评判为错误。

## 二、坡 雪 科 缩 册

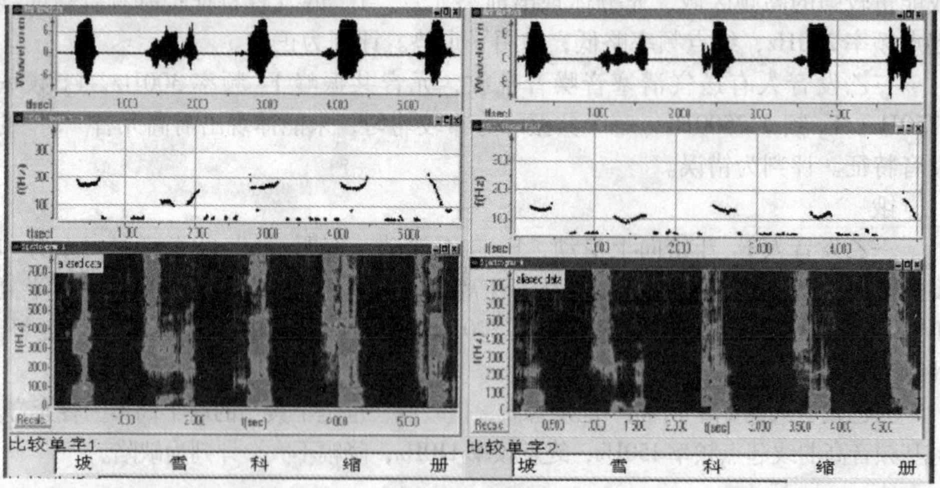


缺陷 缺陷 错误 缺陷

图5-2 “坡 雪 科 缩 册”的波形图、音高图、语图和评判

坡

一乙发音人语图冲直条后有一段噪音乱纹，表现为送气塞音特征。元音共振峰 $F_1$ 频率为 500Hz，$F_2$ 频率为 820Hz，体现出后半低圆唇元音“o”的发音特征；基频音高曲线起点频率 190Hz，终点频率 190Hz，走势水平。评判为正确。三乙发音人语图冲直条后有一段噪音乱纹，表现为送气塞音特征。元音共振峰 $F_1$ 频率 300Hz，$F_2$ 频率 650Hz，体现出后半低圆唇元音“o”的发音特征。

三乙发音人的 $F_1$、$F_2$ 比一乙发音人的 $F_1$、$F_2$ 低，$F_1$、$F_2$ 始终保持较近水平，最后有略降趋势，没有体现出“o”发音的开口度。基频音高曲线起点频率 150Hz，终点频率 150Hz，走势水平。评判为缺陷。

雪

一乙发音人语图出现一片起点不明显，时间较长的噪音乱纹，说明是清擦音。元音共振峰 $F_1$、$F_2$、$F_3$ 频率分别为 250Hz、2000Hz、2500Hz，显示出前高圆唇元音“ü”的发音特征。40 毫秒后，$F_1$ 上升，$F_2$ 下滑，反映了从前高圆唇元音“ü”过渡到前半高元音“e”开口度变大的过程，基频音高曲线起点频率 110Hz，转折点频率 80Hz，终点频率 170Hz，走势先降后升。评判为正确。

三乙发音人语图噪音乱纹同一乙发音人，但略高。元音共振峰 $F_1$、$F_2$、$F_3$ 起点频率分别为 250Hz、1900Hz、2550Hz，显示出前高圆唇元音“ü”的发音特征，但后面的动程不够。基频音高曲线起点频率 105Hz，转折点频率 90Hz，终点频率 110Hz，走势起伏落差不大。评判为缺陷。

科

一乙发音人语图冲直条后有一段噪音乱纹，表现为送气塞音特征。$F_2$ 离 $F_3$ 较远，靠近 $F_1$，是个典型的后半高不圆唇元音“e”。各共振峰的细微变化表明发音有一个舌位慢慢向后，开口度渐渐张大的过程。基频音高曲线主调形频率 180Hz，终点略升。评判为正确。

三乙发音人语图冲直条后有一段明显噪音乱纹，波形曲线包络极不规整，布满长度不一的尖刺，表明在发舌根送气清塞音“k”时产生较大摩擦，元音共振峰 $F_1$、$F_2$ 保持水平；基频音高曲线起点频率 150Hz，终点频率 140Hz，走势略降。评判为正确。

缩

一乙发音人语图出现一片起点不明显，时间较长的噪音乱纹，强频集中区较高，说明是舌尖前清擦音“s”。元音共振峰 $F_1$ 从 500Hz 向上略升，$F_2$ 没有变化，未能很好体现后高圆唇元音“u”到后半高圆唇元音“o”开口度变大的过程。基频音高曲线起点频率 200Hz，终点频率 200Hz，走势略曲。评判为缺陷。

三乙发音人语图辅音阶段同一乙发音人。元音阶段共振峰 $F_1$、$F_2$ 没有变化，未能体现后高圆唇元音“u”到后半高圆唇元音“o”开口度变大的过程。基频音高曲线起点频率110Hz，终点频率120Hz，走势略升，近乎阳平。评判为错误。

册

一乙发音人语图出现一片起点不明显，时间略长的噪音乱纹，强频集中区较高，噪音乱纹分布比较均匀、能量较小，表明发音摩擦适中，说明是清擦音“c”。$F_2$ 离 $F_3$ 较远，靠近 $F_1$，是个典型的后半高不圆唇元音。基频音高曲线起点频率220Hz，终点频率80Hz，走势下降。评判为正确。

三乙发音人语图出现一片起点不明显，时间略长的噪音乱纹，强频集中区较低，噪音乱纹分布比较均匀、能量较强，波形曲线包络极不规整，出现很多长度不一的尖刺，表明发音人发送气塞擦音“c”时，摩擦过大，且舌尖位置略后。$F_1$、$F_2$ 同一乙发音人，但较低，也是个典型的后半高不圆唇元音。基频音高曲线起点频率190Hz，终点频率110Hz，走势下降。评判为缺陷。

**三、麻　旅　季　池　利**

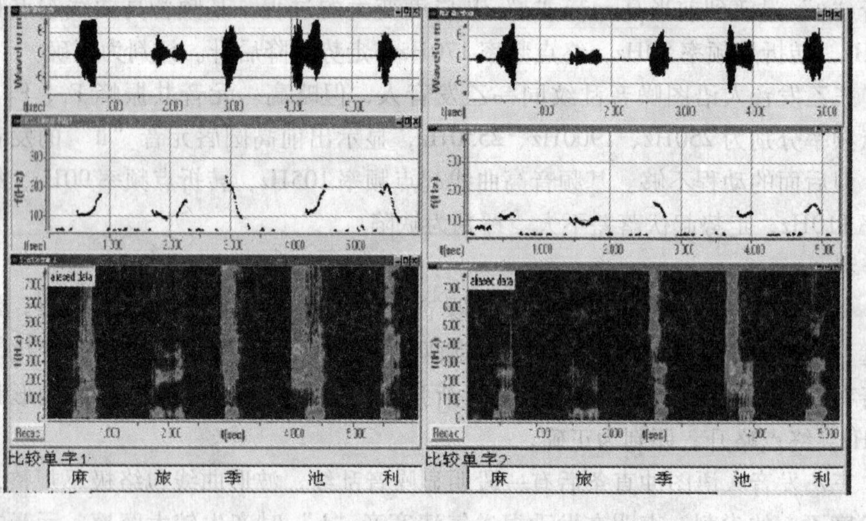


缺陷　缺陷　错误　缺陷　错误

**图5－3　“麻　旅　季　池　利”的波形图、音高图、语图和评判**

麻

一乙发音人语图出现了一条类似元音共振峰频率为260Hz的横杠，体现出鼻音“m”的发音特征。元音共振峰 $F_1$ 频率780Hz，$F_2$ 频率1100Hz，分别在1000Hz两侧，体现央低元音“a”特征。基频音高曲线起点频率100Hz，终点频率190Hz，升幅明显，为阳平调形。评判为正确。

三乙发音人语图出现了一条类似元音共振峰频率为250Hz的横杠，体现出鼻音“m”的发音特征。元音共振峰 $F_1$ 频率 750Hz，$F_2$ 频率 1000Hz，体现央低元音“a”偏后特征。基频音高曲线起点频率 110Hz，终点频率 120Hz，升幅不大，这是三乙发音人的阳平调特征，虽能与其他声调区分，但感觉较为低沉。评判为缺陷。

旅

一乙发音人语图出现三条频率分别为 220Hz、1500Hz、2900Hz 的类似元音共振峰的横杠，体现出边音“l”的语音特征。元音共振峰 $F_1$ 频率 380Hz，$F_2$ 频率 2250Hz，$F_3$ 频率 2300Hz，有与 $F_2$ 相合的趋势，为前高圆唇元音“ü”的发音特征；基频音高曲线起点频率 120Hz，转折点频率 80Hz，终点频率 160Hz，走势先降后升，为上声调形。评判为正确。

三乙发音人语图出现三条频率分别为 200Hz、1750Hz、3000Hz 的类似元音共振峰的横杠，与元音断层不明显。元音共振峰 $F_1$ 频率 250Hz，$F_2$ 频率 1750Hz，$F_3$ 频率 1800Hz，有与 $F_2$ 相合的趋势，为前高圆唇元音“ü”的发音特征。基频音高曲线起点频率 110Hz，转折点频率 90Hz，终点频率 110Hz，走势起伏频差不大，这是三乙发音人的上声调特征，虽能与其他声调区分，但感觉较为低沉。评判为缺陷。

季

一乙发音人语图出现一片起点不明显，时间略长的噪音乱纹，强频集中区较低，噪音乱纹分布比较均匀，能量较强，说明是舌面前不送气清塞擦音“j”。$F_1$、$F_2$ 相距较远，体现了前高元音“i”的发音特征。为典型去声调形。评判为正确。

三乙发音人语图的噪音乱纹，强频集中区较高，噪音乱纹分布于高端，说明这个舌面前清塞擦音“j”的发音接近舌尖前清塞擦音“z”。$F_1$、$F_2$、$F_3$ 分布均匀，是舌尖前不圆唇元音“-i”的发音特征。调形为去声调形。评判为错误。

池

一乙发音人语图出现一片起点明显，时间较长的噪音乱纹，强频集中区较低，噪音乱纹分布比较均匀、能量较强，说明是舌尖后清塞擦音“ch”。$F_2$ 离 $F_3$ 较近，为典型的舌尖后高不圆唇元音“-i”。调形为阳平调形。评判为正确。

三乙发音人语图除噪声起点不明显外，辅音同一乙发音人。元音共振峰 $F_1$、$F_2$、$F_3$ 频率相对位置接近舌尖后高不圆唇元音“-i”，但 $F_2$ 略低。但阳平调形较低。评判为缺陷。

利

一乙发音人语图出现三条频率分别为 250Hz、1500Hz、3000Hz 的类似元音共振峰的横杠，体现出边音“l”的语音特征，元音共振峰 $F_1$ 频率 450Hz，$F_2$ 频率

2250Hz，显现出前高不圆唇元音“i”的发音特征。基频音高曲线起点频率200Hz，终点频率90Hz，走势降幅明显，为典型去声调形。评判为正确。

三乙发音人语图有“l”的类似元音共振峰的横杠，但元音共振峰 $F_1$、$F_2$、$F_3$ 频率相对位置分布均匀，不是前高不圆唇元音“i”的发音特征。调形基本是去声调形。评判为错误。

四、思 砸 租 撇 奶

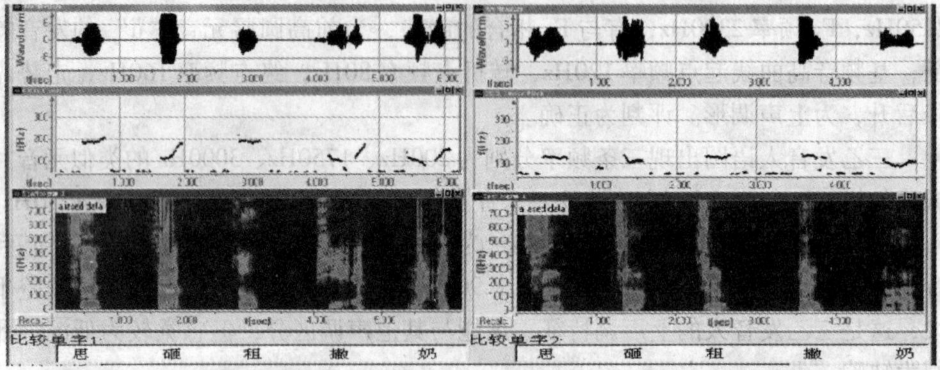


缺陷　缺陷　错误　缺陷

**图5-4　“思　砸　租　撇　奶”的波形图、音高图、语图和评判**

思

一乙发音人语图出现一片起点不明显，时间较长的噪音乱纹，强频集中区较高，说明是舌尖前清擦音“s”。元音共振峰 $F_1$、$F_2$、$F_3$ 频率分别为 300Hz、1500Hz、3000Hz，分布较均匀，体现出舌尖前元音“i”的发音特征。基频音高曲线起点频率200Hz，终点频率略高，走势水平，为阴平调形。评判为正确。

三乙发音人语图同一乙发音人，但声母较强。评判为正确。

砸

一乙发音人语图出现一片起点不明显，时间较“s”短的噪音乱纹，强频集中区较高，说明是舌尖前不送气清塞擦音“z”。元音共振峰 $F_2$ 在1000Hz 上下叠加于 $F_1$ 上，显示出前低不圆唇元音“a”的发音特征。基频音高曲线起点频率100Hz，终点频率200Hz，为阳平调形。评判为正确。

三乙发音人语图噪音乱纹强频集中区略低，说明“z”的发音部位略后。元音同一乙发音人，但略低。基频音高曲线起点频率100Hz，终点频率110Hz，走势略升，为不规范的阳平调形。评判为缺陷。

租

一乙发音人出现一片起点不明显，时间较“s”短的噪音乱纹，强频集中区较高，说明是舌尖前不送气清塞擦音“z”。元音共振峰在1000Hz以下，$F_2$叠加于$F_1$上，显示出后高圆唇元音“u”的发音特征。基频音高曲线起点频率200Hz，终点频率200Hz，为阴平调形。评判为正确。

三乙发音人语图强频集中区偏低，说明舌尖前不送气清塞擦音“z”偏后，元音共振峰$F_1$、$F_2$距离明显较大，说明圆唇度不够。阴平调形。评判为缺陷。

撇（该字有阴平、上声两个声调）

一乙发音人语图出现一明显冲直条，噪音乱纹时间较长，强频集中区较低，噪音乱纹分布比较均匀，有送气清塞音噪音乱纹。元音共振峰$F_1$由250Hz小幅度上扬，$F_2$从2500Hz向下滑动，反映出前高元音“i”到前半低元音“e”舌位开口度变大的动程。基频音高曲线起点频率140Hz，转折点频率60Hz，终点频率190Hz，为上声调形。评判为正确。

三乙发音人语图噪音乱纹极短，为不送气塞音特征。元音共振峰动程极小，调形为阴平。评判为错误。

奶

一乙发音人语图出现频率为255Hz的类元音共振峰，鼻音特征明显，后升为“a”元音共振峰。以后$F_1$由984Hz向下滑动，$F_2$由1100Hz向上滑动，显示出前低元音“a”到前高元音“i”舌位开口度由大变小的动程。基频音高曲线起点频率100Hz，转折点频率75Hz，终点频率160Hz，走势先降后升，为上声调形。评判为正确。

三乙发音人同一乙发音人，但整个模式偏低，偏窄，动程不够。评判为缺陷。

## 五、蛆　漱　碑　藕　镖

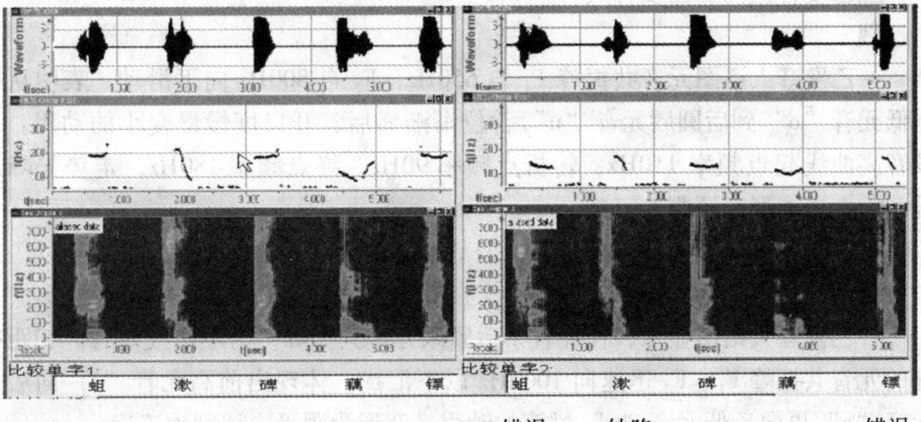


错误　缺陷　错误

图5-5　“蛆　漱　碑　藕　镖”的波形图、音高图、语图和评判

蛆

一乙发音人语图出现一片起点不明显，时间较长的噪音乱纹，强频集中区较低，噪音乱纹分布比较均匀，能量较强，说明是舌面前送气清塞擦音“q”。元音共振峰 $F_1$ 频率 380Hz，$F_2$ 频率 1850Hz，$F_3$ 频率 2000Hz，有与 $F_2$ 相合的趋势，显示出“ü”圆唇的发音特征。基频音高曲线起点频率 200Hz，终点频率 200Hz，为阴平调形。评判为正确。

三乙发音人语图出现一片起点不明显，时间较长的噪音乱纹，强频集中区较高，噪音乱纹也较高，说明发音接近是舌尖前高送气清塞擦音“c”。元音共振峰 $F_1$、$F_2$、$F_3$ 频率分别为 300Hz、1250Hz、2100Hz，分布较均匀，是舌尖前不圆唇元音“－i”的发音特征，不是“ü”的发音特征。调形呈略低的阴平。评判为错误。

漱

一乙发音人语图出现一片起点不明显，时间较长的噪音乱纹，强频集中区较低，噪音乱纹分布比较均匀、能量较强，说明是舌尖后清擦音“sh”。元音共振峰在 1000Hz 以下，$F_2$ 叠加于 $F_1$ 上，显示出后高圆唇元音“u”的发音特征。调形为典型的去声。评判为正确。

三乙发音人语图噪音乱纹的强频集中区略高，噪音乱纹均匀也分布于较高端，说明这个舌尖后清擦音“sh”的发音略前。元音共振峰 $F_1$、$F_2$ 频率相距较远，未能体现出后高圆唇元音“u”的发音特征。调形为去声。评判为缺陷。

碑

一乙发音人语图出现一明显冲直条，没有噪音乱纹，这是典型的不送气清塞音。$F_1$ 渐向下滑动，$F_2$ 渐向上滑动，显示了前半高元音“e”向前高元音“i”过渡的动程。调形为阴平。评判为正确。

三乙发音人同一乙发音人。

藕

一乙发音人语图元音共振峰 $F_1$ 自 650Hz，$F_2$ 自 800Hz 向下滑动，表明从央半低元音“o”到后圆唇元音“u”舌位渐渐靠后，开口度慢慢变小的动程。基频音高曲线起点频率 110Hz，转折点频率 90Hz，终点频率 180Hz，走势先降后升，为上声调形。评判为正确。

三乙发音人语图同一乙发音人，但基频起伏落差不大。评判为正确。

镖

一乙发音人语图显示，在冲直条后紧跟元音共振峰，为不送气塞音。相距很开的元音共振峰 $F_1$、$F_2$ 迅速向 1000Hz 以下汇拢，体现出前高元音“i”向后低元音“a”再向后低元音“o”过渡的动程。调形为阴平。评判为正确。

三乙发音人语图在冲直条之后有一段噪音乱纹，为送气塞音。元音部分由

"i"到"a"再到"o"的 $F_1$、$F_2$ 动程不明显。基频音高曲线起点频率 190Hz 终点频率 110Hz，为去声调形。评判为错误。

**六、勺　雁　瞟　剜　臊**

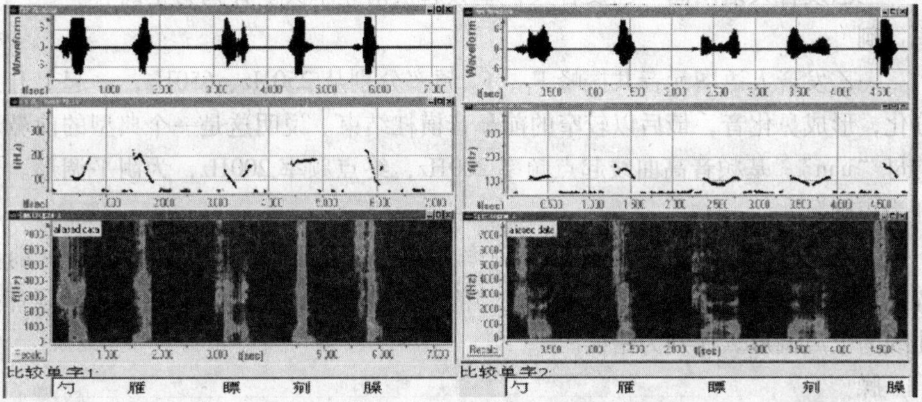


缺陷　　　　　　　　　　　错误　　　　错误　错误

**图 5-6 "勺　雁　瞟　剜　臊"的波形图、音高图、语图和评判**

勺

一乙发音人语图出现一片起点不明显，时间较长的噪音乱纹，强频集中区较低，噪音乱纹分布比较均匀，说明是舌尖后清擦音"sh"。元音共振峰 $F_1$、$F_2$ 从 700Hz、950Hz 向下滑动，显示了后低元音"a"到后高圆唇元音"o"开口度变小的动程；基频音高曲线起点频率 100Hz，终点频率 195Hz，升幅明显，为典型的阳平调形。评判为正确。

三乙发音人语图同一乙发音人，但元音动程不够，基频起伏落差不大。评判为正确。

雁

一乙发音人语图元音共振峰 $F_1$、$F_2$ 频率分别从 250Hz、2750Hz 起，逐步互相靠拢，显示了发音从前元音"i"向前元音"e"过渡，开口度变大的动程。到鼻化阶段突然停止，鼻化音特征明显。基频音高曲线起点频率 200Hz，终点频率 90Hz，为典型去声调形。评判为缺陷。

三乙发音人语图元音共振峰 $F_1$、$F_2$ 动程不够即向鼻音过渡，未能体现元音开口度变大的过程。基频音高曲线为去声调形，但降幅不大。评判为错误。

瞟

一乙发音人语图出现不明显的冲直条，噪音乱纹时间略长，强频集中区较低，为送气清塞音噪音乱纹。相距较开的元音共振峰 $F_1$、$F_2$ 迅速向 1000Hz 以下汇拢，体现出前高元音“i”向后低元音“a”再向后低元音“o”过渡的动程。基频音高曲线起点频率 150Hz，转折点频率 60Hz，终点频率 180Hz，走势先降后升，为上声调形。评判为正确。

三乙发音人语图同一乙发音人，基频起伏落差不大。评判为正确。

剜

一乙发音人语图元音共振峰 $F_1$、$F_2$ 频率分别从 250Hz、650Hz，一起上升并分化，形成鼻化音，最后以较窄的前鼻音横杠结束。说明这是一个典型的前鼻音韵母“uan”。基频音高曲线起点频率 200Hz，终点频率 200Hz，为阴平调形。评判为正确。

三乙发音人元音共振峰 $F_1$、$F_2$ 频率上升和分化不够，后形成鼻化音，前鼻音横杠偏高。说明这是一个不够规范的前鼻音韵母“uan”。声调错误，基频音高曲线为上声调形。评判为错误。

臊

一乙发音人语图出现一片起点不明显，时间较长的噪音乱纹，强频集中区较高，说明是舌尖前清擦音“s”。元音共振峰 $F_1$、$F_2$ 从 700Hz、950Hz 向下滑动，显示了后低元音“a”到后高圆唇元音“o”开口度变小的动程。基频音高曲线起点频率 200Hz，终点频率 80Hz，降幅明显，为典型去声调形。评判为正确。

三乙发音人语图出现一片起点不明显，时间较短的噪音乱纹，强频集中区偏低，说明是偏前的舌尖后清塞擦音“zh”。韵母、声调部分同一乙发音人。评判为错误。

## 七、月 套 歪 跳 位

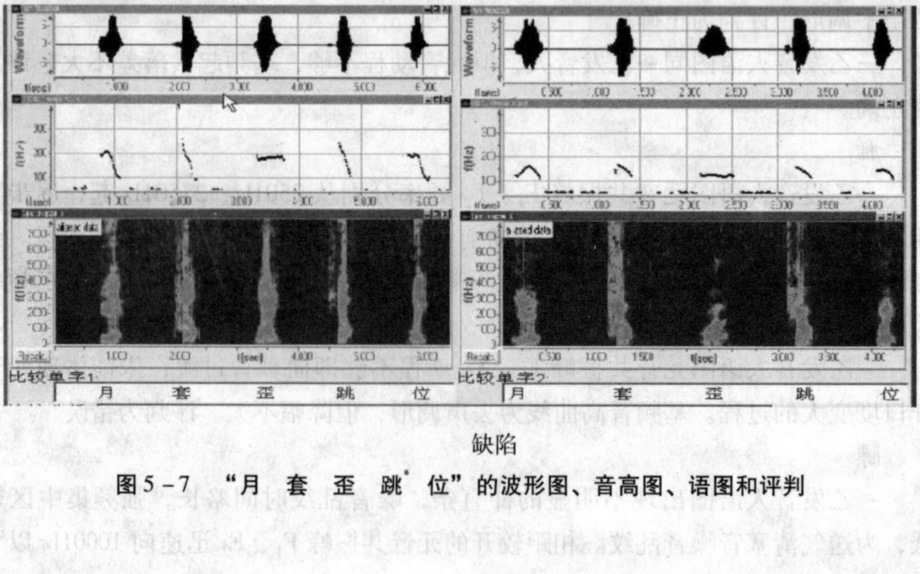


缺陷

图 5－7 “月 套 歪 跳 位”的波形图、音高图、语图和评判

月

一乙发音人语图元音共振峰 $F_1$、$F_2$、$F_3$ 频率分别为 250Hz、2000Hz、2500Hz，显示出前高圆唇元音“ü”的发音特征。40 毫秒后，$F_1$ 上升，$F_2$ 下滑，反映了从前高圆唇元音“ü”过渡到前半高元音“e”开口度变大的过程。基频音高曲线起点频率 200Hz，终点频率 90Hz，为典型去声调形。评判为正确。

三乙发音人语图同一乙发音人，但动程略小。基频音高曲线起伏不大。评判为缺陷。

套

一乙发音人语图出现一不明显冲直条，噪音乱纹时间较长，强频集中区较低，噪音乱纹分布比较均匀，为送气清塞音噪音乱纹。元音共振峰 $F_1$ 频率从 800Hz，$F_2$ 频率从 1100Hz，向下滑动到 600Hz 以下，显示了后低元音“a”到后高圆唇元音“o”的过渡。基频音高曲线起点频率 200Hz，终点频率 80Hz，降幅明显，调形为典型的去声。评判为正确。

三乙发音人语图基本同一乙发音人。评判为正确。

歪

一乙发音人语图元音共振峰 $F_1$、$F_2$ 频率分别从 250Hz、650Hz 处一起开始上升，在 1000Hz 上下稳定一段时间后，$F_1$ 开始下降到 250Hz，$F_2$ 继续上升到 2000Hz 以上，这表明了由后高圆唇元音“u”向前低元音“a”过渡，再到前高元音“i”的动程。调形为阴平调形。评判为正确。

三乙发音人语图同一乙发音人，但总的变化幅度较小。评判为正确。

跳

一乙发音人语图出现一不明显冲直条，噪音乱纹时间较长，强频集中区较低，噪音乱纹分布比较均匀，为送气清塞音噪音乱纹。元音共振峰元音共振峰 $F_1$、$F_2$ 频率分别从 250Hz、2250Hz 处相互靠拢，在 1000Hz 上下稳定一段时间后，又一起下降，这表明了由前高不圆唇元音“1”向后低元音“a”过渡，再到后高元音“o”的动程。调形为典型去声调形。评判为正确。

三乙发音人语图同一乙发音人。评判为正确。

位

一乙发音人语图元音共振峰 $F_1$ 从 250Hz 略升一点后又基本维持在 250Hz 左右，$F_2$ 从 500Hz 处迅速上升后，逐步到 2000Hz 以上。这表明了由后高圆唇元音“u”向前半高元音“e”过渡，再到前高元音“i”的动程。调形为去声调形。评判为正确。

三乙发音人语图同一乙发音人，但总的变化幅度较小。评判为正确。

（限于篇幅，以下正确模式不再分析，仅分析错误和缺陷）

## 八、摔　药　岁　篮　桥

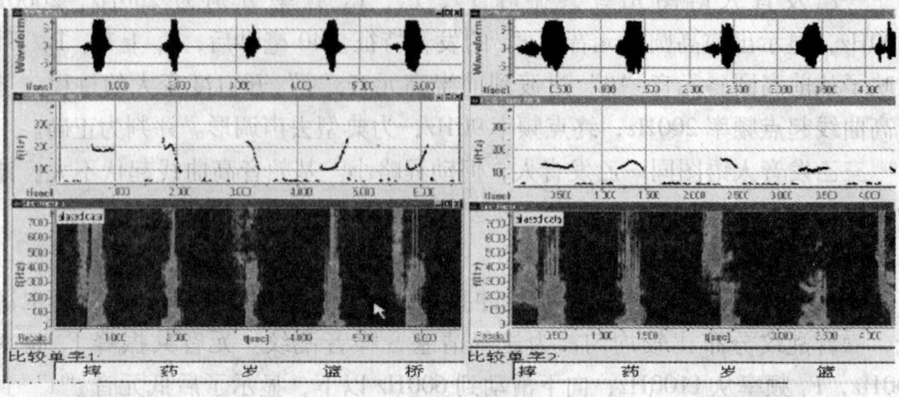


缺陷　　　　　　　　　缺陷　　错误　缺陷

图5-8　“摔　药　岁　篮　桥”的波形图、音高图、语图和评判

摔

一乙发音人舌尖后清擦音“sh”翘舌不够，表现为强频区在5000Hz以上，明显偏高，评判为缺陷。三乙发音人 $F_1$、$F_2$ 将上升的趋势保持到发音结束，未能从前低元音“a”过渡至前高元音“i”。评判为缺陷。

岁

三乙发音人未显示出韵头“u” $F_1$、$F_2$ 偏低的语图，丢失韵头，评判为错误。

篮

三乙发音人元音共振峰 $F_1$、$F_2$ 偏低重合，表明元音、鼻音舌位偏后。评判为缺陷。

## 九、爹　怀　财　袄　拽

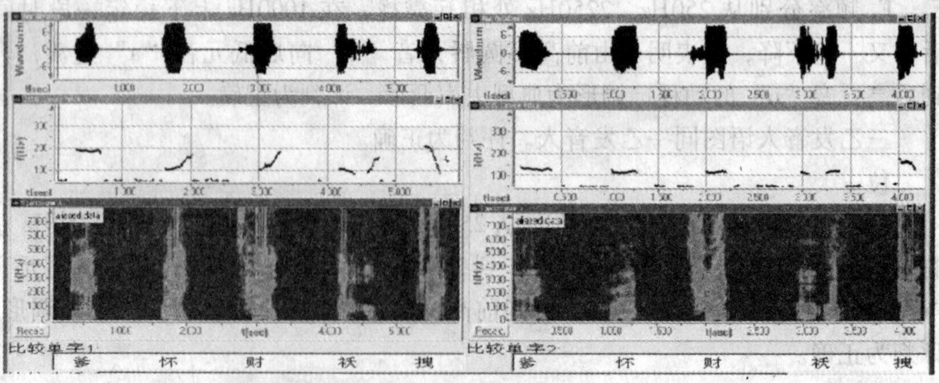


缺陷　错误　缺陷　缺陷　缺陷　缺陷

图5-9　“爹　怀　财　袄　拽”的波形图、音高图、语图和评判

爹

三乙发音人 $F_1$、$F_2$ 由始至终都保持水平，看不到从“i”到前元音“e”的过渡。评判为错误。

怀

三乙发音人 $F_1$ 始终在 450Hz 附近，没有反映出从“a”到“i”开口度的变化。评判为缺陷。

财

三乙发音人强频区偏低，复元音动程不够。评判为缺陷。

袄

三乙发音人复元音动程不够。评判为缺陷。

拽

一乙发音人强频区明显偏高。评判为缺陷。三乙发音人复元音动程不够。评判为缺陷。

## 十、否 暂 钩 串 蚌

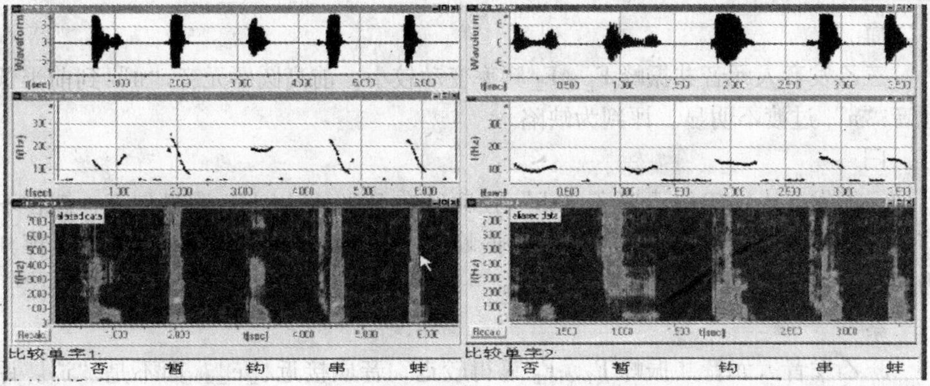


错误 缺陷 缺陷

图 5-10 “否 暂 钩 串 蚌”的波形图、音高图、语图和评判

暂

三乙发音人误读为“qǐ”。评判为错误。

钩

三乙发音人 $F_1$、$F_2$ 频率下降不够，没有体现出“o”到“u”的过渡。评判为缺陷。

串

三乙发音人语图显示“a”的 $F_2$ 受后面鼻音的影响向下滑动，逐渐与 $F_1$ 靠近，说明发音人所发的前鼻音偏后。评判为缺陷。

## 十一、癣 闩 秦 碱 裆

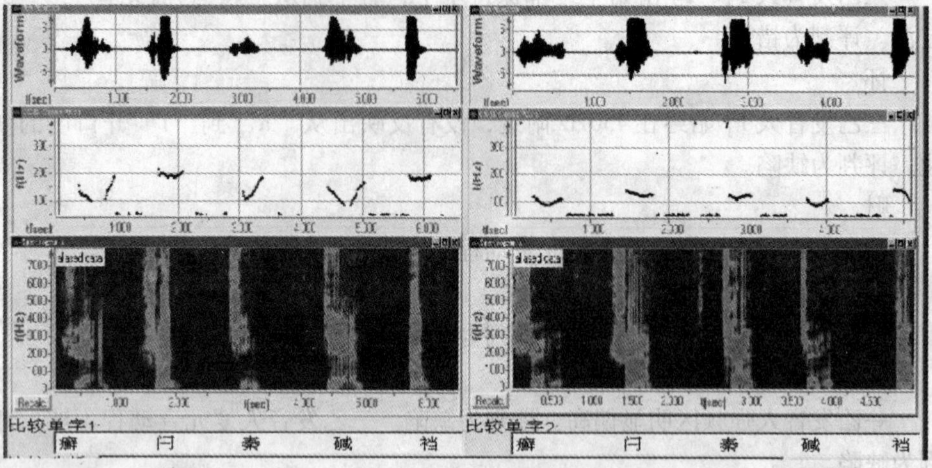


缺陷　　　　　　　　　　　缺陷　　缺陷　　缺陷　缺陷　　错误

图 5－11　“癣　闩　秦　碱　裆”的波形图、音高图、语图和评判

癣

三乙发音人元音共振峰 $F_1$、$F_2$ 频率变动较小，前高圆唇元音“ü”到前半低元音“a”过渡不明显。评判为缺陷。

闩

一乙发音人舌尖后清擦音“sh”强频区在 5000Hz 以上，明显偏高，翘舌不够，评判为缺陷。三乙发音人元音共振峰 $F_1$、$F_2$ 频率变动小，动程不够。评判为缺陷。

秦

三乙发音人元音共振峰 $F_1$、$F_2$ 靠得较近，音质接近［e］，而不是“i”。评判为缺陷。

碱

三乙发音人 $F_1$、$F_2$ 频率变动小，动程不够。评判为缺陷。

裆

三乙发音人基频音高曲线起点频率 160Hz，终点频率 110Hz，曲线走势略降，不符合阴平的调形特点。评判为错误。

十二、邢　晕　脓　润　凝

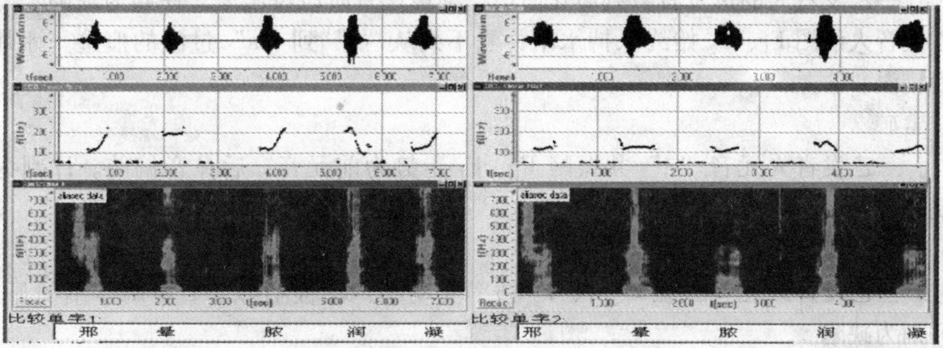


错误　缺陷　缺陷

图 5－12　“邢　晕　脓　润　凝”的波形图、音高图、语图和评判

邢

三乙发音人元音共振峰 $F_1$、$F_2$ 频率靠得较近，$F_2$ 没有向后鼻音靠拢而下降的走势，是前鼻音特征。评判为错误。

晕

三乙发音人 $F_1$、$F_2$ 频率靠得较近，音质接近［e］。评判为缺陷。

凝

三乙发音人元音共振峰 $F_1$、$F_2$ 频率靠得较近，$F_2$ 略有向后鼻音靠拢而下降的走势，后鼻音偏前。评判为缺陷。

十三、电　夏　矿　软　先

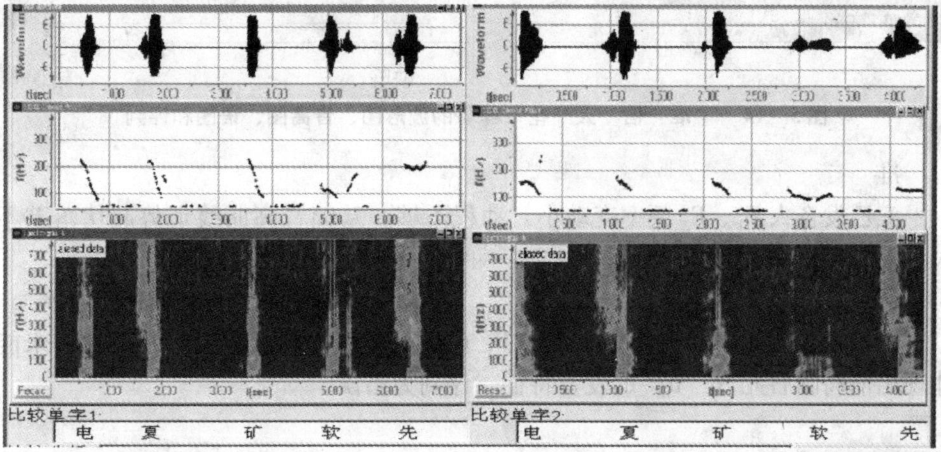


缺陷　错误　缺陷　缺陷　错误

图 5－13　“电　夏　矿　软　先”的波形图、音高图、语图和评判

电

一乙发音人韵母发音只到鼻化阶段，前鼻尾音阶段没出来，评判为缺陷。三乙发音人语图 $F_1$、$F_2$ 始终保持水平，看不到从“i”到“a”过渡的痕迹。评判为错误。

矿

三乙发音人元音“a”共振峰 $F_1$、$F_2$ 走势为前元音，后鼻音偏前。评判为缺陷。

软

三乙发音人元音共振峰 $F_1$、$F_2$ 频率变动小，动程不够，上声调形不明显。评判为缺陷。

先

三乙发音人语图 $F_1$、$F_2$ 始终保持水平，看不到从“i”到“a”过渡的痕迹。评判为错误。

## 十四、准 信 人 花 群

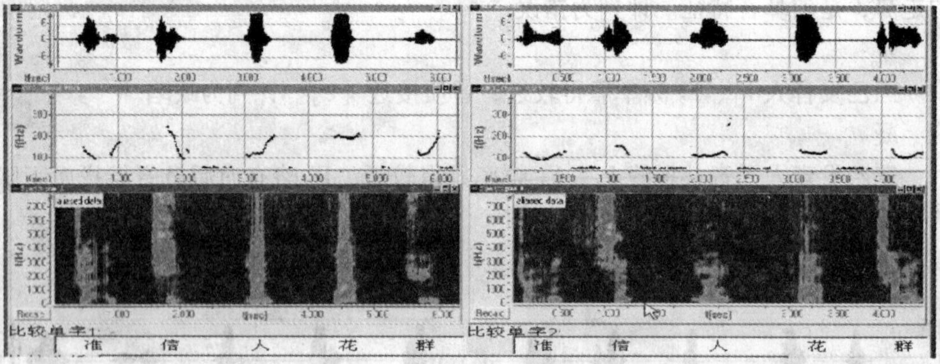


缺陷　　　　错误

图 5－14　“准　信　人　花　群”的波形图、音高图、语图和评判

准

三乙发音人 $F_1$、$F_2$ 频率变动小，动程不够。基频音高曲线走势起伏落差不大。评判为缺陷。

群

三乙发音人元音共振峰 $F_1$、$F_2$、$F_3$ 有较大动程，显示韵腹不断变化，未能体现出前高圆唇元音“ü”的发音特征。评判为错误。

## 十五、罐　嫩　权　狂　翁

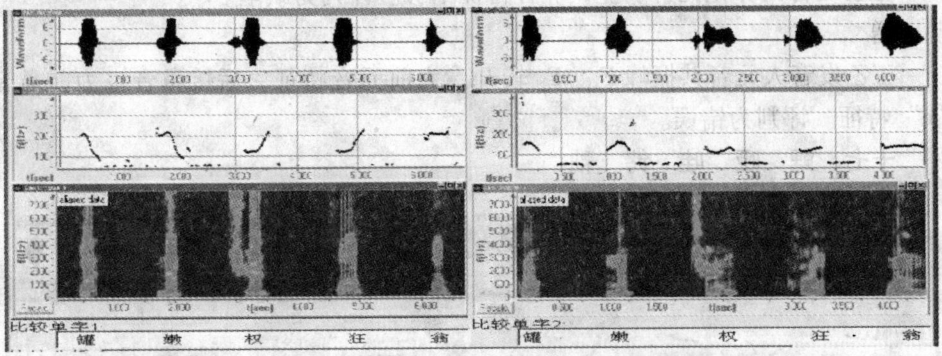


缺陷　　　　　　　　缺陷　　缺陷

图 5－15　“罐　嫩　权　狂　翁”的波形图、音高图、语图和评判

罐

一乙发音人韵母发音只到鼻化阶段，前鼻尾音阶段没出来，评判为缺陷。三乙发音人 $F_1$、$F_2$ 紧密相连，元音“a”偏后，说明鼻音舌位靠后，不符合前鼻音“n”的发音特征。评判为缺陷。

权

三乙发音人 $F_1$、$F_2$ 频率变动小，动程不够。评判为缺陷。

## 十六、坑　巷　荒　绒　增

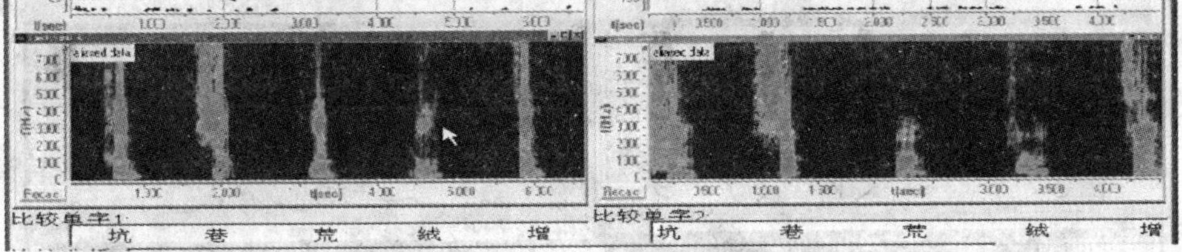


错误　　缺陷　　　　错误

图 5－16　“坑　巷　荒　绒　增”的波形图、音高图、语图和评判

坑

三乙发音人元音共振峰 $F_1$、$F_2$ 较开，为前元音特征，后接鼻音也为前鼻音“n”特征。评判为错误。

巷

三乙发音人鼻化元音明显，鼻音特征不够。评判为缺陷。

增

三乙发音人元音共振峰 $F_1$、$F_2$ 较开，为前元音特征，后接鼻音也为前鼻音“n”特征。评判为错误。

**十七、鳃　哑　哇　铐　釉**

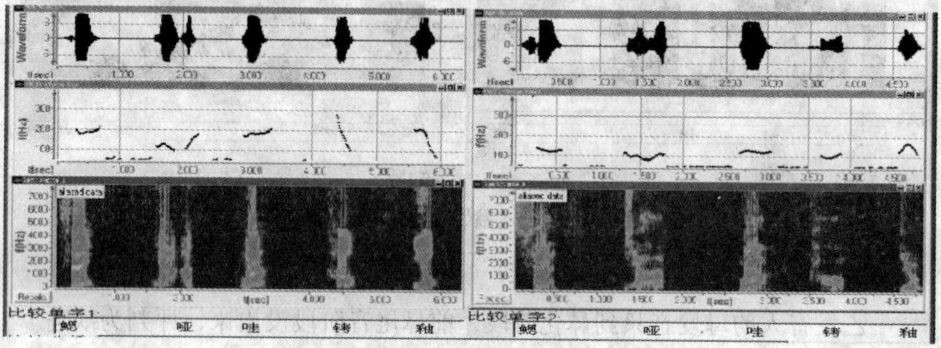


缺陷　　错误

图 5－17　“鳃　哑　哇　铐　釉”的波形图、音高图、语图和评判

鳃

三乙发音人元音共振峰 $F_1$、$F_2$ 变化不大，未能体现前低元音“a”到前高元音“i”的过渡，评判为缺陷。

铐

三乙发音人基频音高曲线起点频率 110Hz，终点频率 120Hz，近于上声调形。评判为错误。

**十八、淌　庸　舔　迴　佛**

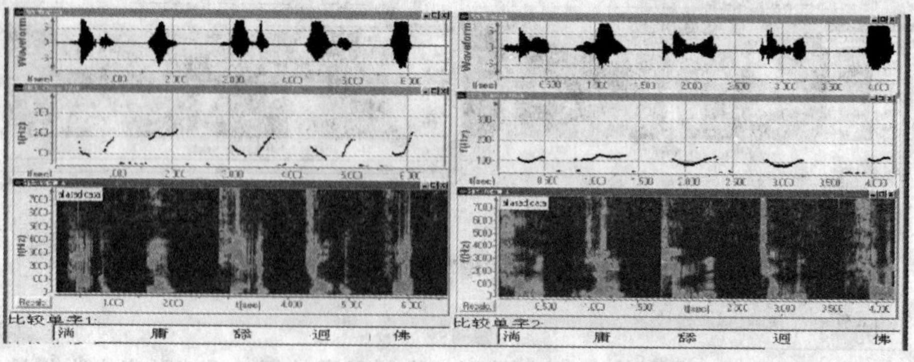


错误　缺陷　错误　缺陷　缺陷

图 5－18　“淌　庸　舔　迴　佛”的波形图、音高图、语图和评判

淌

三乙发音人向后鼻音“ng”过渡不明显，基频相对音高曲线偏高。近似阳平。评判为错误。

庸

三乙发音人元音共振峰 $F_2$ 以上有较多噪音乱纹，为半元音［j］，$F_2$ 下滑幅度不大，圆唇度不够。评判为缺陷。

舔

三乙发音人基频相对音高曲线偏高，近似阳平。评判为错误。

迥

三乙发音人上声的基频相对音高曲线略高。评判为缺陷。

佛

三乙发音人 $F_1$、$F_2$ 始终保持较近水平，没有体现出“o”发音的开口度。评判为缺陷。

**十九、奖　跟　寸　脏　冬**

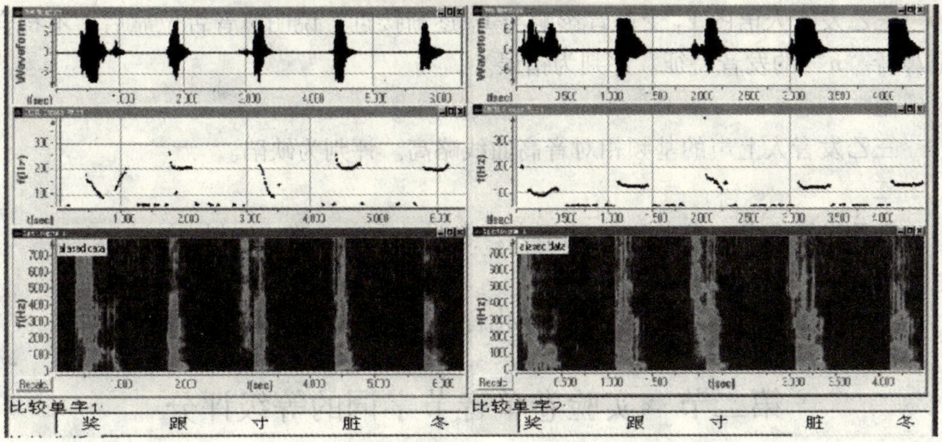


缺陷

**图5－19　“奖　跟　寸　脏　冬”的波形图、音高图、语图和评判**

奖

三乙发音人上声的基频相对音高曲线略高。评判为缺陷。

二十、山　走　二　上　牛

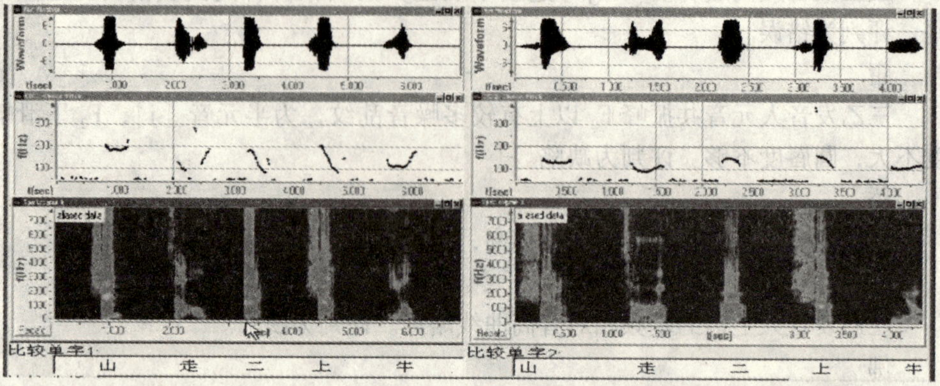


缺陷　错误　缺陷　缺陷　缺陷

**图 5－20　“山　走　二　上　牛”的波形图、音高图、语图和评判**

山

三乙发音人语图 $F_2$ 受鼻音影响与 $F_1$ 逐渐接近，说明鼻音舌位靠后，不符合前鼻音“n”的发音特征。评判为错误。

走

三乙发音人上声的基频相对音高曲线略高。评判为缺陷。

二

三乙发音人 $F_1$、$F_2$、$F_3$ 变化不大，表明卷舌度不够。评判为缺陷。

上

一乙发音人、三乙发音人均有鼻化音，但鼻音特征不明显。评判为缺陷。

## 第二节　实验卷单音节字词的等级评分

由于两位发音人在单音节字词部分耗时均在 3.5 分钟内，按照《普通话水平测试大纲》的原则，这里只对两人的发音进行正确、缺陷、错误的界定。单音节字词部分总分为 10 分，评分原则为：语音错误，每个音节扣 0.1 分；语音缺陷，每个音节扣 0.05 分。

### 一、一乙发音人

一乙发音人此部分存在的问题有：个别字音翘舌不够，如捽、拽、闩，评判为缺陷；个别鼻尾音韵母发音不到位，仅在鼻化元音阶段就停止，如雁、电、罐、上，评判为缺陷。

一乙发音人单音节字词部分共失 0.35 分，总计得分 9.65 分。

## 二、三乙发音人

三乙发音人存在的问题比较系统，表现在：

（一）读音错误

（1）“季、蛆”的发音，j、q 舌位靠前，听感上像 z、c，韵母 i、ü 的发音接近前元音［e］。

（2）“臊”将 s 读做 z。

（3）“利”韵母 i 的发音接近前元音［e］。

（4）“电、先”将 ian 读做 in。

（5）“爹”复韵母被读做单韵母 dī。

（6）“山”前鼻音读为后鼻音

（7）“邢、坑、增”后鼻音读为前鼻音。

（8）“暂”字混误读，读为 qiě（且）。

（9）声调走势错误。“舔、铐”声调走势上升，接近阳平。

（10）调类误读。日，读为阳平；撇，读为去声；剜，读为上声；裆，读为去声。

读音错误 26 个，扣 2.6 分。

（二）读音缺陷

（1）“册”清塞擦音声母 c 发音时产生较大摩擦，舌位偏后。

（2）“篮、罐、串”前鼻音发音舌位偏后。

（3）“淌、凝”后鼻音偏前。

（4）“上”鼻化音特征明显。

（5）“软、摔、财、袄、奶、闩、碱”发复元音时，舌位动程不够。

（6）“租、庸、漱”韵母 u、o 圆唇度不够。

（7）“二”卷舌韵母卷舌度不够。

（8）“秦、群、晕”韵腹动程、开口度大，音质接近［e］。

（9）“岁”丢失韵头。

（10）“麻、池、砸”阳平调升幅不明显。

（11）“软、准、淌、迥、奖、走、雪、旅”上声调起伏落差不大。

（12）“饿”去声调降幅不大。

读音缺陷 40 个，扣 2 分。

三乙发音人读音错误扣 2.6 分，读音缺陷扣 2 分，共扣 4.6 分，总计得分 5.4 分。

# 第六章 普通话水平测试双音节词语的语图识别

## 第一节 实验卷双音节词语的具体评判

《普通话水平测试大纲》的第二部分是读多音节词语。鉴于汉语词语是由两个或两个以上音节组成的节奏单元，在其内部还存在音节之间的连接和分界，音节之间既互相影响，又互相区别。双音节是最基本的汉语语流节奏单元，是多音节词语最基本最多的类型，实验卷的词语也都是双音节的，故这里只分析双音节词语。

《普通话水平测试大纲》对读多音节词语分别作了以下规定：

读多音节词语（100 个音节），限时 2.5 分钟，共 20 分。

1. 目的

测查应试人声母、韵母、声调和变调、轻声、儿化读音的标准程度。

2. 要求

（1）词语的 70% 选自《普通话水平测试用普通话词语表》“表一”，30% 选自“表二”。

（2）声母、韵母、声调出现的次数与读单音节字词的要求相同。

（3）上声与上声相连的词语不少于 3 个，上声与非上声相连的词语不少于 4 个，轻声不少于 3 个，儿化不少于 4 个（应为不同的儿化韵母）。

（4）词语的排列要避免同一测试要素连续出现。

3. 评分

（1）语音错误，每个音节扣 0.2 分。

（2）语音缺陷，每个音节扣 0.1 分。

（3）超时 1 分钟以内，扣 0.5 分；超时 1 分钟以上（含 1 分钟），扣 1 分。

从《普通话水平测试大纲》的规定可以看出，读多音节词语部分，测查内容同读单音节字词，并加上了变调、轻声、儿化等内容。同一个音在单个音节里的发音和与别的音节结合起来发音的实际情况是不一样的。过渡平稳，顺势简化是关键，故在评判多音节词语时具体标准与单音节并不完全一样。

音节间的协同发音与语音节内部的协同发音是不一样的。对普通话双音节语图进行识别与分析，要掌握双音节词语之间的音节分界。后一音节开头清辅音的出现是后一音节开始的标志，但后一音节如是浊辅音或以元音开头，音节的划分就有一定难度，需要具体情况具体分析。例如，在具体的语图识别过程中，只要看到一个加长的鼻音共振峰，并且其长度已经远远超过起首鼻音［n］所应有的最大长度，而前一音节的 $F_2$ 没有下掉的痕迹，那么说明在这个起首鼻音［n］前一定还有一个［n］收尾，具体可参看图 4－24。这是一种音节边界信号：连续语流中出现的超长鼻音共振峰标志着有一个音节的分界点在这个超长鼻音共振峰上。

轻声在双音节词语中也是一个重要的现象，是与一般音节相比听起来较弱的音节。虽然在具体的发音过程中，会出现极个别轻声音节的音强强于前音节的现象，但是大部分时候，轻声在波形图上的表现为音长较短，音强较弱。需要与前一个一节对比分析。轻声的音高也要具体情况具体分析。

儿化韵是前一个音节的韵母与“儿”音节结合而发展来的，自然顺口是儿化韵的关键要素。如不够自然顺口，要么丢弃韵尾，要么改换韵腹，也需具体情况具体分析。由于“儿化”发音时有一个卷舌的动作，从语图上看，$F_3$ 大幅下滑，越来越靠近 $F_2$，甚至与 $F_2$ 完全重合，这是识别儿化韵的典型标志，可参看图 3－3。

**一、存在　窗户　抽象　尾巴　老板**

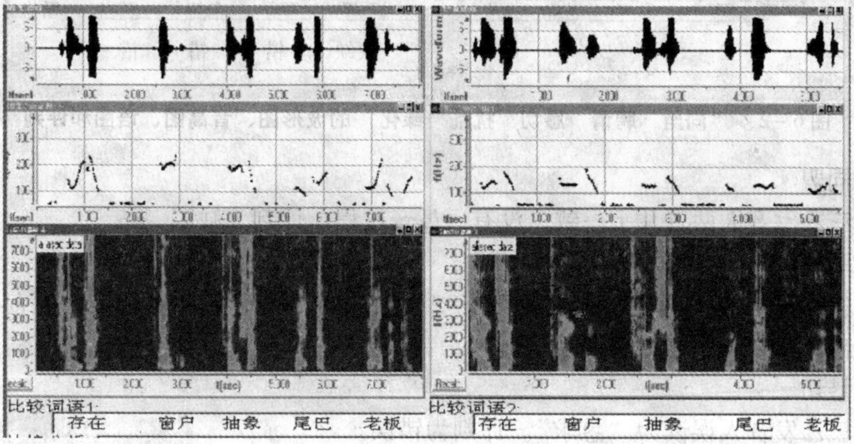


缺　　缺缺　缺　错　　错

**图 6－1　“存在　窗户　抽象　尾巴　老板”的波形图、音高图、语图和评判**

存在

三乙发音人“存在”两音节强频区明显偏低，说明舌尖前音的舌位略后。评判为缺陷。

窗户

三乙发音人“户”波形较强、较长，未能体现轻声的发音特征。评判为缺陷。

抽象

三乙发音人“抽”元音共振峰 $F_1$、$F_2$ 明显偏高，近乎“ao”。评判为错误。

尾巴

一乙发音人“巴”虽音长较短，但波形较强，评判为缺陷。三乙发音人“巴”轻声的音长、音强竟强于前一音节。评判为错误。

**二、同盟　聘请　恳切　扰乱　绿化**

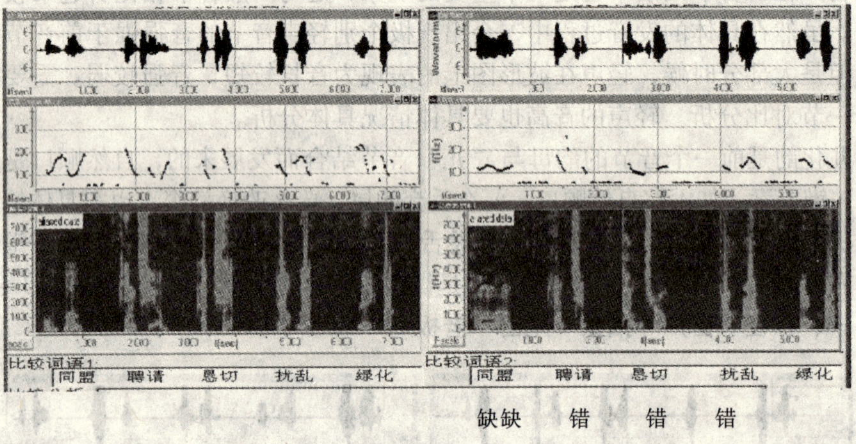


**图6－2　“同盟　聘请　恳切　扰乱　绿化”的波形图、音高图、语图和评判**

同盟

三乙发音人两音几乎一致，没有后鼻音过程。评判为缺陷。

聘请

三乙发音人“请”$F_2$ 始终远离 $F_1$，没有下降趋势，说明鼻音舌位靠前，未体现出鼻音“ng”的发音特征。评判为错误。

恳切

三乙发音人误读为“恳求”。评判为错误。

扰乱

三乙发音人误读为“捣乱”。评判为错误。

三、耳朵　苹果　纠正　承认　庄稼

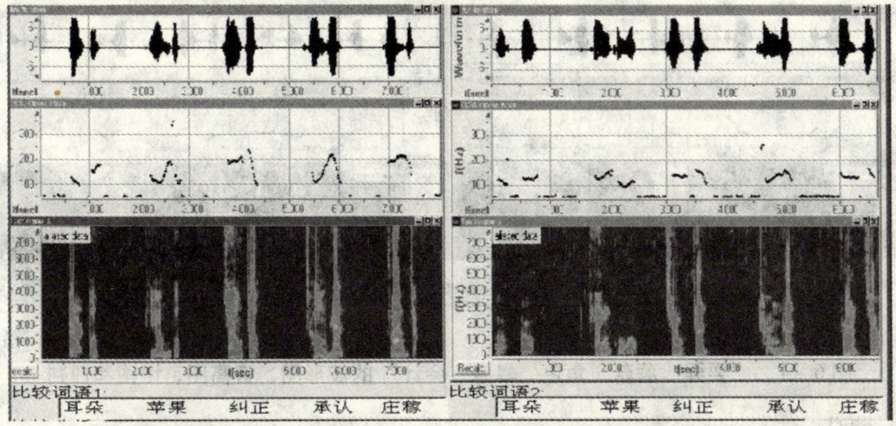


缺错　错缺　错　错　错

图 6－3　“耳朵　苹果　纠正　承认　庄稼”的波形图、音高图、语图和评判

耳朵

三乙发音人“耳”$F_3$ 与 $F_2$ 相距甚远，没有向下滑动的趋势，翘舌度不够，评判为缺陷。“朵”的音强明显强于前字，没有体现出轻声的发音特征。评判为错误。

苹果

三乙发音人“苹”$F_2$ 始终远离 $F_1$，且没有下滑的变化，说明元音“i”后的鼻音舌位靠前，未能体现鼻音“ng”的发音特征。评判为错误。“果”$F_1$、$F_2$ 没有动程。评判为缺陷。

纠正

三乙发音人“正”$F_2$ 靠近 $F_3$，离 $F_1$ 稍远，为靠前元音特征，说明鼻音舌位相对靠前，听感上与前鼻音“n”相似。评判为错误。

承认

三乙发音人发音语图“承”$F_2$ 未向 $F_1$ 靠近，说明鼻音舌位靠前。评判为错误。

庄稼

三乙发音人“稼”的音强明显强于前字，没有体现出轻声的发音特征。评判为错误。

## 四、耍弄　蘑菇　角色　暴虐　会计

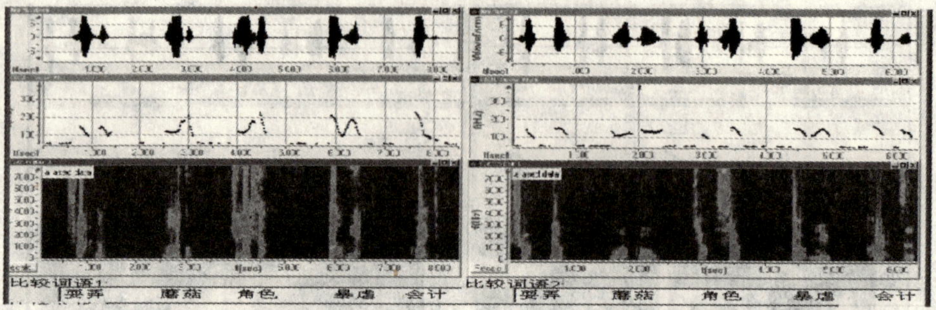


错　错　错　错

图6-4　“耍弄　蘑菇　角色　暴虐　会计”的波形图、音高图、语图和评判

蘑菇

三乙发音人“菇”的音强等同于前字，且更长，没有体现出轻声的发音特征。评判为错误。

角色

三乙发音人“角”$F_1$大幅上升，$F_2$大幅下降，必然是因为两个元音开口度大小、舌位前后过于悬殊致使元音共振峰走势未能体现出小幅变化的特征。“jue”误读为“jiao”。评判为错误。

暴虐

三乙发音人“虐”元音共振峰$F_1$、$F_2$没有动程，说明舌位没有变化。评判为错误。

会计

三乙发音人发“计”$F_1$、$F_2$、$F_3$分布均匀，近似央“e”，不符合前高元音“i”的发音特征。评判为错误。

## 五、大伙儿　非常　美好　否则　解放

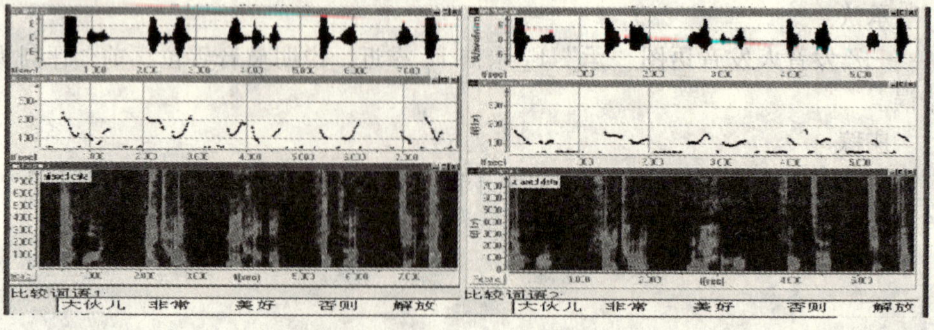


缺　缺　缺缺

图6-5　“大伙儿　非常　美好　否则　解放”的波形图、音高图、语图和评判

大伙儿

三乙发音“伙儿”$F_3$ 下滑不明显，说明儿化翘舌度不够。评判为缺陷。

非常

三乙发音人“常”$F_1$、$F_2$ 略高，元音略偏前，鼻音不够后。评判为缺陷。

解放

三乙发音人“解”$F_1$、$F_2$ 变化不大，未能体现出“i”到“e”的过渡，评判为缺陷。“放”$F_1$、$F_2$ 略高，元音略偏前，鼻音不够后。评判为缺陷。

**六、隧道　快餐　脉搏　墨水儿　落选**

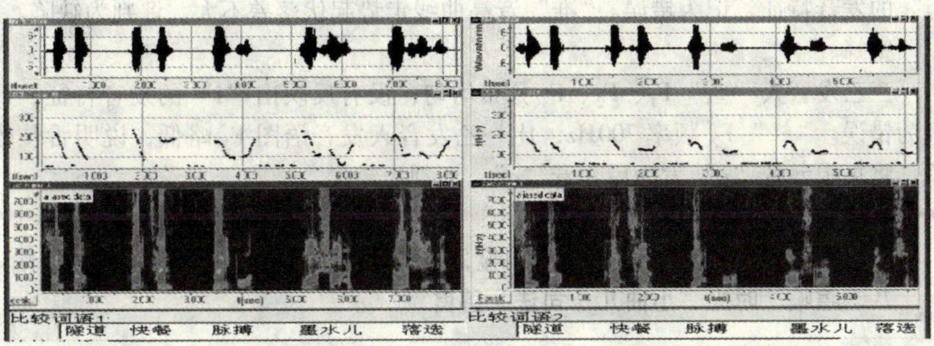


缺　错

**图6-6　“隧道　快餐　脉搏　墨水儿　落选”的波形图、音高图、语图和评判**

墨水儿

三乙发音人“水儿”$F_1$、$F_2$ 变化不大，$F_3$ 下滑不明显，未能体现出儿化韵特征。评判为缺陷。

落选

三乙发音人“选”$F_1$、$F_2$ 走势没有变化，没有反映出从“ü”到“a”开口度大小、舌位前后的变化。评判为错误。

**七、左右　突击　批准　蜜蜂　有点儿**

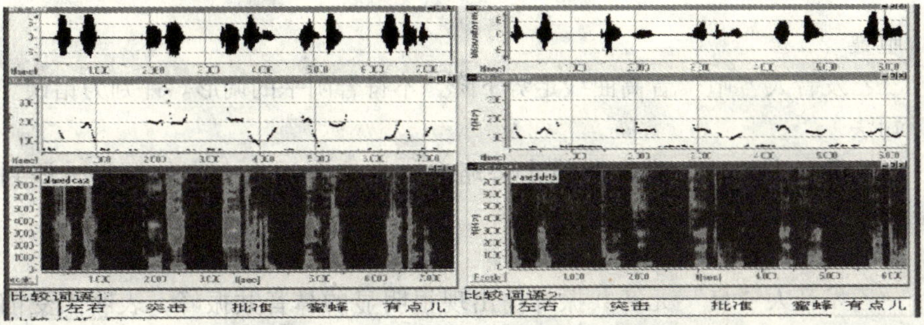


缺　缺错　错　错错　缺

**图6-7　“左右　突击　批准　蜜蜂　有点儿”的波形图、音高图、语图和评判**

左右

三乙发音人“左”$F_1$、$F_2$ 没有动程。评判为缺陷。

突击

三乙发音人“突”$F_1$、$F_2$ 相隔较远，说明“u”圆唇度不够。评判为缺陷。“击”强频区偏高，$F_1$、$F_2$、$F_3$ 分布均匀，没有体现出前高元音“i”的发音特征。评判为错误。

批准

三乙发音人发音语图“批”$F_1$、$F_2$、$F_3$ 分布均匀，没有反映出前高元音“i”的发音特征。记为错误。“准”音高曲线走势起伏落差不大。评判为缺陷。

蜜蜂

三乙发音人“蜜”$F_1$、$F_2$、$F_3$ 分布均匀，没有反映出“i”的发音特征，评判为错误。“蜂”$F_2$ 频率 700Hz，比一乙发音人发音语图 $F_2$ 略低，说明舌位较后，将央中元音“e”发为后元音“o”。评判为错误。

有点儿

三乙发音人“点儿”$F_3$ 下滑不明显，未能体现出儿化韵特征。评判为缺陷。

**八、喧嚷　时光　小曲儿　司法　善良**

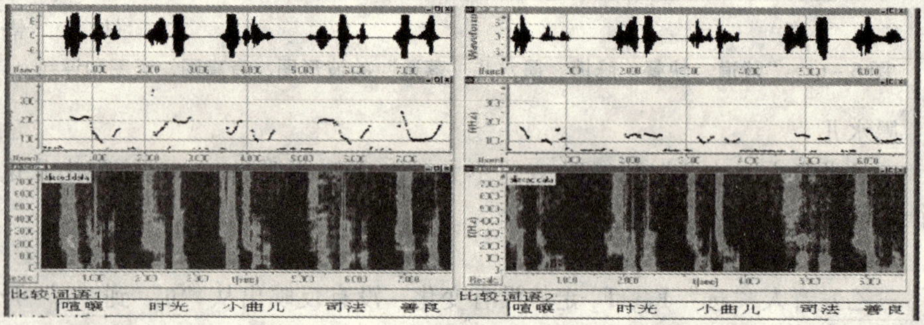


缺　错　　　　错　缺

**图6-8　“喧嚷　时光　小曲儿　司法　善良”的波形图、音高图、语图和评判**

喧嚷

三乙发音人“喧”音高曲线走势下降，不符合阴平的调形。评判为错误。

司法

三乙发音人“法”音高曲线走势略升，不符合词末上声的调形。评判为错误。

善良

一乙发音人“良”元音共振峰前出现很明显的鼻音共振峰，表明因受前字鼻韵尾“n”的影响而将边音“l”发为鼻音“n”。评判为缺陷。三乙发音人同一乙发音人。评判为缺陷。

## 九、边卡　汤圆　凉爽　俊俏　王冠

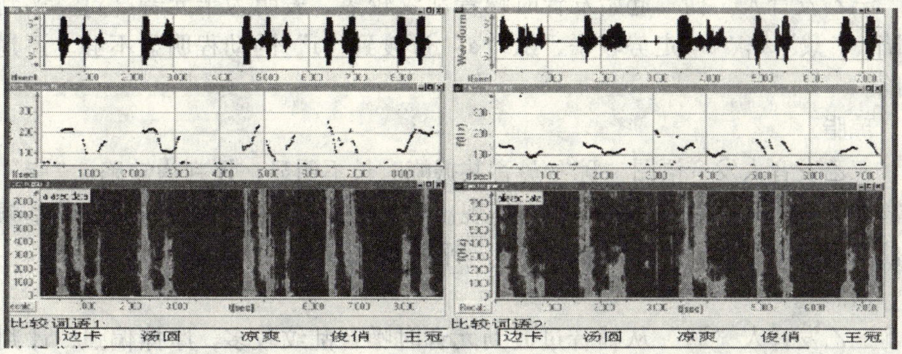


错缺　　缺缺　错　　错

图 6－9　“边卡　汤圆　凉爽　俊俏　王冠”的波形图、音高图、语图和评判

边卡

三乙发音人“边”元音共振峰 $F_1$、$F_2$ 未发生变化，未体现出前高元音“i”到前半低元音“a”的过渡。评判为错误。“卡”上声相对音高曲线偏高，走势起伏落差不大。评判为缺陷。

凉爽

三乙发音人“凉”、“爽”的鼻音共振峰时长均不明显。评判为缺陷。

俊俏

三乙发音人发音语图“俊”$F_1$、$F_2$ 未清晰分开，未显现出“ü”圆唇的发音特征。评判为错误。

王冠

三乙发音人“冠”音高曲线走势下降，不符合阴平的调形。评判为错误。

## 十、拥戴　琼脂　迥然　讹诈　昂首

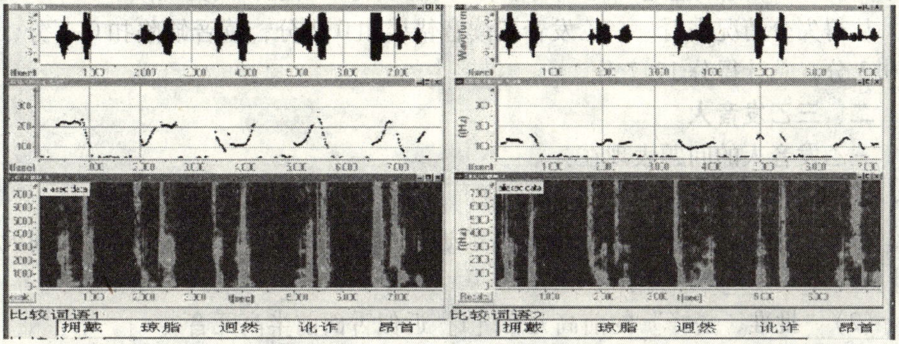


缺缺　缺错　缺缺　错

图 6－10　“拥戴　琼脂　迥然　讹诈　昂首”的波形图、音高图、语图和评判

拥戴

三乙发音人“拥”起始发音时噪音乱纹较多，表明为半元音［j］。评判为缺陷。“戴”$F_1$、$F_2$走势较平，从“a”过渡到“i”的动程明显不够。评判为缺陷。

琼脂

三乙发音人发音语图“琼”鼻音共振峰时长不明显，评判为缺陷。“脂”$F_3$远离$F_2$，说明卷舌程度不够，没有体现出舌尖后元音“i”的发音特征；基频音高曲线走势上升，不符合阴平的调形。评判为错误。

迥然

三乙发音人“迥”从辅音过渡到元音时噪音乱纹较多，摩擦偏强，评判为缺陷。“然”$F_1$、$F_2$末端紧密相连，说明鼻音舌位靠后。评判为缺陷。

讹诈

三乙发音人“讹”基频音高曲线走势下降，不符合阳平的调形。评判为错误。

## 第二节　实验卷双音节词语的等级评分

词语部分共20分，限时2.5分钟，评分原则为：（1）语音错误，每个音节扣0.2分。（2）语音缺陷，每个音节扣0.1分。（3）超时1分钟以内，扣0.5分；超时1分钟以上（含1分钟），扣1分。因为两人都在有效时间内完成读音内容，以下只从错误和缺陷两方面对上面语图分析的结果进行归纳。

### 一、一乙发音人

一乙发音人存在的问题主要有：“善良”的“良”由于前一字“善”的韵尾－n的影响，声母l发如n，判为错误；“尾巴”的“巴”是轻声音节，虽然音长短于“尾”，但音强超过“尾”，同时a的音质特征明显，判为缺陷。

从得失分情况来看，一乙发音人读音错误扣0.2分，读音缺陷扣0.1分，共失0.3分，总计得分19.7分。

### 二、三乙发音人

三乙发音人的问题表现在：

1. 读音错误

（1）“会计、突击”的声母j靠前近似z，前高元音［i］近似舌尖前元音［ɿ］。

（2）“批准、蜜蜂”的前高元音［i］近似舌面前半高元音［e］。

（3）“俊俏”的“俊”前高元音ü发音近似舌面前半高元音［e］。

（4）“边卡”的“边”、“落选”的“选”、“暴虐”的“虐”复元音没有动程。

(5)“聘请、苹果、纠正、承认”等加点字后鼻音明显靠前。

(6)元音发音舌位偏低，“抽象”的“抽”发音近似 chao。

(7)声韵拼合误读：“蜜蜂”的“蜂”(fēng)读做 fōng。

(8)将“角色”的“角”(jué)读做 jiǎo。

(9)声调误读。“喧嚷”的“喧”读为去声，“王冠”的“冠”读为去声，“司法”的“法”读为阳平，“琼脂”的“脂”读为阳平，“讹诈”的“讹”读为去声。

(10)“庄稼”、“尾巴”、“耳朵”、“蘑菇”轻声不轻反而加重。

(11)汉字读错，将“恳切”读做“恳求”，“扰乱”读做“捣乱”。

多音节词语读音错误26个，扣5.2分。

2. 读音缺陷

(1)“存在”声母 z、c 舌位偏后。

(2)“善良”的“良”混读为 n。

(3)“存在、左右、解放、拥戴、苹果”儿词中的复韵母动程不够。

(4)“突击”发韵母 u 时圆唇度不够。

(5)“凉爽”、“非常”、“解放”、“同盟”、“琼脂”后鼻音偏前。

(6)“拥戴”的“拥”、“迥然”的“迥”韵头 i 摩擦过大。“迥然”的“然”前鼻音偏后。

(7)“耳朵”的“耳”中卷舌央中不圆唇元音[ər]卷舌不够。

(8)“大伙儿”、“墨水儿”、“有点儿”儿化韵卷舌不够。

(9)“批准”的“准”上声调起伏不大。

(10)“窗户”轻声不够。

多音节词语读音缺陷25个，扣2.5分。

三乙发音人读音错误扣5.2分，读音缺陷扣2.5分，共失7.7分，总计得12.3分。

# 第七章　普通话水平测试朗读语句的语图识别

## 第一节　实验卷朗读语句的具体评判

《普通话水平测试大纲》对朗读短文作了以下规定：

朗读短文（1篇，400个音节），限时4分钟，共30分。

1. 目的

测查应试人使用普通话朗读书面作品的水平。在测查声母、韵母、声调读音标准程度的同时，重点测查连读音变、停连、语调以及流畅程度。

2. 要求

（1）短文从《普通话水平测试用朗读作品》中选取。

（2）评分以朗读作品的前400个音节（不含标点符号和括注的音节）为限。

3. 评分

（1）每错1个音节，扣0.1分；漏读或增读1个音节，扣0.1分。

（2）声母或韵母的系统性语音缺陷，视程度扣0.5分、1分。

（3）语调偏误，视程度扣0.5分、1分、2分。

（4）停连不当，视程度扣0.5分、1分、2分。

（5）朗读不流畅（包括回读），视程度扣0.5分、1分、2分。

（6）超时扣1分。

从《普通话水平测试大纲》的规定可以看出，朗读短文的测查内容，在声韵调读音标准的基础上，增加了连读音变、停连、语调以及流畅程度等内容。普通话水平测试语句的语图识别与评判，应着重把握整个句子音高的走势模式，全句音强的变化模式，其中以双音节词语为单位形成的基本语句片段（又称为节奏单元）最为重要。这些要素的组合，形成普通话语句的轻重、高低、长短、停连的语调及其自然流畅程度。普通话的语句片段，是以与双音节词语的组合为基础，自然形成的语言片段，停顿是这些语句片段的明显的分界标志。全句和每个语句片段都有自己的普通话语调的标志性语音特征：音强由强到弱，音高由高到低，各音节在自己原有声调的基础上顺势降低和简化的趋势。这符合人在说话时的自然的生理运动。只要句中各语句片段停顿得当，音强、音高的总体走势正确，自然流畅，都可以评判为正确的语调。

下面进行朗读短文中句子的具体语图识别与评判。限于篇幅，这里只选取了文章的前半部分进行分析评判。

一、盼望着，盼望着，东风来了

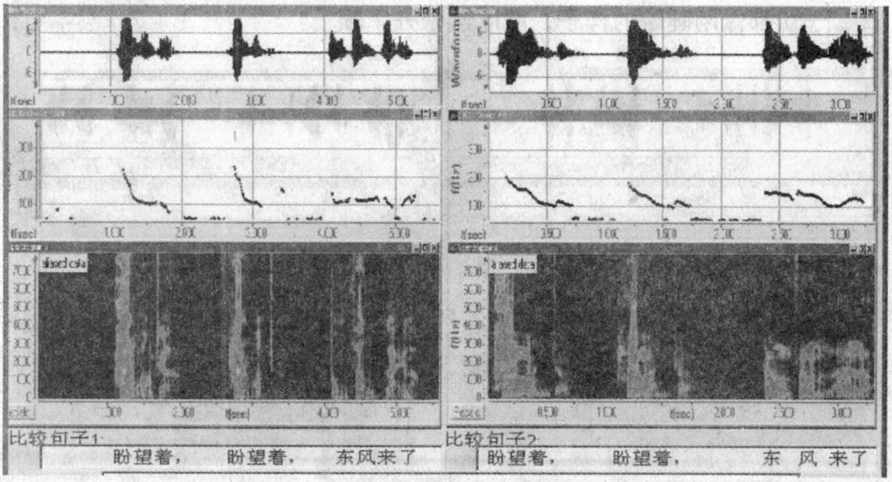


图7-1　“盼望着，盼望着，东风来了”的波形图、音高图和语图

上图含三个语句片段，一乙发音人发音标准，语调自然流畅，符合普通话语调标志性的语音特征。三乙发音人轻声音节“了”发音较重，时长较长，不够自然。“风”的韵母与“东”相同，评判为错误。

二、春天的脚步近了

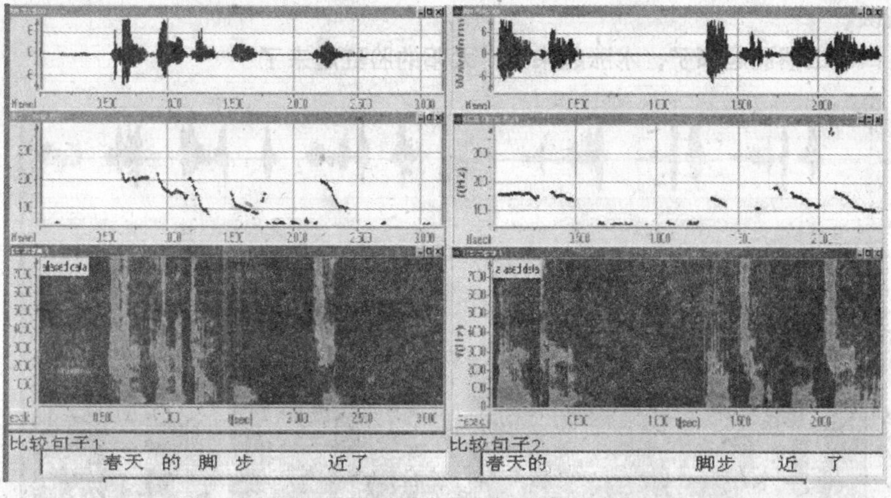


图7-2　“春天的脚步近了”的波形图、音高图和语图

一乙发音人有两个语句片段，发音标准，语调自然流畅，符合普通话语调标志性的语音特征。三乙发音人的两个语句片段，停顿不当，发音不够自然流畅，

且把“春”发成“冬”，评判为错误。“天” $F_1$、$F_2$ 走势无变化，未能体现出前高元音“i”到前半低元音“a”开口度变大的过程，评判为错误。

**三、一切都像刚睡醒的样子，欣欣然张开了眼**

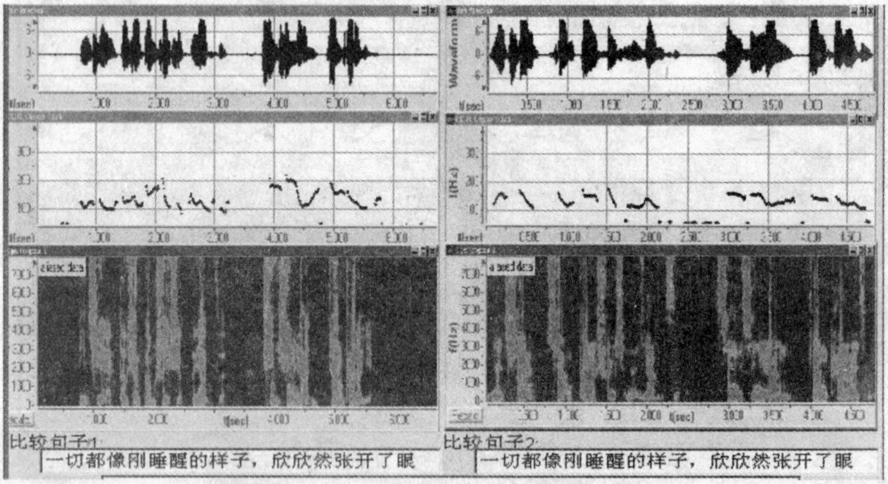


图 7－3　“一切都像刚睡醒的样子，欣欣然张开了眼”的波形图、音高图和语图

一乙发音人有三个语句片段，发音标准，语调自然流畅。三乙发音人有四个语句片段，语调片段划分有误，不够自然流畅。漏读“都”。“眼” $F_1$、$F_2$ 走势无变化，没有体现出前高元音“i”到前半低元音“a”开口度变大的过程。评判为错误。

**四、山朗润起来了，水涨起来了，太阳的脸红起来了**

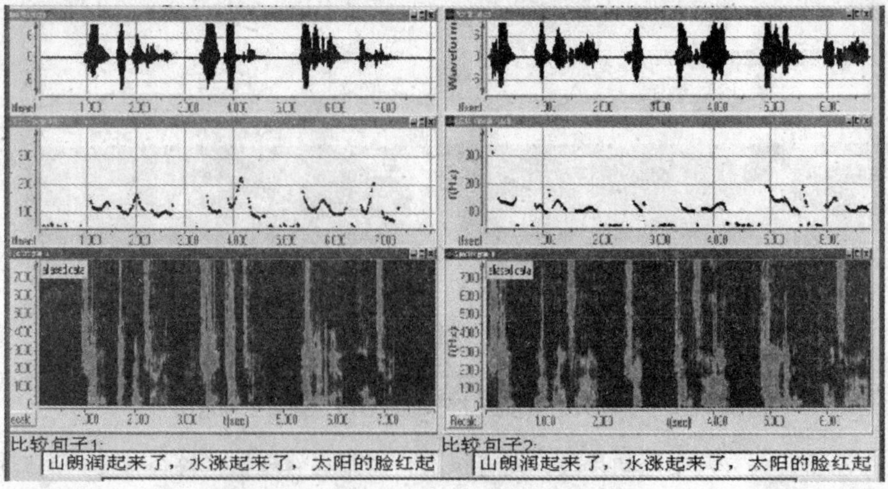


图 7－4　“山朗润起来了，水涨起来了，太阳的脸红起来了”的波形图、音高图和语图

一乙发音人有六个语句片段，发音标准，语调自然流畅。三乙发音人语句片段划分正确，但“起”的 $F_1$、$F_2$、$F_3$ 分布均匀，声母、韵母有系统性语音缺陷。“涨”音高曲线走势略降，未变调。轻声音节“了”发音较重，时长较长，不够自然。“脸” $F_1$、$F_2$ 没有变化，未体现出前高元音“i”过渡到前低元音“a”开口度变大的过程。评判为错误。

**五、小草偷偷地从土里钻出来**

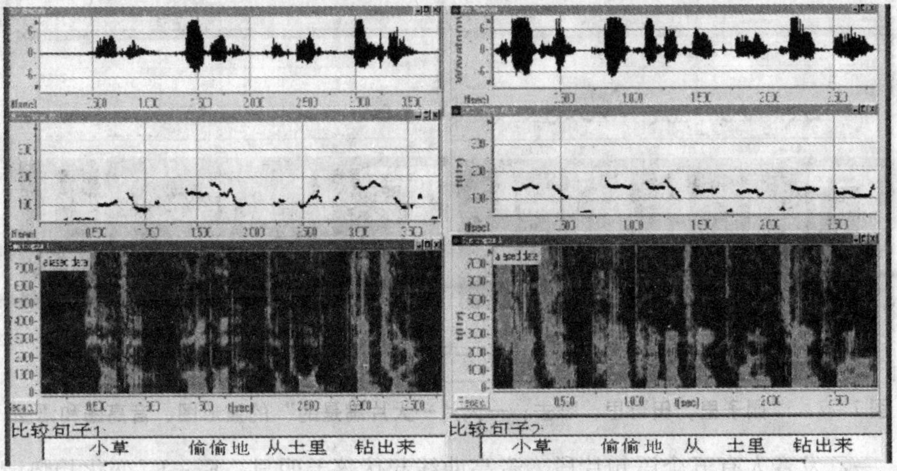


图 7－5　“小草偷偷地从土里钻出来”的波形图、音高图和语图

一乙发音人有四个语句片段，发音标准，语调自然流畅。三乙发音人有三个语句片段，基频音高曲线起伏落差不大。不够自然。

**六、嫩嫩的，绿绿的**

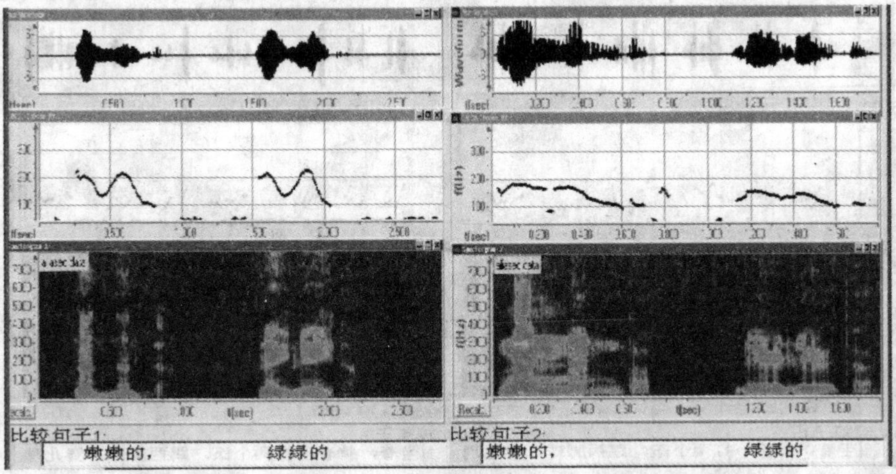


图 7－6　“嫩嫩的，绿绿的”的波形图、音高图和语图

一乙发音人有两个语句片段，发音标准，但音高曲线起伏落差过于明显，语调不够自然。三乙发音人有两个语句片段，基频音高曲线起伏落差不大，顺势下降，比较自然。

**七、园子里，田野里，瞧去，一大片一大片满是的**

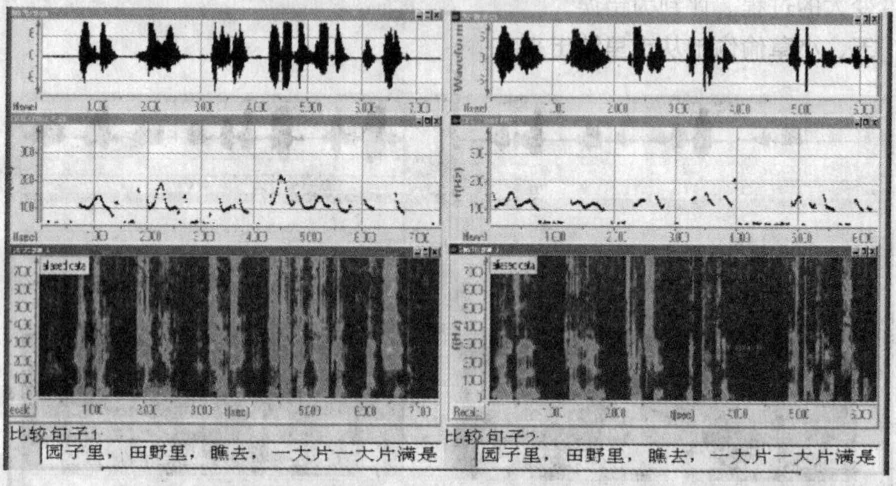


图7－7　“园子里，田野里，瞧去，一大片一大片满是的”的波形图、音高图和语图

一乙发音人有五个语句片段，音高曲线起伏落差明显，$F_1$、$F_2$ 变化趋势清楚体现了元音向元音的过渡。发音标准，语调自然流畅。三乙发音人也有五个语句片段，但停顿不当，后两个语句片段划分不当，不能在两个“一大片”中切分。语调不够自然流畅。

**八、坐着，躺着，打两个滚，踢几脚球，赛几趟跑，捉几回迷藏**

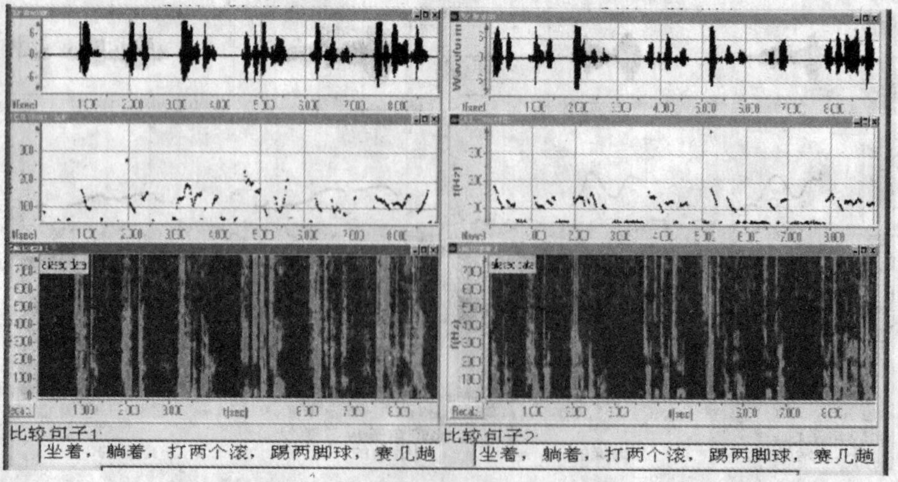


图7－8　“坐着，躺着，打两个滚，踢几脚球，赛几趟跑，捉几回迷藏”的波形图、音高图和语图

一乙发音人有六个语句片段，音高曲线起伏落差明显，$F_1$、$F_2$ 变化趋势清楚体现了元音向元音的过渡。发音标准，语调自然流畅。三乙发音人也有六个语句片段，最后一个语句片段停顿不当，回读，语调不够自然流畅。两个“着”音强偏强，未能反映出轻声的发音特色。三个“几”摩擦较大，$F_1$、$F_2$、$F_3$ 分布均匀，没有反映出前高元音“i”的发音特色，为系统性声韵母缺陷。“捉”$F_1$、$F_2$ 没有变化，没有反映出后高圆唇元音“u”过渡到后半高圆唇元音“o”开口度的变化。评判为错误。

**九、风轻悄悄的，草软绵绵的**

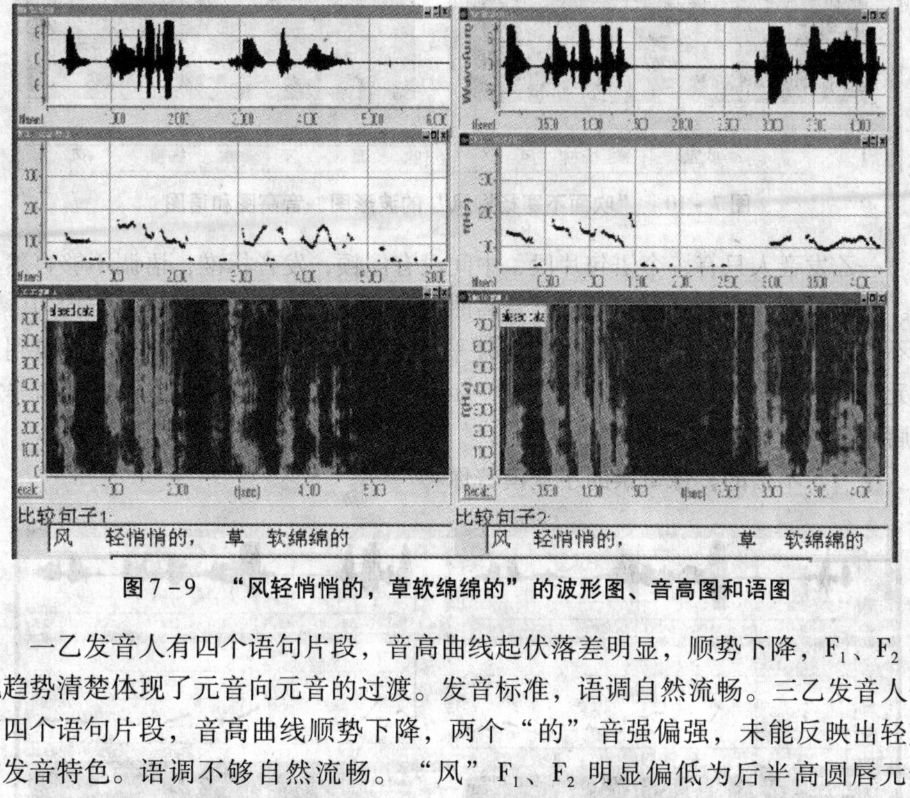


图 7－9 “风轻悄悄的，草软绵绵的”的波形图、音高图和语图

一乙发音人有四个语句片段，音高曲线起伏落差明显，顺势下降，$F_1$、$F_2$ 变化趋势清楚体现了元音向元音的过渡。发音标准，语调自然流畅。三乙发音人也有四个语句片段，音高曲线顺势下降，两个“的”音强偏强，未能反映出轻声的发音特色。语调不够自然流畅。“风”$F_1$、$F_2$ 明显偏低为后半高圆唇元音“o”。评判为错误。“轻”$F_2$ 走势水平，没有反映出鼻音“ng”对前高元音“i”的影响。评判为错误。两个“绵”$F_1$、$F_2$ 走势较平，没有体现出前高元音“i”过渡到前低元音“a”开口度变大的过程。评判为错误。

## 十、吹面不寒杨柳风

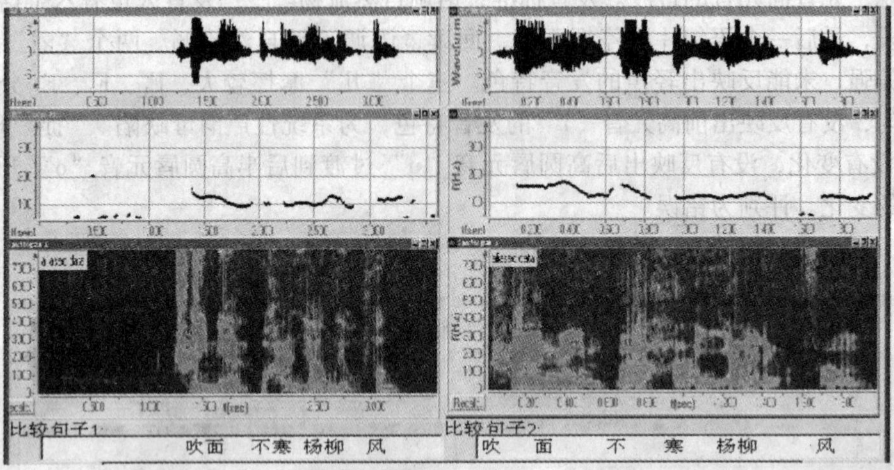


图7－10　“吹面不寒杨柳风”的波形图、音高图和语图

一乙发音人只有一个语句片段，中间没有停顿，发音标准，语调不够自然流畅。三乙发音人有两个语句片段，音高曲线顺势下降，各音节时长过于均匀，语调不够自然流畅。“面” $F_1$、$F_2$ 走势较平，没有体现出前高元音“i”过渡到前低元音“a”开口度变大的过程。评判为错误。“风” $F_1$、$F_2$ 明显偏低为后半高圆唇元音“o”。评判为错误。

## 十一、不错的，像母亲的手抚摸着你

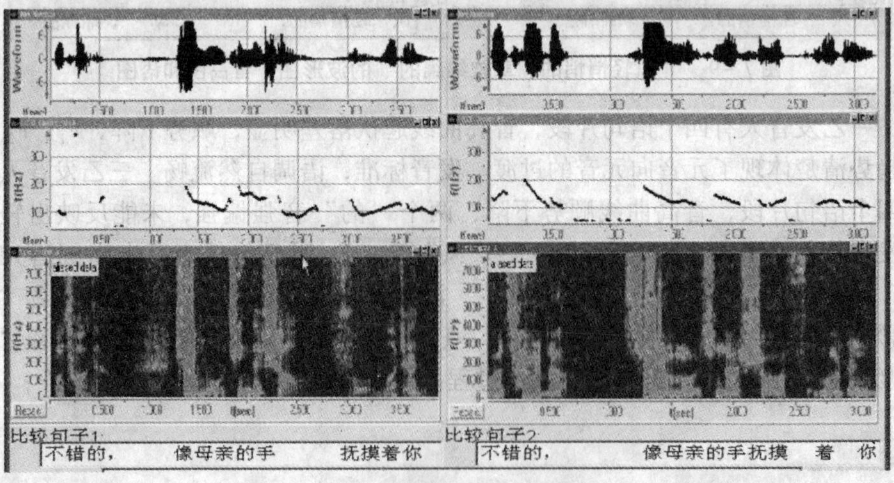


图7－11　“不错的，像母亲的手抚摸着你”的波形图、音高图和语图

一乙发音人有三个语句片段，中间有停顿。$F_1$、$F_2$ 变化趋势清楚，体现了元

音向元音的过渡。发音标准，语调起伏，自然流畅。三乙发音人没有停顿出三个语音片段，只有两个语句片段。音高曲线顺势下降，轻声“着”音强过强，音长过长，音高偏高偏平，未能反映出轻声的发音特色。语调不够自然流畅。

**十二、风里带来些新翻的泥土的气息，混着青草味儿**

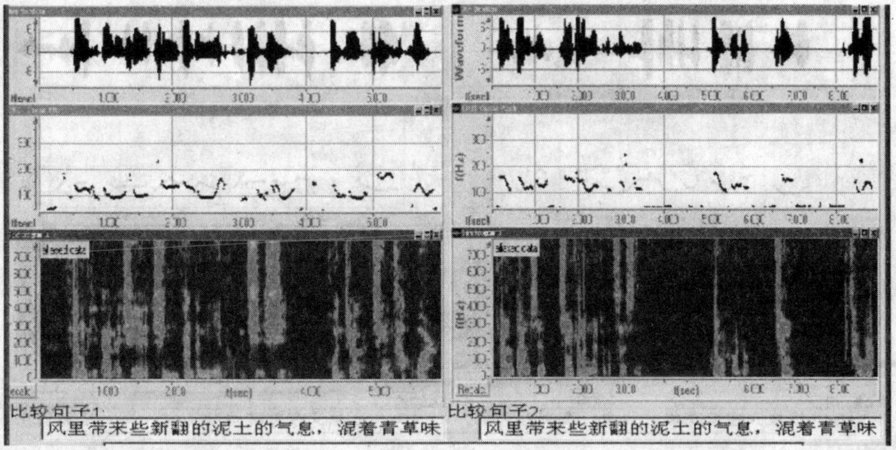


图 7－12　“风里带来些新翻的泥土的气息，混着青草味儿”的波形图、音高图和语图

一乙发音人只有两个语句片段，中间没有停顿。$F_1$、$F_2$ 变化趋势清晰，体现了元音向元音的过渡。发音标准，但语调不够自然流畅。三乙发音人有四个语句片段，但在最后一个语句片段内停顿过长，语调不够自然流畅。“风”的问题同前。“里”、“泥”、“气”、“息”几个“i”摩擦较大，$F_1$、$F_2$、$F_3$ 分布均匀，没有反映出前高元音“i”的发音特色，为系统性声韵母缺陷。“混”后增加了个音节“合”。

**十三、还有各种花的香，都在微微湿润的空气里酝酿**

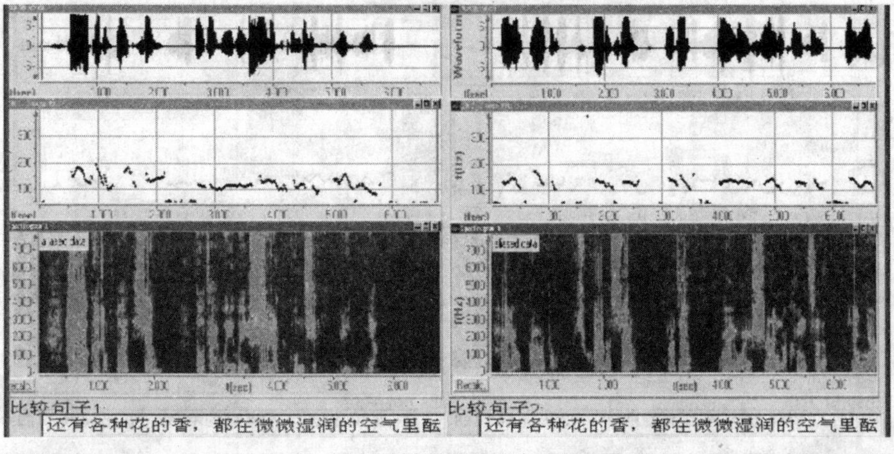


图 7－13　“还有各种花的香，都在微微湿润的空气里酝酿”的波形图、音高图和语图

一乙发音人有三个语句片段。$F_1$、$F_2$ 变化趋势清晰，体现了元音向元音的过渡，发音标准，语调自然流畅。三乙发音人竟有五个语句片段，停顿不当，语调不够自然流畅。“湿”音高曲线走势上升。评判为错误。“气”、“里”问题同前。

**十四、鸟儿将巢安在繁花绿叶当中，高兴起来了**

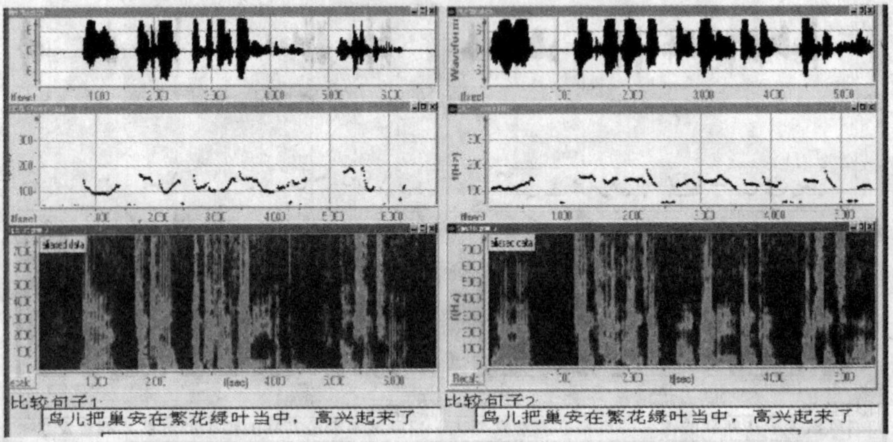


图 7－14　“鸟儿将巢安在繁花绿叶当中，高兴起来了”的波形图、音高图和语图

一乙发音人有四个语句片段。$F_1$、$F_2$ 变化趋势清晰，体现了元音向元音过渡的动程，发音标准，语调自然流畅。三乙发音人也有四个语句片段，各片段的停顿与一乙发音人略有不同，可视为不同类型的正确模式。“将巢安在繁花绿叶当中”的各音节时长过于均匀，语调不够自然流畅。“巢”声母强频区偏高。评判为错误。“起”问题同前。

**十五、呼朋引伴地卖弄清脆的喉咙，唱出宛转的曲子**

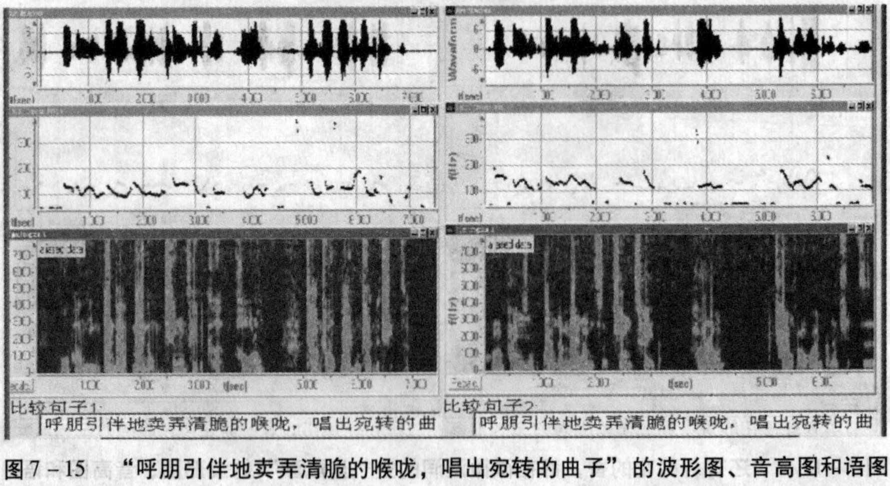


图 7－15　“呼朋引伴地卖弄清脆的喉咙，唱出宛转的曲子”的波形图、音高图和语图

一乙发音人有三个语句片段，有误读形成的停顿，增加“歌”一音节。$F_1$、$F_2$变化趋势清晰，体现了元音向元音过渡的动程，发音标准。因误读，语调不够自然流畅。三乙发音人也有三个语句片段，但在“喉咙”前停顿不当。“卖弄”增加“起”一音节，“起”问题同前。轻声“子”音强过强，音长过长，音高偏高偏平，未能反映出轻声的发音特色。语调不够自然流畅。

**十六、跟轻风流水应和着**

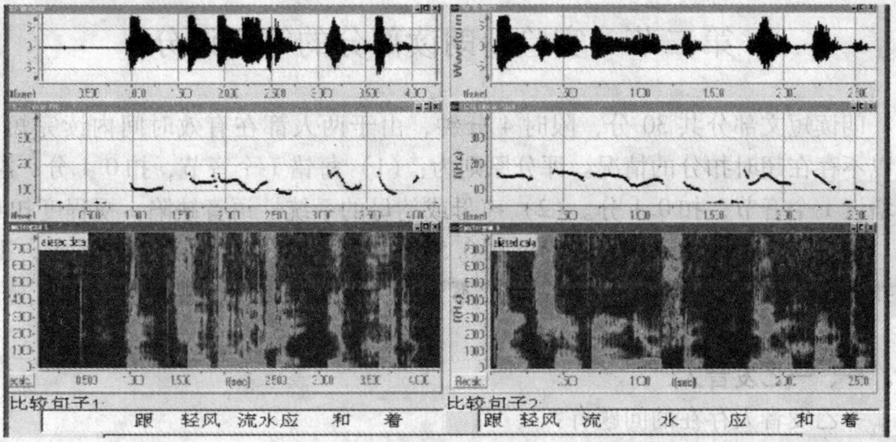


图 7－16 “跟轻风流水应和着”的波形图、音高图和语图

一乙发音人有两个语句片段。$F_1$、$F_2$变化趋势清晰，体现了元音向元音过渡的动程，发音标准。语调自然流畅。三乙发音人也有两个语句片段。音高曲线顺势下降，语调自然流畅。

**十七、牛背上牧童的短笛，这时候也成天嘹亮地响着**

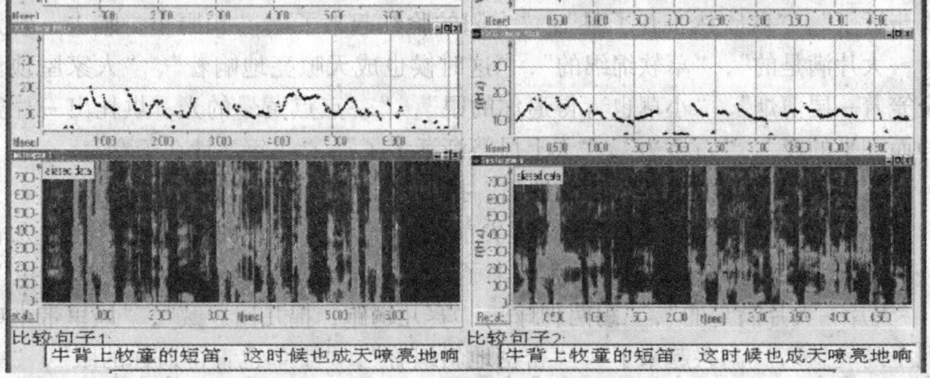


图 7－17 “牛背上牧童的短笛，这时候也成天嘹亮地响着”的波形图、音高图和语图

一乙发音人有四个语句片段。音高曲线起伏落差明显。$F_1$、$F_2$ 变化趋势清晰，体现了元音向元音过渡的动程，发音标准。语调自然流畅。三乙发音人只有两个语句片段。语速停顿不够自然，音高曲线顺势下降，语调不够自然流畅。轻声“着”音强过强，音长过长，音高偏高偏平，未能反映出轻声的发音特色。“天” $F_1$、$F_2$ 走势没有变化，没有体现出前高元音“i”过渡到前低元音“a”开口度明显变大的过程。评判为错误。

## 第二节 实验卷朗读部分的等级评分

朗读短文部分共 30 分，限时 4 分钟，由于两人都在有效时间内读完短文，所以不存在超时扣分的情况。评分原则为：（1）每错 1 个音节，扣 0.1 分；漏读或增读 1 个音节，扣 0.1 分。（2）声母或韵母的系统性语音缺陷，视程度扣 0.5 分、1 分。（3）语调偏误，视程度扣 0.5 分、1 分、2 分。（4）停连不当，视程度扣 0.5 分、1 分、2 分。（5）朗读不流畅（包括回读），视程度扣 0.5 分、1 分、2 分。

**一、一乙发音人**

一乙发音人存在的问题有：

“喉咙”误读为“歌喉”，改正后，停连不当，扣 0.5 分。

“上灯了”的“灯”语调偏高，音强偏强；“地上孩子也多了”的末尾语调偏高、音强偏强。语调偏误，扣 0.5 分。

朗读短文部分，一乙发音人共失 1 分，总计得 29 分。

**二、三乙发音人**

三乙发音人的问题表现在：

1. 读错音节 23 个，扣 2.3 分；漏读音节 1 个，增读音节 2 个，扣 0.3 分

读错的音节主要是把 feng（风）读成 fong，把 -ian 读做 -in。如，“春天的脚步近了”，“欣欣然张开了眼”，“太阳的脸红起来了”，“田野里，瞧去，一大片一大片满是的”，“草软绵绵的”，“这时候也成天嘹亮地响着”，“人家屋顶上全笼着一层薄烟”，“小草也青得逼你的眼”，“一点点黄晕的光，烘托出一片安静而和平的夜”，“石桥边”，“天上风筝渐渐多了”，“一年之计在于春”。

2. 声母或韵母的系统性语音缺陷，扣 1 分

（1）将前高元音 i [i] 读做舌尖前元音 [ɿ]，或舌面前半高不圆唇元音 [e]。如，“山朗润起来了，水涨起来了”，“太阳的脸红起来了”，“园子里”，“一大片一大片满是的”，“踢两脚球”，“赛几趟跑，捉几回迷藏”，“风里带来些泥土的气息”，“高兴起来了”，“密密地斜织着”，“小草也青得逼你的眼”，“一点点黄晕的光，烘托出一片和平而安静的夜”，“有撑起伞”，“地里还有工作的

农民，披着蓑，戴着笠”，“稀稀疏疏的”，“在雨里静默着”，“地上孩子也多了”，“一个个都出来了”，“一年之计在于春”，“刚起头”，“有的是希望”。

（2）后鼻音发音偏前。如，“东风来了”，“刚睡醒的样子”，“风轻悄悄的”，“吹面不寒杨柳风”，“风里带来些泥土的气息”，“高兴起来了”，“呼朋引伴的卖弄清脆的喉咙”，“跟轻风流水应和着”，“这时候也成天嘹亮地响着”，“人家屋顶上全笼着一层薄烟”，“小草也青得逼你的眼”，“傍晚时候上灯了”，“烘托出一片安静而和平的夜”，“有撑起伞”，“在雨里静默着”，“天上风筝渐渐多了”，“城里乡下”，“抖擞抖擞精神”。前鼻音发音偏后，如“山朗润起来了”，“也赶趟儿似的”。

（3）复韵母动程不够。如：

-iao，“风轻悄悄的”，“小草偷偷从土里钻出来”。

-ie，“鸟儿把巢安在繁花绿叶当中”，“可别恼”，“密密地斜织着”。

-iou，“踢两脚球”，“牛背上牧童的短笛”，“像牛毛”。

-uo，“捉几回迷藏”，“披着蓑”，“各做各的一份儿事去”。

（4）发韵母-ou时开口度较大。如，“小草偷偷从土里钻出来”，“像母亲的手抚摸着你”，“还有各种花的香，都在微微湿润的空气里酝酿”，“呼朋引伴地卖弄清脆的喉咙”，“这时候也成天嘹亮地响着”，“一个个都出来了”，“傍晚时候”，“抖擞抖擞精神”。

（5）发er时卷舌度不够，儿化韵卷舌度不够。如“鸟儿把巢安在繁花绿叶当中”，“烘托出一片安静而和平的夜”，“混着青草味儿”，“树叶儿绿的发亮”，“也赶趟儿似的”，“各做各的一份儿事去”，“刚起头儿”。

3. 语调偏误，扣2分

（1）阴平调走势为中升。如，“小草偷偷从土里钻出来”，“一个个都出来了”，“烘托出一片安静而和平的夜”。

（2）上声调走势为中升，如“小草也青得逼你的眼”，“老老小小”。

（3）各声调频差较小。上声起伏不大，如“打两个滚，踢两脚球”，“赛几趟跑”，“有撑起伞”。去声降幅不大，如“春天的脚步”，“嫩嫩的”，“呼朋引伴地卖弄清脆的喉咙”。阳平相对偏低，频差不够，上升得较少，如“吹面不寒杨柳风”。

（4）轻声音节，音强偏强，音长偏长。如，“坐着，躺着”，“混着青草味儿”，“唱出宛转的曲子”，“这时候也成天嘹亮地响着”，“密密地斜织着”，“慢慢走着的人”，“披着蓑，戴着笠”，“他们的房屋”。

（5）句末轻声音节，音强偏强，时长较长，如“东风来了”，“春天的脚步近了”，“雨是最寻常的”，“上灯了”，“稀稀疏疏的”，“天上风筝渐渐多了，地上孩子也多了”。

4. 停连不当，扣1分

有多处停连不当。如“一大片（停顿）一大片满是的”，“还有各（停顿）种花的香”。

5. 朗读不流畅（包括回读），扣1分

因读错回读，停顿不当，造成朗读不流畅4处。

6. 其他问题

（1）顺序颠倒：

“一下就是三两天”，发音人将“三两”读做“两三”。

“在雨里静默着”，发音人将“静默”读做“默静”。

（2）将ü发为不稳态元音，表现在“绿绿的”加点的字中。

三乙发音人朗读短文共有26处错误读音，扣2.6分；声母韵母出现系统性语音缺陷，扣1分；语调偏误扣2分；停连不当扣1分；朗读不流畅扣1分；共失7.6分，总计朗读短文部分得22.4分。

# 第八章　普通话水平测试说话部分的正误辨析

## 第一节　实验卷说话部分的评分体系和评分要点

《普通话水平测试大纲》对说话作了以下规定：

命题说话，限时3分钟，共30分。

1. 目的

测查应试人在无文字凭借的情况下说普通话的水平，重点测查语音标准程度、词汇语法规范程度和自然流畅程度。

2. 要求

（1）说话话题从《普通话水平测试用话题》中选取，由应试人从给定的两个话题中选定1个话题，连续说一段话。

（2）应试人单向说话。如发现应试人有明显背稿、离题、说话难以继续等表现时，主试人应及时提示或引导。

3. 评分

（1）语音标准程度，共20分。分六档：

一档：语音标准，或极少有失误。扣0分、0.5分、1分。

二档：语音错误在10次以下，有方音但不明显。扣1.5分、2分。

三档：语音错误在10次以下，但方音比较明显；或语音错误在10次~15次之间，有方音但不明显。扣3分、4分。

四档：语音错误在10次~15次之间，方音比较明显。扣5分、6分。

五档：语音错误超过15次，方音明显。扣7分、8分、9分。

六档：语音错误多，方音重。扣10分、11分、12分。

（2）词汇语法规范程度，共5分。分三档：

一档：词汇、语法规范。扣0分。

二档：词汇、语法偶有不规范的情况。扣0.5分、1分。

三档：词汇、语法屡有不规范的情况。扣2分、3分。

（3）自然流畅程度，共5分。分三档：

一档：语言自然流畅。扣0分。

二档：语言基本流畅，口语化较差，有背稿子的表现。扣0.5分、1分。

三档：语言不连贯，语调生硬。扣2分、3分。

说话不足 3 分钟，酌情扣分：缺时 1 分钟以内（含 1 分钟），扣 1 分、2 分、3 分；缺时 1 分钟以上，扣 4 分、5 分、6 分；说话不满 30 秒（含 30 秒），本测试项成绩计为 0 分。

《普通话水平测试大纲》最后对说话部分的评分作了一个说明：

各省、自治区、直辖市语言文字工作部门可以根据测试对象或本地区的实际情况，决定是否免测“选择判断”测试项。如免测此项，“命题说话”测试项的分值由 30 分调整为 40 分。评分档次不变，具体分值调整如下：

（1）语音标准程度的分值，由 20 分调整为 25 分。

一档：扣 0 分、1 分、2 分。

二档：扣 3 分、4 分。

三档：扣 5 分、6 分。

四档：扣 7 分、8 分。

五档：扣 9 分、10 分、11 分。

六档：扣 12 分、13 分、14 分。

（2）词汇语法规范程度的分值，由 5 分调整为 10 分。

一档：扣 0 分。

二档：扣 1 分、2 分。

三档：扣 3 分、4 分。

（3）自然流畅程度，仍为 5 分，各档分值不变。

本章对说话部分的辨析采用 40 分的评分体系。

从《普通话水平测试大纲》规定的评分体系可以看出，说话部分重点测查的内容是语音标准程度、词汇语法规范程度和自然流畅程度，其中，语音标准度是重中之重。说话与朗读的最大区别在于有无文字凭借，说话部分最大的难度在于需要自己很好地组织说话的内容并把它们很好地说出来。除这一点外，说话部分的正误辨析与评判与朗读部分的总体要求大致相当。

从扣分情况来看，说话部分十分注意语音错误的数量和对方言的判断，同时注意不规范的词语、语法现象。语言自然流畅也占一定的比例。

根据《普通话水平测试大纲》的规定，应着重把语音标准程度放在首位，同时把握整个句子音高的走势和全句音强的变化模式。以双音节词语为单位形成的基本语句片段，仍是说话时的重中之重。这些要素的组合，形成普通话语句的轻重、高低、长短、停连的语调及其自然流畅程度。语句片段一定要划分合理，停顿准确。这样才能保证发音准确清晰，语调自然流畅。

鉴于不同应试人的说话内容不同，这里不能进行语图的对比分析，只能对不同的应试人进行具体的不同分析。当然，在读单音节字词、多音节词语、朗读短文时的一些分析评判，对说话具有直接重要的参考价值。

# 第二节　实验卷说话部分的具体评判

## 一、一乙发音人

### 我的业余生活

我的业余生活是非常丰富多彩的。要说呢，读书和听（误）音乐是我业余生活当中最爱的两个方面。或许是因为父母的缘故，我从小就受他们的感染，喜欢读书。

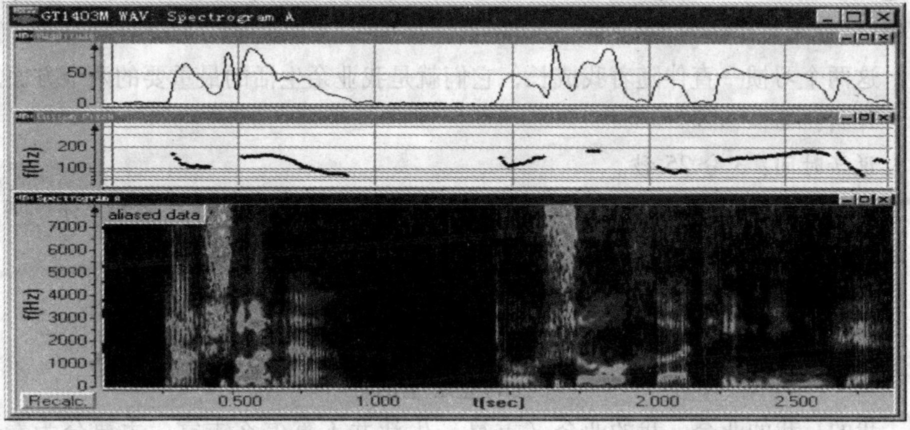


要　说　呢，　　　　　读　　书　　和　听（误）音乐

图 8－1　一乙发音人说话语图（举例）

记得在很小的时候，当时我还在上幼儿园，有一次生病住院，和我同住的也是一个小朋友。我就翻着一本连环画，书的名字叫做《小水滴旅游记》，给他讲书中的故事。那家的大人觉得非常奇怪，怎么那么小的孩子居然就能够给人照着书讲故事，一问才知道，那时实际上很多的字我还看不懂，但是就因为喜欢看，并且注意听爸爸妈妈他们讲，结果就把书中的字全部都记了下来。这个习惯一直伴随着我成长，一直到现在我都还非常喜欢读书。经常到新知图书城去，一到里面一坐往往就是一个下午、一整天（此句语法结构不够规范）。

我读的书很多，但是读了那么多之后我觉得我最感兴趣的还是科幻小说呀、侦探故事呀这一类的书。我读书的范围非常（误）广泛，并不局限（误）局限（重复）于某一个方面。虽然我学的是文科，学的是汉语言文学教育，但是我对于理科的知识也同样地感兴趣。我非常关注物理学以及计算机科学方面的一些新（误）的发展。每每看到报上出现一个标题，某某科学界又出了一个什么新的成果，我都会非常留心地去看一看它说的是什么。由于这个读书的习惯，使我形成了一个非常良好的知识结构。

说到另外另外（重复）一个方面——听音乐，同样也是受到我父母的影响。但是早的时候，还在我小的时候，家里面条件不是很好，当时最记得的是邻居家有一台“小饭盒”，当然现在的孩子们不会知道“小饭盒”指的是什么，对于我们来说这也是一个已经很遥远的词语。当时能够从邻居家把他的“小饭盒”借来听上一段音乐，感觉是非常美好的一件事情。后来生活逐渐好了，家里面也添置了录音机。父亲母亲又尤其喜欢歌曲、喜欢唱歌。不过那时候还没有像我们现在这么多的可以听的东西，所以由此呢，我也就形成了喜欢听（误）音乐的习惯。

这两个习惯一直伴随着我成长，它们就是我业余生活的最重要的两个方面。

评判：

说话时间：3 分 25 秒。

4 个字音有误，2 处重复，1 处语法结构不够规范。语音标准度扣 1 分。词汇语法规范度扣 1 分。言语流畅度扣 0.5 分。共扣 2.5 分。

说话得分：37.5 分。

**二、三乙发音人**

**我的业余生活**

我的、我的业余、我的业余（重复）生活并不算怎么丰富。主要分为看书和运（误）动。看书（较长停顿），我是从小学开始（误）看书的。在小学（误）以前（误），我没有上过什么幼儿（误）园（误）。因为那时候家里面很穷（误）。再说那儿，我们家乡那儿教育非常落后，没上过幼儿（误）园。

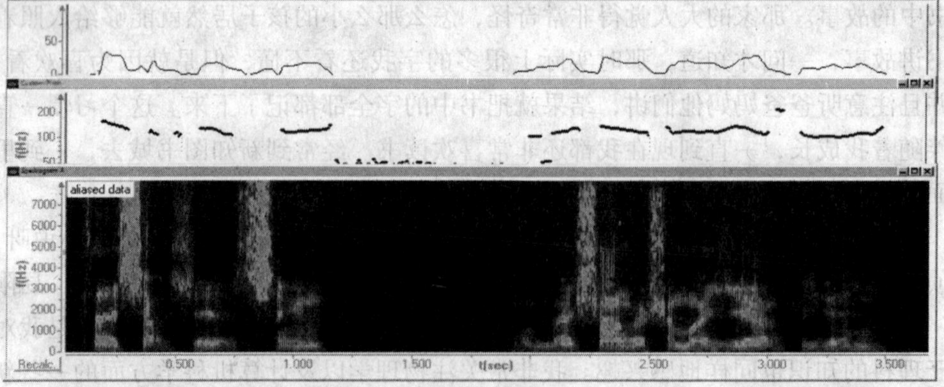


在　小 学(误)以前(误)，　　　　　　我没有上 过 什　么幼儿(误)园(误)

图 8－2　三乙发音人说话语图（举例）

看书是从小学开始，从小学二年级（误）开始，我父亲就给我订了一本小学生作文（误），那时候，每天放学之后，就是看那些作文（误），作文。然后到，上到四五年级（误）的时候，就是跟老师借。借些课外书看。再后面，差不多在小学刚刚要毕业的时候，就开始（误）看一些小说，好比现在这些《水浒（误）传》之类的。《水浒（误）传》刚开始看的时候看不懂，后面就慢慢地、慢慢地看，看了三遍之后才有些头（误）绪。（较长停顿）从小学开始（误）看书就是，《唐诗》、《宋词》都看，到后面，到上初中的时候就是什么书都看，只要有的书。那时候就是从书上找一些感觉。（过长停顿）那时候、那时候（重复）时间很多，觉得就是只要看书，遇、遇（重复）到什么不开心的时候，也是看书，消磨时间。（较长停顿）在我的，我的业余生活的第二部分就是运动，运动。小学时候，我是体弱，非常小，不能跟大一点的同学去玩什么排球啊、足球和篮球这些需（误）要身体强健（误）些的运动，我只（误）是玩些羽（误）毛球和乒乓球。（较长停顿）不过羽毛球和乒乓球也只是玩玩，在上面的球技上的技术也不怎么好（语法不规范）。到初三，初三的（重复）时候才开始玩篮球，那时候初三（较长停顿）时间比较多，我觉得。上初三的时候，一般学生自己（误）安排的时间比较多，所以，我觉得学习（误）起来很轻松。所以，跟有些同学去玩、玩（重复）篮球。（较长停顿）后面玩篮球又到高中了。到高中就跟我们班的几（误）个同学，那时候我也比较大，跟班上几（误）个好玩的同学经常在一起（误）打篮球，还有几（误）个老乡（语法不规范）。那时候，我读高中不是在我们县（误）上读。

评判：

说话时间：3 分 55 秒（235 秒，其中含几个较长停顿时间共计 35 秒）。

语音错误和语音系统性缺陷同朗读部分。从说话部分来看，新发现的问题有：

上声混读阳平，如“开始看书的”的“始”。

阳平混读上声，如“幼儿园”的“儿”

误读轻声，“作文”的文。

这些音调问题是普通话学习时，矫枉过正，目的语规则泛化所致。该变调、轻声就变调、轻声，不该变调、轻声的，就不要变调、轻声。

三乙发音人说话部分：27 个语音错误，7 处停顿较长，5 处重复，2 处语法不规范。

语音标准度程度，为五档下限，扣 11 分。

词汇语法规范程度，为二档，扣 1 分。

自然流畅程度，为二档，扣1分。

共扣13分。

说话得分27分。

下面是另外一些不同等级的发音人说话的具体内容和评判。这些内容均在“普通话水平测试各等级标准数据库系统”中。同样，这些评判都有不同的说话等级语图分析，限于篇幅，每一发音人展示一幅代表性语图。评判中的字音有误包括明显缺陷音，故数量较多，全错的仅为三分之一，之所以把明显缺陷音也算为有误，是为了有效地指出问题，改进发音，提高说话质量，并不完全在于评分。

## 三、某二甲发音人

### 我所（误）在的集体

我所在的集体是一个团结，友爱充满生机（误）活力的大家庭，同学之间（误）相互关心，和睦相处。在这个大家（误）庭（误）里（误）我们充分（误）体会到了离开家，离开父母，在、在（重复）这个集（误）体中的温暖（语法有误）。团结就是力量（误），友爱是同学相处的动力。

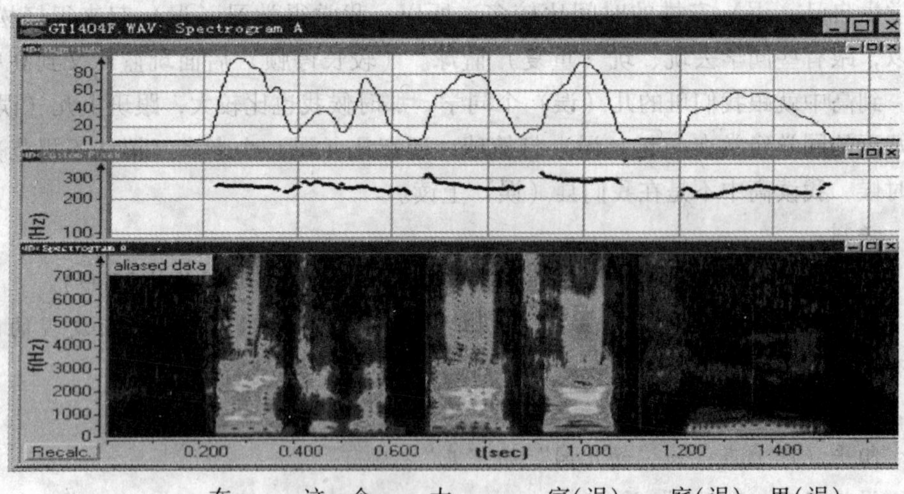


在　这　个　大　家(误)　庭(误)　里(误)

图8-3　某二甲发音人说话语图（举例）

有一次，我班和其他班的同学进行（误）篮球比赛。比赛从一开始，队员们就奋（误）力（误）拼抢（误），一个个身手矫健，步履如飞。场（误）下的同学也在为他们呐喊助威。看着积分栏上不停（误）翻动的积（误）分簿，同学们心里（误）就像吃了蜜，滋（误）味、滋（误）味甜、滋味甜（重复）的就不言而喻了。正在我们欢呼鼓舞之时，篮球队里的主力，主力（重复）哎哟一声就抱腿倒在了地上，原来他扭到了脚。（停顿不当）此时，我们（误）也不无可惜地把他换下了场。看着比分，一分分被别班追平（误），同学们心里（误）都捏了一把汗。还有最（误）后几分钟了。此时，是我们班的同学，是我们班里的队员拿到了球，我们又开始活跃起来，可是，拿球的队员为什么看着他老是往对方的篮圈，篮圈（重复）前跑呢？我们很是诧异。随着一声哨响，球进进（重复）、球进了，但是却进了对方的篮圈。同学们（误）、同学们（误）（重复）都好不遗憾。但是，没有任（误）何人责备他，因为同学们（误）都知道他并（误）不是故意的，他也想为、他也想为（重复）集体争光，但，但是（重复）心里太慌，所以同学们（误）看着他，都开玩笑地说：嗨！真行，最后一分钟还能进球。他也无奈地看着我们笑了，他也知道我们说这些话都是无意的，我们虽然输了这场比赛，但是，我们知道了团、团结是（重复）、（停顿不当）团结友爱是集体、集体（重复）精神的一种体现。

我们是、作为21世纪（语法有误），（停顿不当）我们是21世纪的生力军，是最有朝气、活泼好动的一代人。我们的天性（误）决定（误）了我们爱动、爱闹（误），同学之间也可以（停顿不当）神吹海侃。联欢会是每个集体成、每个班级成（重复）、成员（语法有误），同学之间也可以神吹海侃被、彼此了解，增（误）进、增（误）进（重复）感情（误）的最、最（重复）好机会。在每一次联欢会上，同学们（误）都能（误）在一起嬉闹、聊天，这里一伙，那里一群，关系融洽极（误）了，此时，我们体会到了亲如兄弟、情（误）同姐妹的真实（停顿不当）、真实（重复）写照。我所在的集体使我不觉得孤单，能引发我充满信心的，向着太、向着（重复）更（误）好的方向发展。

我爱我所在的集体。

评判：

说话时间：3分30秒。

42个字音有误，14处重复，3处停顿不当，2处语法有误。语音标准度扣4分。词汇语法规范度扣0.5分。言语流畅度扣2.5分。共扣7分。

说话得分：33分。

**四、某三甲发音人**

## 我和体育运动（误）

运动，运动（重复）是一种健身（误）的，是（误）一种健（误）身（误）的（误）活动（误）。它能（误）给人以活力。一个人，他再（误）有更多的（误）知识。

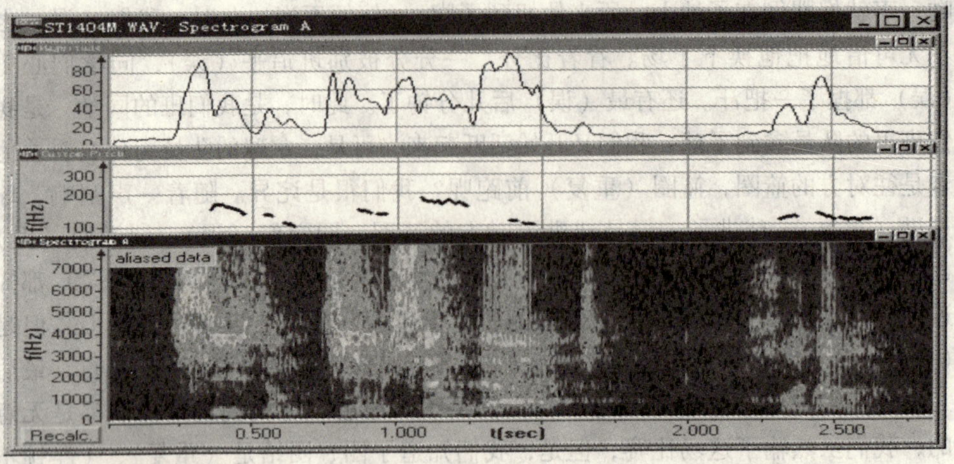


是(误)一　种　健(误)身(误)的(误)　活　动(误)

图 8-4　某二乙发音人说话语图（举例）

一个人，他再有更多的（误）知识或特长（误），如果身体不是那么好的话，他一天，一天（重复）就没有什么可发挥的。（停顿不当）唉，记得就是从我就在小的时候就非常喜，喜欢（重复）体育运动这，这（重复）一项目（语法有误）。嗯，在小的时候，参（误）加了学校的长跑（误）训练。那时候，我非常（误）地高兴，因为我，我（重复）知道对体育（误）运动这一方面是很有特长（误）的，像长跑这一方面，嗯，就是学校里组（误）织（误）了在县级以上（误）的运动会那一次（误），我去（误）参加的时候，嗯，还被，还还（重复）拿了一个二等奖（误）。还有就是到初中的时候，嗯，到初中的时候（重复）我非常（误）喜欢踢足（误）球，嗯，还有就是打篮球。（停顿不当）我，每天，就是到临近，临近（重复）中考的时候每天，每天（重复）早（误）上都要去（误）学校田径（误）场（误）上（误）去活动，像像（重复）学校里吁吁，嗯，中考前要跑一千米，我每天都去跑。像三圈，三圈（重复）就等（误）于是一千、一千多米。到后后（重复）来我的体育（误）长（误）跑这一项拿了满分。还就是来到，来到（重复）昆师（误）以后，我对体育（误）也是非常（误）感兴（误）趣的。嗯，像像（重复）上一次（误）学校组（误）织（误）的冬季运动会，虽然说，我在这次运动会当（误）中没有拿到什么名次，但是我，我有一个信，有一个信心（重复），嗯，参加体育运动不是为了拿名次。

评判：

说话时间：3 分 30 秒。

40个字音有误，8个“嗯”字，13处重复，2处停顿不当，1处语法有误。语音标准度扣5分。词汇语法规范度扣0.5分。言语流畅度扣2分。共扣7.5分。

说话得分：31.5分。

**五、某三乙发音人**

### 我所在的集体

我所（误）在的集体是由八个姐妹（误）构成（误）。姐妹们活泼（误）开（误）朗（误），使得我的（误）小集体无时无刻不（误）充满（误）着（误）欢声（误）笑语（误）。看（误），多和（误）睦的小集体啊。姐妹们（误）还记得那一次（误）妹妹花儿（误）生（误）病（误）的情（误）况吗？

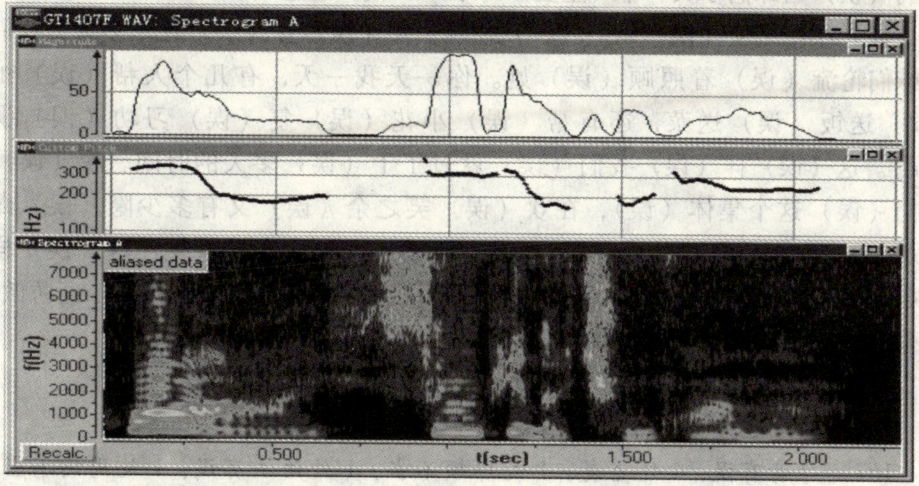


**图8-5 某三乙发音人说话语图（举例）**

夜半（误）三（误）更（误）小花的尖（误）叫声（误）打破了深（误）夜的平（误）静（误）。姐妹们被（误）日（误）益（误）尖（误）叫声（误）从梦（误）中唤（误）醒（误）（语法有误），急（误）急（误）忙（误）忙（误）地（误）慌（误）乱（误）地（误）套上（误）衣裳（误），赶（误）忙（误）向（误）小花的床（误）奔（误）去，你一言我一言（误）言（重复）问（误）起小花来（误）。小花（停顿不当）小花（误）疼（误），肚子疼（误）疼（误）得说（误）不出话来。姐妹们惊（误）呆了（误），深（误）更（误）半（误）夜去哪儿（误）找（误）人（误）呢？在（误）舍（误）长（误）一声（误）令（误）下（语法有误）：快，送往（误）医院。大家一下子（误）忙（误）开了，背着（误）小花（误）向（误）医院跑。你背（误）一截（方言词语）我背（误）一程（误），你换（误）我，我换（误）你，一直（误）背（误）到（误）医（误）院。经（误）过医生（误）的检查（误），最后（误）的结（误）果是急性（误）的胆（误）结石。医生（误）告诉（误）我们必须等（误）到第二（误）天才做（误）手术，因（误）此我没（误）有办（误）法。我们（误）七个姐妹就守着（误）小花（误），一直（误）在医院里待到第二（误）天早上（误），直（误）到第二（误）天七点多钟（误）开始做手术。我们姐妹们（误）在手术室外（误）面等（误）着（误）等（误）着（误），一直等（误）到（误）了八点（误）、九点（误）多钟（误），直（误）到小花（误）从（误）手术室（误）推出来。这（误）样我们（误）姐妹们才从、才（重复）舒了一口气。经过（误）动（误）手术以后（误）小花必须（误）马上（误）住院，并（误）且（误）住十多天，我们姐妹们轮流（误）着照顾（误）她。你一天我一天，有几个人帮（误）忙（误）送饭（误）送菜，还有帮（误）小花（误）复（误）习功（误）课（误）。这（误）样（误）我们（误）就过了十（误）多天的时间。看（误），我们（误）这个集体（误），在欢（误）笑之余（误）又有多少隐（误）藏（误）着多少（重复）的爱（误），我有我以（误）我有（重复）这（误）样（误）的一个小集体而（误）感（误）到自（误）豪而（误）感（误）到骄傲。我爱（误）我们（误）的小集体。

评判：

说话时间：3 分 15 秒。

167 个字音有误，4 处重复，1 处停顿不当，1 处语法有误，1 处用词不当，1 处方言词语。语音标准度扣 13 分。词汇语法规范度扣 1.5 分。言语流畅度扣 1 分。共扣 15.5 分。

说话得分：24.5 分。

# 第九章　实验卷全卷的等级评分与普通话水平测试教育测量标准

## 第一节　实验卷全卷的等级评分

通过对以上几章的具体分析，我们发现一乙发音人和三乙发音人发音存在的问题及得失分情况表现如下。

**一、单字部分**

一乙发音人此部分存在的问题有：个别字音翘舌不够，如摔、拽、闩，评判为缺陷；个别鼻尾音韵母发音不到位，仅在鼻化元音阶段就停止，如雁、电、罐、上，评判为缺陷。

一乙发音人单音节字词部分共失0.35分，总计得分9.65分。

三乙发音人存在的问题比较系统，表现在：

1. 读音错误

（1）“季、蛆”的发音，j、q舌位靠前，听感上像z、c，韵母i、ü的发音接近前元音［e］。

（2）“臊”将s读做z。

（3）“利”韵母i的发音接近前元音［e］。

（4）“电、先”将ian读做in。

（5）“爹”复韵母被读做单韵母dī。

（6）“山”前鼻音读为后鼻音。

（7）“邢、坑、增”后鼻音读为前鼻音。

（8）“暂”字混误读，读为qiě（且）。

（9）声调走势错误。“舔、铐”声调走势上升，接近阳平。

（10）调类误读。日，读为阳平；撇，读为去声；剜，读为上声；裆，读为去声。

读音错误26个，扣2.6分。

2. 读音缺陷

（1）“册”清塞擦音声母c发音时产生较大摩擦，舌位偏后。

（2）“篮、罐、串”前鼻音发音舌位偏后。

（3）“淌、凝”后鼻音偏前。

(4)“上”鼻化音特征明显。

(5)“软、摔、财、袄、奶、闩、碱”发复元音时，舌位动程不够。

(6)“租、庸、漱”韵母 u、o 圆唇度不够。

(7)“二”卷舌韵母卷舌度不够。

(8)“秦、群、晕”韵腹动程、开口度大，音质接近［e］。

(9)“岁”丢失韵头。

(10)“麻、池、砸”阳平调升幅不明显。

(11)“软、准、淌、迥、奖、走、雪、旅”上声调起伏落差不大。

(12)“饿”去声调降幅不大。

读音缺陷 40 个，扣 2 分。

三乙发音人读音错误扣 2.6 分，读音缺陷扣 2 分，共扣 4.6 分，总计得分 5.4 分。

**二、词语部分**

一乙发音人存在的问题主要有："善良"的"良"由于前一字"善"的韵尾 -n 的影响，声母 l 发如 n，判为错误；"尾巴"的"巴"是轻声音节，虽然音长短于"尾"，但音强超过"尾"，同时 a 的音质特征明显，判为缺陷。

从得失分情况来看，一乙发音人读音错误扣 0.2 分，读音缺陷扣 0.1 分，共失 0.3 分，总计得分 19.7 分。

三乙发音人的问题表现在：

1. 读音错误

(1)“会计、突击”的声母 j 靠前近似 z，前高元音［i］近似舌尖前元音［ɿ］。

(2)“批准、蜜蜂”的前高元音［i］近似舌面前半高元音［e］。

(3)“俊俏”的“俊”前高元音 ü 发音近似舌面前半高元音［e］。

(4)“边卡”的“边”、“落选”的“选”、“暴虐”的“虐”复元音没有动程。

(5)“聘请、苹果、纠正、承认”等加点字后鼻音明显靠前。

(6) 元音发音舌位偏低，“抽象”的“抽”发音近似 chao。

(7) 声韵拼合误读：“蜜蜂”的“蜂”（fēng）读做 fōng。

(8) 将“角色”的“角”（jué）读做 jiǎo。

(9) 声调误读。“喧嚷”的“喧”读为去声，“王冠”的“冠”读为去声，“司法”的“法”读为阳平，“琼脂”的“脂”读为阳平，“讹诈”的“讹”读为去声。

(10)“庄稼”、“尾巴”、“耳朵”、“蘑菇”轻声不轻反而加重。

(11) 汉字读错，将“恳切”读做“恳求”，“扰乱”读作“捣乱”。

多音节词语读音错误26个，扣5.2分。

2. 读音缺陷

(1)“存在”声母z、c舌位偏后。

(2)“善良”的“良”混读为n。

(3)“存在、左右、解放、拥戴、苹果”几词中的复韵母动程不够。

(4)“突击”发韵母u时圆唇度不够。

(5)“凉爽”、“非常”、“解放”、“同盟”、“琼脂”后鼻音偏前。

(6)“拥戴”的“拥”、“迥然”的“迥”韵头i摩擦过大。“迥然”的“然”前鼻音偏后。

(7)“耳朵”的“耳”中卷舌央中不圆唇元音[ər]卷舌不够。

(8)“大伙儿”、“墨水儿”、“有点儿”儿化韵卷舌不够。

(9)“批准”的“准”上声调起伏不大。

(10)“窗户”轻声不够。

多音节词语读音缺陷25个，扣2.5分。

三乙发音人读音错误扣5.2分，读音缺陷扣2.5分，共失7.7分，总计得12.3分。

**三、朗读部分**

一乙发音人存在的问题有：

“喉咙”误读为“歌喉”，改正后，停连不当，扣0.5分。

“上灯了”的“灯”语调偏高，音强偏强；“地上孩子也多了”的末尾语调偏高、音强偏强。语调偏误，扣0.5分。

朗读短文部分，一乙发音人共失1分，总计得29分。

三乙发音人存在的问题有：

1. 读错音节23个，扣2.3分；漏读音节1个，增读音节2个，扣0.3分

读错的音节主要是把feng（风）读成fong，把－ian读做－in。如，“春天的脚步近了”，“欣欣然张开了眼”，“太阳的脸红起来了”，“田野里，瞧去，一大片一大片满是的”，“草软绵绵的”，“这时候也成天嘹亮地响着”，“人家屋顶上全笼着一层薄烟”，“小草也青得逼你的眼”，“一点点黄晕的光，烘托出一片安静而和平的夜”，“石桥边”，“天上风筝渐渐多了”，“一年之计在于春”。

2. 声母或韵母的系统性语音缺陷，扣1分

(1) 将前高元音i[i]读做舌尖前元音[ɿ]，或舌面前半高不圆唇元音[e]。如，“山朗润起来了，水涨起来了”，“太阳的脸红起来了”，“园子里”，“一大片一大片满是的”，“踢两脚球”，“赛几趟跑，捉几回迷藏”，“风里带来些泥土的气息”，“高兴起来了”，“密密地斜织着”，“小草也青得逼你的眼”，“一点点黄晕的光，烘托出一片和平而安静的夜”，“有撑起伞”，“地里还有工作的

农民，披着蓑，戴着笠”，“稀稀疏疏的”，“在雨里静默着”，“地上孩子也多了”，“一个个都出来了”，“一年之计在于春”，“刚起头”，“有的是希望”。

（2）后鼻音发音偏前。如，“东风来了”，“刚睡醒的样子”，“风轻悄悄的”，“吹面不寒杨柳风”，“风里带来些泥土的气息”，“高兴起来了”，“呼朋引伴地卖弄清脆的喉咙”，“跟轻风流水应和着”，“这时候也成天嘹亮地响着”，“人家屋顶上全笼着一层薄烟”，“小草也青得逼你的眼”，“傍晚时候上灯了”，“烘托出一片安静而和平的夜”，“有撑起伞”，“在雨里静默着”，“天上风筝渐渐多了”，“城里乡下”，“抖擞抖擞精神”。前鼻音发音偏后，如“山朗润起来了”，“也赶趟儿似的”。

（3）复韵母动程不够。如：

-iao，“风轻悄悄的”，“小草偷偷从土里钻出来”。

-ie，“鸟儿把巢安在繁花绿叶当中”，“可别恼”，“密密地斜织着”。

-iou，“踢两脚球”，“牛背上牧童的短笛”，“像牛毛”。

-uo，“捉几回迷藏”，“披着蓑”，“各做各的一份儿事去”。

（4）发韵母-ou时开口度较大。如，“小草偷偷从土里钻出来”，“像母亲的手抚摸着你”，“还有各种花的香，都在微微湿润的空气里酝酿”，“呼朋引伴地卖弄清脆的喉咙”，“这时候也成天嘹亮地响着”，“一个个都出来了”，“傍晚时候”，“抖擞抖擞精神”。

（5）发er时卷舌度不够，儿化韵卷舌度不够。如“鸟儿把巢安在繁花绿叶当中”，“烘托出一片安静而和平的夜”，“混着青草味儿”，“树叶儿绿的发亮”，“也赶趟儿似的”，“各做各的一份儿事去”，“刚起头儿”。

3. 语调偏误，扣2分

（1）阴平调走势为中升。如，“小草偷偷从土里钻出来”，“一个个都出来了”，“烘托出一片安静而和平的夜”。

（2）上声调走势为中升，如“小草也青得逼你的眼”，“老老小小”。

（3）各声调频差较小。上声起伏不大，如“打两个滚，踢两脚球”，“赛儿趟跑”，“有撑起伞”。去声降幅不大，如“春天的脚步”，“嫩嫩的”，“呼朋引伴地卖弄清脆的喉咙”。阳平相对偏低，频差不够，上升得较少，如“吹面不寒杨柳风”。

（4）轻声音节，音强偏强，音长偏长。如，“坐着，躺着”，“混着青草味儿”，“唱出宛转的曲子”，“这时候也成天嘹亮地响着”，“密密地斜织着”，“慢慢走着的人”，“披着蓑，戴着笠”，“他们的房屋”。

（5）句末轻声音节，音强偏强，时长较长，如“东风来了”，“春天的脚步近了”，“雨是最寻常的”，“上灯了”，“稀稀疏疏的”，“天上风筝渐渐多了，地上孩子也多了”。

4. 停连不当，扣 1 分

有多处停连不当。如“一大片（停顿）一大片满是的”，“还有各（停顿）种花的香”。

5. 朗读不流畅（包括回读），扣 1 分

因读错回读，停顿不当，造成朗读不流畅 4 处。

6. 其他问题

（1）顺序颠倒：

“一下就是三两天”，发音人将“三两”读做“两三”。

“在雨里静默着”，发音人将“静默”读做“默静”。

（2）将 ü 发为不稳态元音，表现在“绿绿的”加点的字中。

三乙发音人朗读短文共有 26 处错误读音，扣 2.6 分；声母韵母出现系统性语音缺陷，扣 1 分；语调偏误扣 2 分；停连不当扣 1 分；朗读不流畅扣 1 分；共失 7.6 分，总计朗读短文部分得 22.4 分。

**四、说话部分**

一乙发音人说话时间：3 分 25 秒。

4 个字音有误，2 处重复，1 处语法结构不够规范。语音标准度扣 1 分。词汇语法规范度扣 1 分。言语流畅度扣 0.5 分。共扣 2.5 分。

说话得分：37.5 分。

三乙发音人说话时间：3 分 55 秒（235 秒，其中含几个较长停顿时间共计 35 秒）。

语音错误和语音系统性缺陷同朗读部分。从说话部分来看，新发现的问题有：

上声混读阳平，如“开始看书的”的“始”。

阳平混读上声，如“幼儿园”的“儿”。

误读轻声，“作文”的文。

这些音调问题是普通话学习时，矫枉过正，目的语规则泛化所致。该变调、轻声就变调、轻声，不该变调、轻声的，就不要变调、轻声。

三乙发音人说话部分：27 个语音错误，7 处停顿较长，5 处重复，2 处语法不规范。

语音标准度程度，为五档下限，扣 11 分。

词汇语法规范程度，为二档，扣 1 分。

自然流畅程度，为二档，扣 1 分。

共扣 13 分。

说话得分 27 分。

## 五、成绩总分

综合来看，一乙发音人四个部分共失 4.15 分，得 95.85 分；三乙发音人共失 32.9 分，得 67.1 分。根据《普通话水平测试等级标准》，总失分率在 3% 以内，即 97 分以上，评定为一级甲等；总失分率在 8% 以内，即 92 分以上，定为一级乙等。总失分率在 30% 至 40% 之内，即得分在 60～70 分（不含 60 分）这一分数段，定为三级乙等，所以将两位发音人的普通话级别评定为一乙、三乙完全符合《普通话水平测试等级标准》的级别定位原则。

**表 9－1　一乙发音人与三乙发音人普通话水平测试成绩比较表**

| 发音人 | 读单音节字词 | 读多音节词语 | 朗读短文 | 命题说话 | 总分 | 普通话等级 |
|---|---|---|---|---|---|---|
| 一乙发音人 | 9.65 | 19.7 | 29 | 37.5 | 95.85 | 一级乙等 |
| 三乙发音人 | 5.4 | 12.3 | 22.4 | 27 | 67.1 | 三级乙等 |

上面主要采用实验语音学的研究方法，分析了一乙发音人、三乙发音人的普通话水平测试数据。“普通话水平测试各等级标准数据库系统”还有其他二级甲等、二级乙等、三级乙等发音人的全部语图分析和评判数据。这些数据不可能全部一一展示和分析。这里主要分析比较一下数据库中这些发音人的得分和等级情况，以利于宏观把握普通话水平测试的等级评分。

**表 9－2　“普通话水平测试各等级标准数据库”不同等级发音人普通话水平测试成绩比较表**

| 普通话水平测试等级 | 一级乙等（男） | 二级甲等（女） | 三级甲等（男） | 三级乙等（男） | 三级乙等（女） |
|---|---|---|---|---|---|
| 读单音节字词得分 | 9.65 | 9.15 | 5.5 | 5.4 | 3.5 |
| 读单音节字词折合百分数 | 96.5% | 91.5% | 55% | 54% | 35% |
| 读多音节词语得分 | 19.7 | 19 | 13 | 12.3 | 9.4 |
| 读多音节词语折合百分数 | 98.5% | 95% | 65.5% | 61.5% | 47% |
| 朗读短文得分 | 29 | 26.2 | 23 | 22.4 | 20 |
| 朗读短文折合百分数 | 96.67% | 87.33% | 76.67% | 74.67% | 66.67% |
| 命题说话得分 | 37.5 | 33 | 32.5 | 27 | 27.5 |
| 命题说话折合百分数 | 93.75% | 82.5% | 81.25 | 67.5% | 68.75% |
| 全试卷得分 | 95.85 | 87.35 | 74.5 | 67.1 | 60.4 |

从上表可以看出，普通话水平测试的各个部分，难易程度是不一样的。读单音节字词最拉得开档次，命题说话最拉不开档次。读单音节字词最难得分（折合百分数最低），朗读短文最容易得分（折合百分数最高）。这些分数的分布，都在合理的区间。在普通话水平测试中，我们要因势利导，在能拿分的项目中尽量

拿分，在拿分困难的项目中，能拿多少就拿多少，这样才能争取考出好的成绩。

通过对两位发音人发音语图的比较研究，我们进一步认识到：在普通话测评过程中，如果测评员不仅靠听觉分辨语音的正确、偏误，还能够对语图进行深入分析，必将有利于降低测评的主观性，进一步体现测评的客观公正。事实也证明，分析语图可以为解释语音正误、缺陷提供更加精确的描写手段。因为一些语音缺陷如“元音鼻化”，“复韵母动程不够”，“调值不准”等等，只凭寥寥数语往往不能将问题讲清楚，需要有具体的精确的数据对此进行说明。这些数据的获取有赖于对语图进行观察分析。

需要特别说明的是，由于人们对语音的认识还需要进一步深化，实验语音学的语音分析仪器也还需要进一步改进、完善和发明、创新，语图分析不可能完全取代人耳听觉的分辨。在很多情况下，人耳可以清晰分辨出来的音，语图却不能分辨，语图能清晰分辨出来的音，人耳又不能分辨。只有将两种方法充分结合起来，才能最大限度地提高普通话水平测试的质量。

## 第二节 普通话水平测试教育测量标准

采用实验语音学的研究方法提高普通话水平测试和普通话教学的质量势在必行，然而要完全达到这一步还有许多基础性的工作要做。其中确立普通话水平测试的教育测量标准，认真规范测试试卷和测试过程十分重要。

制定普通话水平测试教育测量标准的目的，是通过试题、试卷的质量分析和抽样研究，筛选、组配出能够反映普通话语音在口语中的实际出现概率又相互等值的符合国家统一标准的质量较高、数量相当的试题、试卷，以适应社会各行各业人员参加普通话水平测试的需要，维护国家考试的科学性、严肃性。

普通话水平测试的教育测量标准问题，实际上也就是普通话水平测试的信度、效度、难度、区分度、相关度等的确定问题。其中，最重要的又是根据具体实验数据研制普通话水平测试标准试卷。教育测量一般是通过信度、效度、难度、区分度和相关度等几个指标来实现的。好的测试，必须保证有较高的信度、效度、难度、区分度和相关度。信度是良好测试的必要条件，也是效度的必要条件。信度的类型和影响信度的因素很多，既有试卷本身的信度，又有测试人的信度。多大的信度系数才合适，要视测量内容、试题性质而定，同时与信度的计算方法也有关系。普通话水平测试这样主观性较强的测试，信度系数可以低一些。

普通话水平测试应该有一个全国统一的稳定的教育测量标准。这个标准必须有客观的科学依据，能用具体的数量反映出来。这个依据必须来源于客观的语言实际和语言测试实验。这样测试才有准确性、科学性、可比性和客观公正性。要实施普通话测试标准，就必须对普通话的三级六等标准进行科学的量化。实验语音学可以解决“怎么判”的问题，却不能解决“测什么”的问题。

从“测什么”的测试内容来看，可以利用统计语言学的理论和研究方法，对普通话各语言单位进行定量研究。运用统计原理得出的普通话语音、词汇的频度数据，可以使人们用相对少的时间和材料，事半功倍地学习普通话和检测普通话的教学效果。根据普通话各语言要素（主要是语音要素）的出现概率组配出来的试卷，将是普通话测试的最佳样本，对这个样本实施的统一的公正的评分和评级标准，就是普通话测试的教育测量标准。由于这个标准是以普通话的语言概率为基础制定的，因而它是科学的、客观的、统一的。它能够较为准确地反映人们在说普通话时的实际情况，不存在试题偏难偏易的问题。可以说，合理的取样是解决普通话测试标准的关键，而根据分数制定等级标准则主要是一个政策性问题。

《普通话水平测试大纲》规定了测试的各项内容和目的要求，确定了测试时间和题目数量。这些均可以通过不断的实践来进一步完善，以找到最佳的量化标准。

普通话水平测试的内容，除了在题型、题量、覆盖面等方面有具体明确的要求外，更重要的是它必须在教育测量学方面有具体明确的要求，同一标准的不同试卷必须是等值的。这些相互等值的不同试卷，在相同的条件下对同一个体的测试成绩应当是稳定的，成绩的稳定证明了标准的稳定。所谓试卷等值，主要是指若干份不同的试卷具有测试标准统一、言语出现概率相近、题目难度相等、试卷和试题的有关测量数据相同或相近等特点。一份普通话测试试卷，如果取样合理，覆盖面广，代表性强，评分客观，那么它对不同方言区的人而言，标准就是统一的，即它是全国统一的标准。这个标准，对不同方言区的人员个体来说，失分率当然是不一样的。例如，对某一石家庄人可能只有8%的失分率，对某一上海人就可能有15%的失分率，对某一广东人则可能有20%的失分率。但总的来说，标准是统一的，是全国统一的标准。失分率的多少反映了不同方言区的人员个体在向标准看齐时的客观差距。问题的关键在于，用同一标准的不同试卷在相同的情况下对同一个体的测试成绩应该是稳定的。当然，可以有允许范围内的误差。成绩的稳定证明了标准的稳定。根据概率标准制定的各套试卷具有测试标准统一、题目难度比例合理、语言出现概率及试题有关数据相同或相近的特点，因而是等值的。从教育测量学的角度来看，各语言材料、各个试题、各套试卷的数据，取样范围越广，取样人数越多，就越具有代表性。只要试题的命制符合《普通话水平测试大纲》的要求，不同试卷在相同情况下对同一个体测试的误差较小，这样一批等值的试卷就具有了标准试卷的意义。测试区域、测试人数的扩大将进一步强化这个意义。

在明确了测试内容的等值后，普通话水平测试等级难度标准的确立与难度的控制，对维护普通话水平测试的公平性意义重大。普通话水平测试的标准难度，取决于客观的语言测试实践。在取得每一个字词、每一篇朗读材料、每一个话题的难度、区分度等数据，取得每一套试卷的覆盖面、语言材料出现概率和有关的教育测量学数据之后，普通话水平测试标准难度的确定也就成为可能。普通话的等级标准，《普通话水平测试大纲》已作了明确的文字说明，规定了具体的分数量化标准。普通话水平测试的难度标准，必须反映和体现这些文字说明的内容和分数量化的尺度。选择难度较大的题目，可以使应试者低于实际的等级标准，选择难度较小的题目，又可以使应试者高于实际的等级标准。标准卷在符合言语出现概率要求的情况下，应该是难易适中、难度稳定的试卷。多大的难度才是难易适中的试卷，这个问题不取决于主观的推断，而取决于客观的语言测试实践。

普通话水平测试的成绩应与各等级标准相符，与人们的听感相符，并有较好的稳定性。普通话水平测试的内容对于普通话水平测试的各个等级标准，应有较强的鉴别力。《普通话水平测试大纲》的分数解释体系采用的是以 60 分为及格分，100 分为满分的传统习惯模式。这个模式符合我国绝大部分考生对成绩水平衡量的心理标准，易于接受。《普通话水平测试大纲》在等级标准上明确了 97 分（一级甲等）、92 分（一级乙等）、87 分（二级甲等）、80 分（二级乙等）、70 分（三级甲等）、60 分（三级乙等）等几个关键的分数线。为什么是这样的分数线却需要推普政策的理论和教育测量数据的支撑。在命制和组配规范卷时，应根据有关数据，适当控制全卷的各题难度比例，并在这几个分数线上，选用档次拉得开（即区分度值较大）的题目，以求获得稳定的、鉴别性较强同时又符合我国传统习惯的标准试卷，尽量避免考生因零点零几分的差别而出现等级上的差别，以维护普通话水平测试的权威性、严肃性。

总之，若干套在统计语言学和教育测量学上等值的标准试卷的产生，将是普通话水平测试教育测量标准确定的标志。这些标准卷将同时具有试卷覆盖面广，内容取样合理，语言材料的出现率与实际的语言出现概率大体相符，试卷的各项教育测量指标相同或相近，试卷各等级人数分布比例合理并在各等级的区分上有较高的鉴别能力，各测试项目难度比例合理，全卷信度、各分项环境信度和各分项内容信度合乎标准化水平考试的要求等特点。实验语音学对普通话语音特征的研究成果和对普通话水平测试客观语言现象的评判，将支持普通话水平测试的教育测量标准，支持《普通话水平测试等级标准（试行）》。

# 附　录

附录一

## 普通话水平测试等级标准
## （试行）

### 一　级

甲等　朗读和自由交谈时，语音标准，词汇、语法正确无误，语调自然，表达流畅。测试总失分率在3%以内。

乙等　朗读和自由交谈时，语音标准，词汇、语法正确无误，语调自然，表达流畅。偶然有字音、字调失误。测试总失分率在8%以内。

### 二　级

甲等　朗读和自由交谈时，声韵调发音基本标准，语调自然，表达流畅。少数难点音（平翘舌音、前后鼻尾音、边鼻音等）有时出现失误。词汇、语法极少有误。测试总失分率在13%以内。

乙等　朗读和自由交谈时，个别调值不准，声韵母发音有不到位现象。难点音（平翘舌音、前后鼻尾音、边鼻音、fu－hu、z－zh－j、送气不送气、i－ü不分、保留浊塞音和浊塞擦音、丢介音、复韵母单音化等）失误较多。方言语调不明显。有使用方言词、方言语法的情况。测试总失分率在20%以内。

### 三　级

甲等　朗读和自由交谈时，声韵调发音失误较多，难点音超出常见范围，声调调值多不准。方言语调较明显。词汇、语法有失误。测试总失分率在30%以内。

乙等　朗读和自由交谈时，声韵调发音失误多，方音特征突出。方言语调明显。词汇、语法失误较多。外地人听其谈话有听不懂的情况。测试总失分率在40%以内。

附录二

# 普通话水平测试大纲
## （教育部国家语委发教语用［2003］2号文件）

根据教育部、国家语言文字工作委员会发布的《普通话水平测试管理规定》、《普通话水平测试等级标准》，制定本大纲。

**一、测试的名称、性质、方式**

本测试定名为“普通话水平测试”（PUTONG HUA SHUIPING CESHI，缩写为PSC）。

普通话水平测试测查应试人的普通话规范程度、熟练程度，认定其普通话水平等级，属于标准参照性考试。本大纲规定测试的内容、范围、题型及评分系统。

普通话水平测试以口试方式进行。

**二、测试内容和范围**

普通话水平测试的内容包括普通话语音、词汇和语法。

普通话水平测试的范围是国家测试机构编制的《普通话水平测试用普通话词语表》、《普通话水平测试用普通话与方言词语对照表》、《普通话水平测试用普通话与方言常见语法差异对照表》、《普通话水平测试用朗读作品》、《普通话水平测试用话题》。

**三、试卷构成和评分**

试卷包括5个组成部分，满分为100分。

（一）读单音节字词（100个音节，不含轻声、儿化音节），限时3.5分钟，共10分

1. 目的

测查应试人声母、韵母、声调读音的标准程度。

2. 要求

（1）100个音节中，70%选自《普通话水平测试用普通话词语表》“表一”，30%选自“表二”。

（2）100个音节中，每个声母出现次数一般不少于3次，每个韵母出现次数一般不少于2次，4个声调出现次数大致均衡。

（3）音节的排列要避免同一测试要素连续出现。

3. 评分

（1）语音错误，每个音节扣0.1分。

（2）语音缺陷，每个音节扣0.05分。

（3）超时1分钟以内，扣0.5分；超时1分钟以上（含1分钟），扣1分。

（二）读多音节词语（100个音节），限时2.5分钟，共20分

1. 目的

测查应试人声母、韵母、声调和变调、轻声、儿化读音的标准程度。

2. 要求

（1）词语的70%选自《普通话水平测试用普通话词语表》“表一”，30%选自“表二”。

（2）声母、韵母、声调出现的次数与读单音节字词的要求相同。

（3）上声与上声相连的词语不少于3个，上声与非上声相连的词语不少于4个，轻声不少于3个，儿化不少于4个（应为不同的儿化韵母）。

（4）词语的排列要避免同一测试要素连续出现。

3. 评分

（1）语音错误，每个音节扣0.2分。

（2）语音缺陷，每个音节扣0.1分。

（3）超时1分钟以内，扣0.5分；超时1分钟以上（含1分钟），扣1分。

（三）选择判断［注］，限时3分钟，共10分

1. 词语判断（10组）

（1）目的：测查应试人掌握普通话词语的规范程度。

（2）要求：根据《普通话水平测试用普通话与方言词语对照表》，列举10组普通话与方言意义相对应但说法不同的词语，由应试人判断并读出普通话的词语。

（3）评分：判断错误，每组扣0.25分。

2. 量词、名词搭配（10组）

（1）目的：测查应试人掌握普通话量词和名词搭配的规范程度。

（2）要求：

根据《普通话水平测试用普通话与方言常见语法差异对照表》，列举10个名词和若干量词，由应试人搭配并读出符合普通话规范的10组名量短语。

（3）评分：搭配错误，每组扣0.5分。

3. 语序或表达形式判断（5组）

（1）目的：测查应试人掌握普通话语法的规范程度。

（2）要求：根据《普通话水平测试用普通话与方言常见语法差异对照表》，列举5组普通话和方言意义相对应，但语序或表达习惯不同的短语或短句，由应试人判断并读出符合普通话语法规范的表达形式。

（3）评分：判断错误，每组扣0.5分。

选择判断合计超时1分钟以内，扣0.5分；超时1分钟以上（含1分钟），扣1分。答题时语音错误，每个音节扣0.1分，如判断错误已经扣分，不重复扣分。

（四）朗读短文（1篇，400个音节），限时4分钟，共30分

1. 目的

测查应试人使用普通话朗读书面作品的水平。在测查声母、韵母、声调读音标准程度的同时，重点测查连读音变、停连、语调以及流畅程度。

2. 要求

（1）短文从《普通话水平测试用朗读作品》中选取。

（2）评分以朗读作品的前400个音节（不含标点符号和括注的音节）为限。

3. 评分

（1）每错1个音节，扣0.1分；漏读或增读1个音节，扣0.1分。

（2）声母或韵母的系统性语音缺陷，视程度扣0.5分、1分。

（3）语调偏误，视程度扣0.5分、1分、2分。

（4）停连不当，视程度扣0.5分、1分、2分。

（5）朗读不流畅（包括回读），视程度扣0.5分、1分、2分。

（6）超时扣1分。

（五）命题说话，限时3分钟，共30分

1. 目的

测查应试人在无文字凭借的情况下说普通话的水平，重点测查语音标准程度、词汇语法规范程度和自然流畅程度。

2. 要求

（1）说话话题从《普通话水平测试用话题》中选取，由应试人从给定的两个话题中选定1个话题，连续说一段话。

（2）应试人单向说话。如发现应试人有明显背稿、离题、说话难以继续等表现时，主试人应及时提示或引导。

3. 评分

（1）语音标准程度，共20分。分六档：

一档：语音标准，或极少有失误。扣0分、0.5分、1分。

二档：语音错误在10次以下，有方音但不明显。扣1.5分、2分。

三档：语音错误在10次以下，但方音比较明显；或语音错误在10次~15次之间，有方音但不明显。扣3分、4分。

四档：语音错误在10次~15次之间，方音比较明显。扣5分、6分。

五档：语音错误超过15次，方音明显。扣7分、8分、9分。

六档：语音错误多，方音重。扣10分、11分、12分。

(2) 词汇语法规范程度，共5分。分三档：

一档：词汇、语法规范。扣0分。

二档：词汇、语法偶有不规范的情况。扣0.5分、1分。

三档：词汇、语法屡有不规范的情况。扣2分、3分。

(3) 自然流畅程度，共5分。分三档：

一档：语言自然流畅。扣0分。

二档：语言基本流畅，口语化较差，有背稿子的表现。扣0.5分、1分。

三档：语言不连贯，语调生硬。扣2分、3分。

说话不足3分钟，酌情扣分：缺时1分钟以内（含1分钟），扣1分、2分、3分；缺时1分钟以上，扣4分、5分、6分；说话不满30秒（含30秒），本测试项成绩计为0分。

**四、应试人普通话水平等级的确定**

国家语言文字工作部门发布的《普通话水平测试等级标准》是确定应试人普通话水平等级的依据。测试机构根据应试人的测试成绩确定其普通话水平等级，由省、自治区、直辖市以上语言文字工作部门颁发相应的普通话水平测试等级证书。

普通话水平划分为三个级别，每个级别内划分两个等次。其中：

97分及其以上，为一级甲等；

92分及其以上但不足97分，为一级乙等；

87分及其以上但不足92分，为二级甲等；

80分及其以上但不足87分，为二级乙等；

70分及其以上但不足80分，为三级甲等；

60分及其以上但不足70分，为三级乙等。

说明：

各省、自治区、直辖市语言文字工作部门可以根据测试对象或本地区的实际情况，决定是否免测“选择判断”测试项。如免测此项，“命题说话”测试项的分值由30分调整为40分。评分档次不变，具体分值调整如下：

(1) 语音标准程度的分值，由20分调整为25分。

一档：扣0分、1分、2分。

二档：扣3分、4分。

三档：扣5分、6分。

四档：扣7分、8分。

五档：扣9分、10分、11分。

六档：扣12分、13分、14分。

(2) 词汇语法规范程度的分值，由5分调整为10分。
一档：扣0分。
二档：扣1分、2分。
三档：扣3分、4分。
(3) 自然流畅程度，仍为5分，各档分值不变。

## 普通话水平测试大纲所附样卷

(一) 读100个单音节字词

| | | | | | | | | | |
|---|---|---|---|---|---|---|---|---|---|
| 昼 | *八 | 迷 | *先 | 毡 | *皮 | 幕 | *美 | 彻 | *飞 |
| 鸣 | *破 | 捶 | *风 | 豆 | *蹲 | 霞 | *掉 | 桃 | *定 |
| 宫 | *铁 | 翁 | *念 | 劳 | *天 | 旬 | *沟 | 狼 | *口 |
| 靴 | *娘 | 嫩 | *机 | 蕊 | *家 | 跪 | *绝 | 趣 | *全 |
| 瓜 | *穷 | 屡 | *知 | 狂 | *正 | 裘 | *中 | 恒 | *社 |
| 槐 | *事 | 轰 | *竹 | 掠 | *茶 | 肩 | *常 | 概 | *虫 |
| 皇 | *水 | 君 | *人 | 伙 | *自 | 滑 | *早 | 绢 | *足 |
| 炒 | *次 | 渴 | *酸 | 勤 | *鱼 | 筛 | *院 | 腔 | *爱 |
| 鳖 | 袖 | 滨 | 竖 | 搏 | 刷 | 膘 | 帆 | 彩 | 愤 |
| 司 | 滕 | 寸 | 峦 | 岸 | 勒 | 歪 | 尔 | 熊 | 妥 |

(标*的是“表一”里频度在1~4000之间的字词。正式试卷不必标出。)

覆盖声母情况：

b：4，p：3，m：4，f：4，d：4，t：5，n：3，l：6，g：5，
k：3，h：6，j：6，q：6，x：6，zh：6，
ch：6，sh：6，r：2，z：3，c：3，s：2，零声母：7。

总计：100次。未出现声母：0。

覆盖韵母情况：

a：2，e：4，-i（前）：3，-i（后）：2，ai：4，ei：2，
ao：4，ou：4，an：3，en：3，ang：3，eng：4，
i：3，ia：2，ie：2，iao：2，iou：2，ian：4，in：2，iang：2，ing：2，u：4，ua：3，uo/o：4，
uai：2，uei：4，uan：2，uen：2，uang：2，ong：4，ueng：1，ü：3，üe：3，üan：2，ün：2
iong：2，er：1。

总计：100次。未出现韵母：0。

覆盖声调情况：

阴平：28；阳平：31；上声：14；去声：27。

总计：100。

（二）读多音节词语（100 个音节；其中含双音节词语 45 个，三音节词语 2 个，4 音节词语 1 个）

| | | | | | | | |
|---|---|---|---|---|---|---|---|
| *取得 | 阳台 | *儿童 | 板凳儿 | 混淆 | 衰落 | *分析 | 防御 |
| 沙丘 | *管理 | *此外 | 便宜 | 光环 | *塑料 | 扭转 | 加油 |
| *队伍 | 挖潜 | 女士 | *科学 | *手指 | 策略 | 抢劫 | *森林 |
| 侨眷 | 模特儿 | 港口 | 没准儿 | *干净 | 日用 | *紧张 | 炽热 |
| *群众 | 名牌儿 | 沉醉 | *快乐 | 窗户 | *财富 | *应当 | 生字 |
| 奔跑 | *晚上 | 卑劣 | 包装 | 洒脱 | *现代化 | *委员会 | 轻描淡写 |

覆盖声母情况：

b：4，p：3，m：4，f：3，d：6，t：4，n：2，l：7，g：4，k：3，h：5，j：6，q：7，x：5，zh：6，

ch：3，sh：6，r：2，z：2，c：3，s：3，零声母：13。

总计：100 次。未出现声母：0。

覆盖韵母情况：

a：2，e：6，-i（前）：2，-i（后）：4，ai：4，ei：2，ao：2，ou：2，an：4，en：4，ang：5，

eng：2

i：3，ia：1，ie：3，iao：4，iou：3，ian：3，in：2，iang：2，ing：4，u：4，ua：2，uo/o：3，

uai：2，uei：4，uan：3，uen：2，uang：3，ong：2，uang：3，ong：2，ü：3，üe：2，üan：2，ün：1

iong：1，er：1。

总计：100 次。未出现韵母：ueng。

其中儿化韵母 4 个：-engr（夹缝儿），-uenr（没准儿），er（模特儿），-air（名牌儿）。

覆盖声调情况：

阴平：22；阳平：26；上声：19；去声：28；轻声：5。

其中上声和上声相连的词语 4 条：管理，扭转，手指，港口。

总计：100。

（三）选择判断*（为便于了解题意，样题显示答案）

1. 词语判断：请判断并读出下列 10 组词语中的普通话词语

（1）如嵛　　现在　　而家　　今下　　目下

（2）瞒人　　边个　　谁　　啥侬　　啥人

(3) 为么子　做脉个　为什么　为什里　为啥　为怎样

(4) 细小　细粒　幼细　异细

(5) 后生子　后生崽里　后生家　后生仔　小伙子

(6) 目里向　日里　白天　日上　日头　日时　日辰头

(7) 婴儿　毛宅　冒牙子　苏虾仔　婴仔　啊伢

(8) 蚂蚁子　蚂蝇里　狗蚁　蚁公　蚂蚁

(9) 这里　个搭　咯里　个里　呢处　即搭

(10) 早上向　早晨　早间里　朝早　朝辰头

2. 量词、名词搭配：请按照普通话规范搭配并读出下列数量名短语

(例如：一→个　只　粒　人)

一→把　张　棵　支　扇　辆　条　间　头　所

汽车　钥匙　桌子　钞票　树　笔　牛　学校　门　草

3. 语序或表达形式判断：请判断并读出下列5组句子里的普通话句子

(1) 他大约要两三个月才能回来。

他大约要二三个月才能回来。

(2) 他好好可爱。

他非常可爱。

他上可爱。

(3) 你去去逛街?

你去不去逛街?

(4) 你矮我。

你比我过矮。

你比我矮。

你比较矮我。

你比我较矮。

(5) 那部电影我看过。

那部电影我有看。

(四) 朗读短文：请朗读第12号短文

(五) 命题说话：请按照话题“我的业余生活”或“我熟悉的地方”说一段话（3分钟）

# 普通话水平测试实验卷

## 一、读单音节字词 100 个

| | | | | | | | | | |
|---|---|---|---|---|---|---|---|---|---|
| 披 | 饿 | 街 | 歌 | 日 | 坡 | 雪 | 科 | 缩 | 册 |
| 麻 | 旅 | 季 | 池 | 利 | 思 | 砸 | 租 | 撇 | 奶 |
| 蛆 | 漱 | 碑 | 藕 | 镖 | 勺 | 雁 | 瞟 | 剜 | 臊 |
| 月 | 套 | 歪 | 跳 | 位 | 摔 | 药 | 岁 | 篮 | 桥 |
| 爹 | 怀 | 财 | 袄 | 拽 | 否 | 暂 | 钩 | 串 | 蚌 |
| 癣 | 闩 | 秦 | 碱 | 裆 | 邢 | 晕 | 脓 | 润 | 凝 |
| 电 | 夏 | 矿 | 软 | 先 | 准 | 信 | 人 | 花 | 群 |
| 罐 | 嫩 | 权 | 狂 | 翁 | 坑 | 巷 | 荒 | 绒 | 增 |
| 鳃 | 哑 | 哇 | 铐 | 釉 | 淌 | 庸 | 舔 | 迥 | 佛 |
| 奖 | 跟 | 寸 | 脏 | 冬 | 山 | 走 | 二 | 上 | 牛 |

## 二、读多音节词语 50 个

| | | | | |
|---|---|---|---|---|
| 存在 | 窗户 | 抽象 | 尾巴 | 老板 |
| 同盟 | 聘请 | 恳切 | 扰乱 | 绿化 |
| 耳朵 | 苹果 | 纠正 | 承认 | 庄稼 |
| 耍弄 | 蘑菇 | 角色 | 暴虐 | 会计 |
| 大伙儿 | 非常 | 美好 | 否则 | 解放 |
| 隧道 | 快餐 | 脉搏 | 墨水儿 | 落选 |
| 左右 | 突击 | 批准 | 蜜蜂 | 有点儿 |
| 喧嚷 | 时光 | 小曲儿 | 司法 | 善良 |
| 边卡 | 汤圆 | 凉爽 | 俊俏 | 王冠 |
| 拥戴 | 琼脂 | 迥然 | 讹诈 | 昂首 |

## 三、选择、判断

## 四、朗读

### 作品 5 号

盼望着，盼望着，东风来了，春天的脚步近了。一切都像刚睡醒的样子，欣欣然张开了眼。山朗润起来了，水涨起来了，太阳的脸红起来了。

小草偷偷地从土里钻出来，嫩嫩的，绿绿的。园子里，田野里，瞧去，一大片一大片满是的。坐着，躺着，打两个滚，踢几脚球，赛几趟跑，捉几回迷藏。

风轻悄悄的，草软绵绵的。

“吹面不寒杨柳风”，不错的，像母亲的手抚摸着你。风里带来些新翻的泥土的气息，混着青草味儿，还有各种花的香，都在微微湿润的空气里酝酿。鸟儿将巢安在繁花嫩叶当中，高兴起来了，呼朋引伴地卖弄清脆的喉咙，唱出宛转的曲子，跟轻风流水应和着。牛背上牧童的短笛，这时候也成天嘹亮地响着。

雨是最寻常的，一下就是三两天。可别恼。看，像牛毛，像花针，像细丝，密密地斜织着，人家屋顶上全笼着一层薄烟。树叶儿却绿得发亮，小草也青得逼你的眼。傍晚时候，上灯了，一点点黄晕的光，烘托出一片安静而和平的夜。在乡下，小路上，石桥边，有撑起伞慢慢走着的人，地里还有工作的农民，披着蓑，戴着笠。他们的房屋，稀稀疏疏的，在雨里静默着。

天上风筝渐渐多了，地上孩子也多了。城里乡下，家家户户，老//老小小，也赶趟儿似的，一个个都出来了。舒活舒活筋骨，抖擞抖擞精神，各做各的一份儿事去。“一年之计在于春”，刚起头儿，有的是工夫，有的是希望。

**五、命题说话（二选一）**

题目：1. 我的业余生活；2. 我所在的集体

# 参考书目

罗常培、王均：《普通语音学纲要》，商务印书馆 1981 年版。

吴宗济、林茂灿：《实验语音学概要》，高等教育出版社 1989 年版。

林焘、王理嘉：《语音学教程》，北京大学出版社 1992 年版。

朱川：《实验语音学基础》，华东师范大学出版社 1986 年版。

林焘、王理嘉：《语音学教程》，北京大学出版社 1992 年版。

王理嘉：《音系学基础》，语文出版社 1991 年版。

吴宗济：《现代汉语语音概要》，华语教学出版社 1992 年版。

王渝光、杨瑞鲲、李洪平：《语言信息处理与普通话水平测试》，云南大学出版社 2010 年版。

［美］P. B 邓斯、E. N 平森：《言语链——说和听的科学》，中国社会科学出版社 1983 年版。

Ladefoged, P. *A Course in Phonetics*, Harcourt Brace Jovanovich, Inc. 1975.

Clark, J. and Yallop, C. *An Introduction to Phonetics and Phonology*. Foreign Language Teaching and Research Press & Cambridge University Press, 2000.

Fry, B. D. *The Physics of Speech*, Cambridge University Press, 1982.